本书由浙江省财政资助出版

中国语言资源保护工程

衢州

浙江方言资源典藏

王洪钟　著

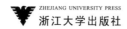

ZHEJIANG UNIVERSITY PRESS

浙江大学出版社

图书在版编目(CIP)数据

浙江方言资源典藏. 衢州 / 王洪钟著. —杭州：
浙江大学出版社，2019.1
ISBN 978-7-308-18914-9

Ⅰ. ①浙… Ⅱ. ①王… Ⅲ. ①吴语－衢州 Ⅳ.
①H173

中国版本图书馆 CIP 数据核字(2019)第 011287 号

浙江方言资源典藏·衢州

王洪钟 著

策 划	张 琛 包灵灵	
丛书主持	包灵灵	
责任编辑	包灵灵	
文字编辑	吴水燕	
责任校对	田 慧	
封面设计	周 灵	
出版发行	浙江大学出版社	

（杭州市天目山路 148 号　邮政编码 310007）

（网址：http://www.zjupress.com）

排 版	杭州朝曦图文设计有限公司
印 刷	浙江省邮电印刷股份有限公司
开 本	710mm×1000mm　1/16
印 张	14
插 页	4
字 数	175 千
版 印 次	2019 年 1 月第 1 版　2019 年 1 月第 1 次印刷
书 号	ISBN 978-7-308-18914-9
定 价	48.00 元

衢州水亭门,2012 年,王洪钟摄

衢州大南门,2016 年,王洪钟摄

衢州天王塔,2016 年,王洪钟摄

衢州孔氏家庙,2012 年,王洪钟摄

衢州水亭街旧景,2012 年,王洪钟摄

衢州水亭街新貌,2017 年,王洪钟摄

衢州钟楼底,2016 年,王洪钟摄

衢州烂柯山,2016 年,王洪钟摄

衢州方言老男发音人郑文奎,2016 年,王洪钟摄

衢州方言老女发音人刘慧珍,2016 年,王洪钟摄

衢州方言青男发音人龚舜,2016 年,王洪钟摄

衢州方言青女发音人胡月,2016 年,王洪钟摄

衢州口头文化发音人陈大槐,2016年,王洪钟摄

衢州口头文化发音人杨欣,2016年,王洪钟摄

发音人胡月、郑文奎、陈大槐与摄录人吴露露、郑敏敏,2016 年,王洪钟摄

邵永丰麻饼上麻绝技,2018 年,王洪钟摄

序

浙江省的方言资源具有丰富性、濒危性和未开发性的特点,急需开展大规模的全面深入的调查研究。几十年来,浙江省方言研究人才辈出,然而很多专家都在省外工作。浙江方言的调查研究一直缺乏总体规划和集体行动,故而除了一些个人自发的研究以外,很少有成系列的调查报告和研究成果,与一些兄弟省(区、市)相比,反而远远落在了后面,这不能不说是一件十分遗憾的事。

近年来,随着语保工程的深入开展,浙江方言调查迎来了一个高潮。在浙江省教育厅、浙江省语言文字工作委员会办公室统一有力的领导下,在全省方言专业工作者的共同努力下,浙江省的语保工作开展得有声有色,成绩斐然,很多方面都走在了全国的前列。如省财政的配套支持、《浙江语保》杂志的出版、"浙江乡音"平台的建设、人才队伍的(汇聚)整合等方面,在全国来看都是具有创新性或领先性的。仅拿人才队伍来说,经过这几年的持续培养锻炼,一大批年轻的方言工作者迅速成长。2018 年年底,浙江省语言学会方言研究会成立时,会员人数已达到 60 多人,可以说目前是浙江省历史上方言研究力量最为强盛的时期。

这次"浙江方言资源典藏"丛书的编写出版,就是浙江省语保工程成果的一次大展示。全省 88 个方言调查点,一点一本,每本包含概况、语音、词汇、语法、话语、口头文化,体系已相当完备,同时还配有许多生动的图片和高质量的音像语料,显示出该丛书与时俱进的一面。尽管篇幅还稍显单薄,话语材料也没有全部转写成音标,但各个方言调查点(其中包括许多从未报道过的方言调查点)的基本面貌已经呈现出来了,这对于今后更加详细深入的研究来说,无疑奠定了一个很好的基础。特别值得一提的是,"浙江方言资源典藏"丛书是全国首个以省为单位编写出版的语言资源成果。

　　我最近提出了浙江方言工作的四大任务:队伍建设、调查研究、保护传承、开发应用。这四个方面有的处于起步阶段,有的尚处于基本空白的状态,可谓任重道远。方言及其文化的濒危和快速消亡无疑是令人痛心的,而这也是时代给我们方言工作者提出的一项不可推卸的课题。从调查研究的角度,可以说我们赶上了一个大有作为的历史机遇。只要抓住机遇,脚踏实地去干,我们一定能够共同书写出一部浙江方言文化的鸿篇巨制,为后人留下一笔丰厚的非物质文化遗产。在此,我也预祝浙江省的方言工作者能够继续推出更多更好的研究成果。

　　是为序。

中国语言资源保护研究中心主任　曹志耘

2018 年 12 月

前　言

　　"浙江方言资源典藏"丛书是"中国语言资源保护工程·浙江汉语方言调查"项目的成果汇编,是集体工作的结晶。

一、项目目标

　　"中国语言资源保护工程"是教育部、国家语言文字工作委员会2015 年启动的以语言资源调查、保存、展示和开发利用等为核心的国家工程。首席专家为中国语言资源保护研究中心主任曹志耘教授。"中国语言资源保护工程·浙江汉语方言调查"项目负责人为浙江省教育厅语管处副处长、省语委办副主任李斌。"中国语言资源保护工程·浙江汉语方言调查"项目设 77 个方言调查点,浙江省在此基础上另增了 11 个方言调查点。本项目有如下目标:(1)记录以市、县(市、区)为代表点的方言;(2)以音像手段保存各地的方言。本项目设置的调查点覆盖了浙江的主要方言:吴方言、闽方言、徽方言和畲话。历史上对浙江汉语方言进行比较全面的调查,主要有两次:一次是 1964—1966 年的调查,调查的成果后来结集成《浙江省语言志》(上、下);另一次是 2002—2005 年的调查,后来出版了《汉语方言地图集》,但是语料并未出版。这次是第三次,与前两次相比,这次调查不仅利用了音像等现代化手段,而且覆盖面更广,每个市、县(市、区)用统一的调查材料至少调查一个地点;调查材料更加详尽细致,包括语音、词汇、语法、话语、口头文化等方面。

二、编纂缘起

在中国语言资源保护研究中心和浙江省语言文字工作委员会的领导和推动下,"中国语言资源保护工程·浙江汉语方言调查"项目进展顺利。浙江语言资源保护工程团队一致认为,调查成果对一般读者来说有一定的可读性,对语言学界来说具有重要的学术价值。在征得中国语言资源保护研究中心的同意后,项目负责人李斌开始积极推动和筹划出版"浙江方言资源典藏"丛书,并得到了浙江语言资源保护工程团队各位专家的热烈响应。叶晗教授积极联系出版社,最终确定由浙江大学出版社出版。

三、语料来源

"浙江方言资源典藏"丛书所有语料均来自浙江语言资源保护工程团队的实地调查,调查手册为《中国语言资源调查手册·汉语方言》(商务印书馆 2015 年 7 月第 1 版),调查内容包括方言的概况、语音、词汇、语法、话语、口头文化,以及地方普通话。考虑到地方普通话语料的特殊性,本丛书未予以收录。我们除了将浙江语言资源保护工程团队所调查的材料进行进一步核对之外,还补充了一些材料。语音部分调查了老年男性(正文中简称为"老男")以及青年男性(正文中简称为"青男")的音系和 1000 个单字音;词汇部分以老年男性为发音人,调查了 1200 个词语;语法部分以老年男性为发音人,调查了 50 个语法例句;话语部分分别调查了老年男性、老年女性(正文中简称为"老女")、青年男性、青年女性(正文中简称为"青女")各 20 分钟的话题讲述,以及上述发音人之间的 20 分钟的对话;口头文化部分调查了摄录时间不少于 20 分钟的规定故事、其他故事、歌谣和自选条目。

四、丛书体例

1.音系。按照方言学界惯例排列,声母按发音部位分行,按发音方法分列。韵母按四呼分列,按韵尾分行,同类型的韵母按主要元音开口度的大小分行。声调标调值。例字的白读音使用单下划线,文读音使用双下划线。零声母符号[ø]除用于音系外,实际标音一律省略;调值及送气符号"ʰ"须上标。

2.单字。按"果、假、遇、蟹、止、效、流、咸、深、山、臻、宕、江、曾、梗、通"十六摄排序,同摄先分开合口,再分一二三四等,摄、呼、等、韵相同再按"帮(非)、滂(敷)、並(奉)、明(微);端、透、定、泥(娘)、来,精、清、从、心、邪;知、彻、澄,庄、初、崇、生,章、昌、船、书、禅,日;见、溪、群、疑,晓、匣,影、云、以"三十六字母排序,摄、呼、等、韵、声相同再按中古"平、上、去、入"四声排序。

有文白异读则白读在前,文读在后,分别在音标后加注小字"白、文";自由变读在音标后注小字"又";口语不用,只用于书面语的注小字"读字"。

3.词汇。词条按意义范畴分类,按实际发音注音。连读调只记实际调值,不标单字调。儿化、小称音只记实际读音,不标出本音。其他音变也只记实际读音,不标本音。

用字一般使用现行规范字,有本字可用者一律使用本字,本字不明者用方言同音字,同时在该字右上角用上标"="标明。既无本字又无同音字的用方框"□"表示。一律不使用训读字,尽量不使用俗字。合音字尽量使用已有现成字形的字,例如"甮、嫑、覅"等;如方言无现成字形的合音字,用原形加"[　]"表示。"並、睏、煤、隘、盪"等异体字或繁体字是音韵学、方言学中具有特殊含义的专用字,本丛书予以保留。

一个词条有多种说法时,按常用度由高到低排序,用单竖线"|"间隔;各种说法的性质不同时,音标后加注小字"旧、新、儿、多、少、土、雅"等;一个词条无对应说法时,注明"(无)"。

4. 语法、话语、口头文化一律只记实际读音;方言转写使用楷体字,普通话译文使用宋体字。

5. 单字、词汇、语法例句及其释例基本依据《中国语言资源调查手册・汉语方言》。

本丛书使用国际音标标音,各种音标符号形体繁复,浙江大学出版社的编辑团队克服困难,精心编校,尽心尽力,是特别需要表示感谢的。

目　录

第一章 概　况

一、地理位置

衢州市位于浙江省西部,钱塘江上游,地处浙、闽、赣、皖四省交界处,素有"四省通衢"之称。衢州市现辖 2 区 1 市 3 县,分别是柯城区、衢江区、江山市、常山县、开化县、龙游县。地理坐标为东经118°01′15″~119°20′20″,北纬 28°15′16″~29°30′00″。

柯城区是衢州主城区,市政府所在地,国家级历史文化名城,东靠衢江区、西邻常山县、西南与江山市接壤。全区总面积 609 平方千米,常住人口约 46 万,辖航埠、石梁 2 个镇,九华、沟溪、华墅、七里、姜家山、万田、石室、黄家 8 个乡,府山、荷花、花园、双港、信安、新新、白云、衢化 8 个街道,214 个行政村、45 个社区居委会①(2017年底)。汉族占绝大多数,现有畲族行政村 4 个,分别为航埠镇北一村、北二村、殿前村及七里乡上门村,畲族人口约有三四千人。

---

① 见衢州市柯城区人民政府网. 走进柯城　行政区划. www. kecheng. gov. cn/col/col1499110/index. htm.

二、历史沿革

夏、商、西周三代衢州属百越之地,春秋初为姑蔑国,后为越国西部姑蔑地,战国时属楚,秦属会稽郡之太末县。东汉初平三年(192)析太末置新安县,衢县自此而建。南朝陈永定三年(559)一度置信安郡,为衢地设领县建制之始。唐武德四年(621)置衢州,武德八年(625)废;垂拱二年(686)复置衢州,咸通年间(860—874)信安改称西安,此后直至 1949 年的千余年间,衢州城历为州府路道区的治署所在,1955 年并入金华,1985 年复为省辖地级市,设柯城、衢江二区。

城内孔氏南宗家庙是宋高宗建炎二年(1128)孔子第 47 代孙孔端友随宋室南渡后所建①,为全国仅有的两座孔氏家庙之一;城南烂柯山素有"青霞第八洞天"之称,景色秀丽,《晋书》所载"王质遇仙"传说即出于此;清蒲松龄《聊斋志异》中所记"衢州三怪"出没的县学塘、蛟池塘和古钟楼遗迹仍在。

三、方言概况

本书所称的衢州方言或衢州话,并不包括衢州市所辖的衢江、江山、龙游、常山、开化等县(市、区)的方言,而是专指通行于原衢州府城(今属柯城区)范围内的一种汉语方言,当地人称"城里腔",属于吴语金衢片;"城里腔"跟"乡里腔"(城区周边乡镇的口音)有较大

---

① 实为孔端友之侄孔玠所建。参见《衍圣公孔端友南渡考》(魏曙光):"绍兴三年,孔端友之侄孔玠袭封衍圣公……绍兴八年……孔玠建立了孔氏家庙。"载《赤峰学院学报(哲学社会科学版)》,2016 年第 8 期。

差异,沟通有一定障碍。使用人口不足 10 万,历史上受浙江官话影响较深,文白异读较丰富。

柯城区的流行曲艺道情多带有龙游口音,流行的婺剧使用金华话。

四、发音人简介

姓名	性别	出生年月	文化程度	职业	出生地
郑文奎	男	1952 年 6 月	初中	工人	水亭街
刘慧珍	女	1955 年 9 月	小学	家庭主妇	东门街
龚 舜	男	1986 年 3 月	本科	节目主持人	礼贤街
胡 月	女	1983 年 1 月	本科	护士	杨家巷
陈大槐	男	1945 年 12 月	初中	自由职业	衣锦坊
杨 欣	女	1970 年 5 月	高中	工人	北门街

五、常用方言词

渠	gi^{21}	代词,第三人称单数,他:～姓陈。
渠辣=	$gi^{21} la?^{12}$	代词,第三人称复数,他们:～走了。
弗	$fə?^{5}$	副词,不:我～去。
无	m^{21}	动词,没有:～办法。
嚜	$vən^{21}$	副词,没有,不曾:～去过。
覅	$fiɔ^{53}$	副词,不要,别:你～慌。
𠱾	ve^{231}	副词,不会:～错个。
格	$kə?^{5}$	代词,这:～个∣～里。

锯⁼	ki⁵³	代词，"格"与"一"的合音，这，这一：～幅画。
拨⁼	pəʔ⁵	代词，那：～个 | ～里。
背⁼	pe⁵³	代词，"拨⁼"与"一"的合音，那，那一：～个 | ～种。
旁⁼	bã²¹	代词，那：～个 | ～边。
格凉⁼子	kəʔ⁵liã³⁵tsๅ²¹	代词，这样：～过日子。
格棱⁼	kəʔ⁵lən³⁵	代词，这么：～漂亮。
赫⁼棱⁼	xəʔ⁵lən³⁵	代词，怎么：～办？
啥里	sɑ⁵³li²¹	代词，什么：做～ | ～话。
节	tɕiəʔ⁵	①名词，时候：早拨⁼～，格～。②量词，一下：报～你。
卯⁼	mɔ³⁵	量词，次、回。第一～。
统	tʰoŋ³⁵	副词，都：～来看。
蛮	mã²¹	副词，挺：生得～齐整。
交关	tɕiɔ³²kuã⁵³	副词，很：～好。
危险	ue²¹ɕiẽ³⁵	副词，非常：～高兴。
担	tã³²	介词，①把：～衣裳拿来。②给：～人家耕田。
亦	iəʔ¹²	连词，又：～有糖来～有糕。
个	gəʔ⁰	助词、语气词，相当于普通话"的"：我～书 | 好～。
嘎	ga⁰	语气词，"个"与"啊"的合音，相当于普通话中表疑问的"的呀"：棒冰哪里来～？
哦	vaʔ⁰	语气词，"弗"与"啊"的合音，相当于普通话"吗"：好吃～？

第二章　语　音

一、音　系

(一)老男音系

1. 声母(33 个,包括零声母在内)

p 八兵	pʰ 派片	b 病爬肥	m 麦明味问	f 飞风副蜂	v 饭肥味问
t 多东	tʰ 讨天	d 甜毒	n 脑南		l 老蓝连路
ts 资早租	tsʰ 刺草寸拆抄初	dz 茶棋		s 丝三酸山	z 字贼坐祠事
tɕ 酒争九	tɕʰ 清抽轻	dʑ 桥近	ȵ 年泥热软月	ɕ 想响	ʑ 谢县
tʃ 张竹装纸主	tʃʰ 车春	dʒ 全柱权城		ʃ 双书	ʒ 床船顺十城
k 高官	kʰ 开看	g 共狂	ŋ 熬眼	x 好灰	
∅ 月活县安温王云用药					

说明：

(1)舌面声母[tɕ]组与舌叶声母[tʃ]组呈互补分布，[tɕ]组（除[n̠]外）只与齐齿呼韵母相拼，[tʃ]组只与撮口呼韵母相拼。

(2)阳调类零声母音节前带有与音节开头元音同部位的轻微摩擦，过去多记作声母[ɦ]，这里统一记作[∅]。

(3)[b][d][dz][dʐ][dʒ]等浊音声母浊音色彩明显。

2. 韵母(44个，包括自成音节的[m][ŋ])

ɿ 师丝试戏	i 二飞耳	u 歌坐过苦	y 猪雨
ɑ 茶牙瓦	iɑ 写夜	uɑ 花瓜	yɑ 蛇车
ɛ 开排鞋		uɛ 快怪	
e 赔对豆走		ue 鬼灰	
ɔ 宝饱	iɔ 笑桥		
ɯ 后狗	iu 油酒		
ã 山胆	iã 响硬争	uã 横关	yã 张尝
ɑ̃ 糖讲		uɑ̃ 王光	yɑ̃ 床双
ə̃ 南半短	iẽ 盐年	uə̃ 官宽	yə̃ 权占
ən 根寸灯	in 心新病星	uən 滚温	yən 深春云升
oŋ 东风			yoŋ 兄用
aʔ 盒塔鸭法 辣八白	iaʔ 药白	uaʔ 活刮	yaʔ 刷着
əʔ 托郭壳北 色六绿	iəʔ 接贴急热 节七一锡	uəʔ 骨学国谷	yəʔ 十月出橘 学直尺局
m̩ 母			
ŋ̍ 五鱼			
əl 耳			

说明：

(1)[y]韵母跟舌叶声母相拼时，其实际音值为[ɥ]。

(2)[y]作韵头的韵母跟舌叶声母相拼时其圆唇不明显，仅表现为两嘴角略收。

(3)[yə̃][yəʔ]韵母中的[ə]受韵头影响，有时音近圆唇音。

(4)[ə̃][əʔ]韵母中的[ə]偏后偏开，音近[ʌ]。

(5)[aʔ][ã]等韵母中的[a]略闭，实际音值介于[æ]与[a]之间。

(6)[n]韵尾实际音值介于[n][ŋ]之间。

(7)[e][ue][iu][ɯ]四韵的实际音值分别近于[eɪ][ueɪ][iʊ][ɣɯ]。

3. 声调(7个)

阴平	32	东该灯风通开天春
阳平	21	门龙牛油铜皮糖红
上声	35	懂古鬼九统苦讨草
阴去	53	冻怪半四痛快寸去马女冷雨
阳去	231	卖路硬乱洞地饭树买老五有动罪近后
阴入	5	谷百搭节急哭拍塔切刻
阳入	12	六麦叶月毒白盒罚

说明：

(1)阴平多为中降调，尾段降势趋于平缓，少数读如中平调[33]或凹拱调[323]，这里统一记作[32]。

(2)阳平多为次低降调，尾段降势趋于平缓，少数字尾段微升，读如凹拱调[212]，这里统一记作[21]。

(3)上声前半段升势平缓，实际调值接近[335]或[224]，这里统一记作[35]。

(4)阴入喉塞明显，时长较短。

(5)阳入单字音喉塞感不明显,时长比阴入长,部分字读如曲折调[212]或[112],这里统一记作[12]。

4. 两字组连读变调规律

衢州方言两字组连读变调的主要规律见下表。表中首列为前字本调,首行为后字本调;每一格的第一行是两字组的本调组合,第二行是连读变调,若连读调与单字调相同,则此处空白,第三行为例词。同一两字组若有两种以上的变调,则以横线分隔。具体如下:

(1)阴平、阳平作前字时会变读为上声[35]:

相争 ɕia$\tilde{\ }$$^{32\text{-}35}$tɕia$\tilde{\ }$^{32}　　　　　帮人 pɑ$\tilde{\ }$$^{32\text{-}35}$n̠in^{21}

肩担 tɕie$\tilde{\ }$$^{32\text{-}35}ta\tilde{\ }$$^{53\text{-}21}$　　　　生日 ɕia$\tilde{\ }$$^{32\text{-}35}$n̠iə^{12}

年头 n̠ie$\tilde{\ }$$^{21\text{-}35}$de^{21}　　　　　爷爷 ia$^{21\text{-}35}$ia^{21}

顽皮 ua$\tilde{\ }$$^{21\text{-}35}$bi^{21}　　　　　农民 noŋ$^{21\text{-}35}$min^{21}

(2)阴平、阳平、阳去作后字时会变读为阴去[53]:

生姜 ɕia^{32}tɕia$\tilde{\ }$$^{32\text{-}53}$　　　　香烟 ɕia$\tilde{\ }$^{32}ie$\tilde{\ }$$^{32\text{-}53}$

番椒 fa$\tilde{\ }$^{32}tɕio$^{32\text{-}53}$　　　　衣裳 i^{32}ʃya$\tilde{\ }$$^{21\text{-}53}$

砖头 tʃyə$\tilde{\ }$^{32}te$^{21\text{-}53}$　　　　清明 tɕʰin^{32}min$^{21\text{-}53}$

哥弟 ku^{32}ti$^{231\text{-}53}$　　　　　干净 kə^{32}ɕin$^{231\text{-}53}$

(3)上声、阴去、阳去作后字时会变读为[21],近乎轻声:

水果 ʃy^{35}ku$^{35\text{-}21}$　　　　　反手 fa$\tilde{\ }$^{35}ɕiu$^{35\text{-}21}$

婶婶 ʃyən^{35}ʃyən$^{35\text{-}21}$　　　　短裤 tə$\tilde{\ }$^{35}kʰu$^{53\text{-}21}$

肩担 tɕie$\tilde{\ }$$^{32\text{-}35}ta\tilde{\ }$$^{53\text{-}21}$　　　眼泪 ŋa$\tilde{\ }$^{231}li$^{231\text{-}21}$

味道 mi^{231}dɔ$^{231\text{-}21}$　　　　　姊妹 tsᴉ^{35}me$^{231\text{-}21}$

(4)阳平在阳平后多变调为[231]:

田塍 die$\tilde{\ }$^{21}ʒyən$^{21\text{-}231}$　　　　洋油 ia^{21}iu$^{21\text{-}231}$

明年 min^{21}n̠ie$\tilde{\ }$$^{21\text{-}231}$　　　蚊虫 mən^{21}dʒyoŋ$^{21\text{-}231}$

衢州方言两字组连读变调表

后字 前字	阴平 32	阳平 21	上声 35	阴去 53	阳去 231	阴入 5	阳入 12
阴平 32	32　32 　　53 中　秋 32　32 35 相　争	32　21 　　53 天　萝 32　21 35 梳　头	32　35 烧　酒	32　53 冬　至 32　53 35　21 肩　担	32　231 　　53 街　路 32　231 风　暴	32　5 裤　脚	32　12 35 汤　药
阳平 21	21　32 雄　鸡	21　21 　　231 拳　头 21　21 35 年　头	21　35 棉　袄	21　53 油　菜	21　231 蚕　豆	21　5 毛　竹	21　12 阳　历
上声 35	35　32 剪　刀	35　21 狗　娘	35　35 手　表 35　35 21 反　手	35　53 爽　快 35　53 21 韭　菜	35　231 21 姊　妹 35　231 本　地	35　5 喜　鹊	35　12 火　着
阴去 53	53　32 唱　歌	53　21 半　夜	53　35 戒　指	53　53 种　菜	53　231 算　命	53　5 细　橘	53　12 放　学
阳去 231	231　32 大　溪	231　21 匠　人	231　35 项　颈	231　53 大　蒜	231　231 垫　被 231　231 21 味　道	231　5 有　法	231　12 闹　热
阴入 5	5　32 一　千	5　21 鲫　鱼	5　35 3 弗　懂	5　53 3 咳　嗽	5　231 3 吃　饭	5　5 3 一　百	5　12 角　落
阳入 12	12　32 2 蜜　蜂	12　21 2 石　榴 12　21 2　53 核　桃	12　35 2 白　果	12　53 2 服　气	12　231 2 佛　豆	12　5 2 蜡　烛	12　12 2 六　月

(5) 阳平在阳平前有时变调为[35]（实际调值略低，近于[224]）：

年头 ȵie\textasciitilde$^{21\text{-}35}$de^{21}　　　　　农民 noŋ$^{21\text{-}35}$min^{21}

爷爷 iɑ$^{21\text{-}35}$iɑ^{21}　　　　　顽皮 uɑ\textasciitilde$^{21\text{-}35}$bi^{21}

(6) 阴入在上声、阴去、阳去、阴入前调值变读为[3]：

桌子 tʃyəʔ$^{5\text{-}3}$tsɿ^{35}　　　　　弗懂 fəʔ$^{5\text{-}3}$toŋ^{35}

出殡 tʃʰyəʔ$^{5\text{-}3}$pin^{53}　　　　　合算 kəʔ$^{5\text{-}3}$sə\textasciitilde^{53}

割稻 kəʔ$^{5\text{-}3}$dɔ^{231}　　　　　客栈 kʰaʔ$^{5\text{-}3}$dzɑ\textasciitilde^{231}

叔叔 ʃyəʔ$^{5\text{-}3}$ʃyəʔ^{5}　　　　　一百 iəʔ$^{5\text{-}3}$paʔ^{5}

(7) 阳入作前字调值变为[2]：

蜜蜂 miəʔ$^{12\text{-}2}$foŋ^{32}　　　　　石头 ʒyəʔ$^{12\text{-}2}$de^{21}

白果 baʔ$^{12\text{-}2}$ku^{35}　　　　　白眼 baʔ$^{12\text{-}2}$ŋɑ\textasciitilde^{231}

力气 liəʔ$^{12\text{-}2}$tsʰɿ^{53}　　　　　佛豆 vəʔ$^{12\text{-}2}$de^{231}

蜡烛 laʔ$^{12\text{-}2}$tʃyəʔ^{5}　　　　　毒药 dəʔ$^{12\text{-}2}$iaʔ^{12}

● 不符合连读变调表规律的例外词有：

阴平＋阳平：蜻蜓 tɕʰin$^{32\text{-}53}$din^{21}

阴平＋阳平：苍蝇 tsʰɑ\textasciitilde$^{32\text{-}44}$in^{21}

阴平＋阴去：腥气 ɕin$^{32\text{-}53}$tsʰɿ$^{53\text{-}21}$

阴平＋阳去：知了 tsɿ$^{32\text{-}53}$liə$^{231\text{-}21}$

阴平＋阳入：正月 tʃyən^{32}yəʔ$^{12\text{-}5}$

阳平＋阳平：喉咙 ɯ^{21}loŋ$^{21\text{-}53}$

阳平＋阳平：便宜 bie\textasciitilde^{21}i$^{21\text{-}53}$

阳去＋阴去：上去 ʒyɑ\textasciitilde^{231}kʰi$^{53\text{-}35}$

阳去＋阳去：蚂蚁 mɑ$^{231\text{-}44}$i$^{231\text{-}21}$

阳去＋阴入：大伯 dɑ^{35}paʔ^{5}

上声＋上声：坎﹦坎 kʰɑ\textasciitilde^{32}kʰɑ\textasciitilde^{35}

阴入＋阳平：折头 tʃyəʔ$^{5\text{-}3}$te$^{21\text{-}53}$

阴入＋阴去:出去 tʃʰyəʔ$^{5-3}$kʰi$^{53-35}$

阴入＋阳去:屋里 uəʔ$^{5-3}$li$^{231-35}$

阴入＋阳去:屋柱 uəʔ$^{5-3}$tʃy$^{231-53}$

阳入＋阳去:月亮 ŋyəʔ$^{12-2}$liã$^{231-53}$

阳入＋阳去:日里 ɲiəʔ$^{12-2}$li$^{231-53}$

5.儿化、小称音变规律

衢州方言的"儿"单字读[ɲi^{21}],义为"儿子",在语流中也读[ɲi^{35}]。"儿"可以直接加在一些名词性语素后构成儿尾词,具有小称功能。如:

佺儿 dʒyəʔ^{2}ɲi^{35}　　　　蒲儿南瓜 bu^{21}ɲi^{35}

鸽儿 kəʔ^{3}ɲi^{35}　　　　　囡儿女儿,姑娘 na^{231}ɲi^{21}

鹞儿风筝 iɔ^{231}ɲi^{21}　　　　鸟儿 tiɔ^{35}ɲi^{21}

叠音称谓词后字变读为[35],似可视作小称变调。如:

舅舅 dʑiu^{231}dʑiu$^{231-35}$　　　姨姨 i^{21}i$^{21-35}$

6.其他主要音变规律

(1)两字组的阳调类后字因连读变调为阴调类而使原本的浊声母发生清化:

d—t:　　　　核桃 əʔ^{2}tɔ^{53}　　　　蜂糖 foŋ^{32}tã^{53}

　　　　　　砖头 tʃyə̃^{32}te^{53}　　　工钿 koŋ^{32}tiẽ^{53}

　　　　　　哥弟 ku^{32}ti^{53}　　　　尿桶 ɕy^{32}toŋ^{53}

g—k:　　　　番茄 fã^{32}kɑ^{53}

dʒ—tʃ:　　　屋柱 uəʔ^{3}tʃy^{53}　　　操场 tsʰɔ^{32}tʃyã^{53}

ʒ—ʃ:　　　　衣裳 i^{32}ʃyã^{53}　　　精神 tɕin^{32}ʃyən^{53}

z—s:　　　　棺材 kuə̃^{32}sɛ^{53}　　　烈士 liəʔ^{2}sʅ^{53}

z̡—ɕ:　　　　衫袖 sã^{32}ɕiu^{53}　　　多谢 tu^{32}ɕiɑ^{53}

v－f：　　　　豆腐 de²³¹fu⁵³　　　　新妇 ɕin³²fu⁵³

欺负 tsʰʅ³²fu⁵³　　　　英文 in³²fən⁵³

(2)"看[kʰə̃⁵³]"跟在叠音动词后表尝试义时,变读为[kʰə̃³⁵]：

算算看 sə̃⁵³sə̃⁵³kʰə̃⁵³⁻³⁵　　　　尝尝看：ʒya²³¹ʒya²¹kʰə̃⁵³⁻³⁵

(二)青男音系

1. 声母(33 个)

p 八兵	pʰ 派片	b 病爬肥	m 麦明味问	f 飞凤副蜂	v 饭肥味问
t 多东	tʰ 讨天	d 甜毒	n 脑南		l 老蓝连路
ts 资早租	tsʰ 刺草寸拆抄初	dz 茶棋		s 丝三酸山	z 字贼坐祠事
tɕ 酒争九	tɕʰ 清抽轻	dʑ 桥	ȵ 年泥热软月	ɕ 想响	ʑ 谢县
tʃ 张竹装纸主	tʃʰ 车春	dʒ 全柱权		ʃ 双书	ʒ 床船顺十城
k 高官	kʰ 开看	g 共狂	ŋ 熬眼	x 好灰	
Ø 月活县安温王云用药					

说明:

(1)舌面声母[tɕ]组与舌叶声母[tʃ]组呈互补分布,[tʃ]组带有卷舌色彩。

(2)阳调类零声母音节前存在与音节开头元音同部位的摩擦,其中撮口呼音节的摩擦感更强,这里仍记作[Ø]。

2. 韵母(44个,包括自成音节的[m][ŋ])

ɿ 师丝试戏	i 二飞<u>耳</u>	u 歌坐过苦	y 猪雨
ɑ 茶牙瓦	iɑ 写夜	uɑ 花瓜	yɑ 蛇车
ɛ 开排鞋		uɛ 快怪	
e 赔对豆走		ue 鬼灰	
ɔ 宝饱	iɔ 笑桥		
ɯ 后狗	iu 油酒		
ã 山打	iã 响硬争	uã 横关	yã 张尝
ɑ̃ 糖讲		uɑ̃ 王光	yɑ̃ 床双
ə̃ 南半短	iẽ 盐年	uə̃ 官碗	yə̃ 权占
ən 根寸灯	in 心新病星	uən 滚温	yən 深春云升
oŋ 东风			yoŋ 兄用
aʔ 盒塔鸭法辣八<u>白</u>	iaʔ 药<u>白</u>	uaʔ 活刮	yaʔ 刷着
əʔ 托郭壳北色六绿	iəʔ 接贴急热节七一锡	uəʔ 骨<u>学</u>国谷	yəʔ 十月出橘<u>学</u>直尺局
m 母			
ŋ 五鱼			
əl 耳			

说明:

(1)[y]韵跟舌叶声母相拼时,实际音值为[ч]。

(2)[y]作韵头的韵母跟舌叶声母相拼时其圆唇不明显,仅表现为两嘴角略收。

(3)[yə̃][yəʔ]韵母中的[ə]受韵头影响,音近圆唇音[ɵ]。

(4)[ə̃][əʔ]韵母中的[ə]偏后偏开,音近[ʌ]。

(5)[aʔ][ã]等韵母中的[a]略闭,实际音值介于[æ]与[a]之间。

(6)[iu]韵中的[u]略开,实际音值近[ʊ]。

3. 声调(7个)

阴平	323	东该灯风通开天春
阳平	212	门龙牛油铜皮糖红
上声	25	懂古鬼九统苦讨草
阴去	53	冻怪半四痛快寸去
阳去	231	买老五有动罪近后卖路硬乱洞地饭树
阴入	5	谷急刻百搭节拍塔切
阳入	12	六麦叶月毒白盒罚

说明:

(1)阴平[323]、阳平[212]凹拱曲折明显,时值较长。

(2)上声[25]前段升势平缓,后段陡急。

(3)阳去[231]是明显的凸拱调型,有时音近[242]。

(4)阳入[12]没有明显喉塞,调型与阳平[212]相似,但时长比阳平短、比阴入长。

二、单 字

编号	单　字	音韵地位	老男音	青男音
0001	多	果开一平歌端	tu³²	tu³²³
0002	拖	果开一平歌透	tʰu³²	tʰu³²³
0003	大~小	果开一去歌定	du²³¹	du²³¹

续表

编号	单字	音韵地位	老男音	青男音
0004	锣	果开一平歌来	lu^{21}	lu^{212}
0005	左	果开一上歌精	tsu^{53}	tsu^{53}
0006	歌	果开一平歌见	ku^{32}	ku^{323}
0007	个	果开一去歌见	ku^{53}～人 $kə?^{5}$两～	ku^{53}～人 $kə?^{5}$两～
0008	可	果开一上歌溪	$k^{h}u^{53}$调特殊	$k^{h}u^{53}$调特殊
0009	鹅	果开一平歌疑	$ŋu^{21}$	$ŋu^{212}$
0010	饿	果开一去歌疑	$ŋu^{231}$	$ŋu^{231}$
0011	河	果开一平歌匣	u^{21}	u^{212}
0012	茄	果开三平戈群	$kɑ^{53}$番～	$kɑ^{53}$番～ $dʑiɑ^{212}$～子
0013	破	果合一去戈滂	$p^{h}ε^{53}$形 $p^{h}u^{53}$动	$p^{h}ε^{53}$形 $p^{h}u^{53}$动
0014	婆	果合一平戈并	bu^{21}	bu^{212}
0015	磨动词	果合一平戈明	mu^{21}	mu^{212}
0016	磨名词	果合一去戈明	mu^{231}	mu^{231}
0017	躲	果合一上戈端	tu^{35}	tu^{25}
0018	螺	果合一平戈来	lu^{21}	lu^{212}
0019	坐	果合一上戈从	zu^{231}	zu^{231}
0020	锁	果合一上戈心	su^{35}	su^{25}
0021	果	果合一上戈见	ku^{35}	ku^{25}
0022	过～来	果合一去戈见	ku^{53}	ku^{53}
0023	课	果合一去戈溪	$k^{h}u^{53}$	$k^{h}u^{53}$
0024	火	果合一上戈晓	xu^{35}	xu^{25}
0025	货	果合一去戈晓	xu^{53}	xu^{53}

续表

编号	单 字	音韵地位	老男音	青男音
0026	祸	果合一上戈匣	u^{231}	u^{231}
0027	靴	果合三平戈晓	$\int y\tilde{\vartheta}^{32}$韵特殊	$\int y\tilde{\vartheta}^{323}$韵特殊
0028	把量词	假开二上麻帮	$p\alpha^{35}$	$p\alpha^{25}$
0029	爬	假开二平麻並	$b\alpha^{21}$	$b\alpha^{212}$
0030	马	假开二上麻明	$m\alpha^{53}$调特殊	$m\alpha^{53}$调特殊
0031	骂	假开二去麻明	$m\alpha^{231}$	$m\alpha^{231}$
0032	茶	假开二平麻澄	$dz\alpha^{21}$	$dz\alpha^{212}$
0033	沙	假开二平麻生	$s\alpha^{32}$	$s\alpha^{323}$
0034	假真～	假开二上麻见	$k\alpha^{35}$	$k\alpha^{25}$
0035	嫁	假开二去麻见	$k\alpha^{53}$	$k\alpha^{53}$
0036	牙	假开二平麻疑	$\eta\alpha^{21}$	$\eta\alpha^{212}$
0037	虾	假开二平麻晓	$x\alpha^{32}$	$x\alpha^{323}$
0038	下方位词	假开二上麻匣	α^{231}	α^{231}
0039	夏春～	假开二去麻匣	α^{231}白 $z\iota\alpha^{231}$文	α^{231}白 $z\iota\alpha^{231}$文
0040	哑	假开二上麻影	α^{35}	α^{25}
0041	姐	假开三上麻精	（无）①	（无）
0042	借	假开三去麻精	$t\varphi\iota\alpha^{53}$	$t\varphi\iota\alpha^{53}$
0043	写	假开三上麻心	$\varphi\iota\alpha^{35}$	$\varphi\iota\alpha^{25}$
0044	斜	假开三平麻邪	$z\iota\alpha^{21}$	$z\iota\alpha^{212}$
0045	谢	假开三去麻邪	$z\iota\alpha^{231}$	$z\iota\alpha^{231}$
0046	车～辆	假开三平麻昌	$t\int^h y\alpha^{32}$	$t\int^h y\alpha^{323}$
0047	蛇	假开三平麻船	$3y\alpha^{21}$	$3y\alpha^{212}$

① "姐"义衢州话都用"姊"。

续表

编号	单字	音韵地位	老男音	青男音
0048	射	假开三去麻船	ʒya²³¹	ʒya²³¹
0049	爷	假开三平麻以	ia²¹	ia²¹²
0050	野	假开三上麻以	ia²³¹	ia²³¹
0051	夜	假开三去麻以	ia²³¹	ia²³¹
0052	瓜	假合二平麻见	kua³²	kua³²³
0053	瓦名词	假合二上麻疑	ŋa²³¹	ŋa²³¹
0054	花	假合二平麻晓	xua³²	xua³²³
0055	化	假合二去麻晓	xua⁵³	xua⁵³
0056	华中～	假合二平麻匣	ua²¹	ua²¹²
0057	谱家～	遇合一上模帮	pʰu³⁵	pʰu²⁵
0058	布	遇合一去模帮	pu⁵³	pu⁵³
0059	铺动词	遇合一平模滂	pʰu³²	pʰu³²³
0060	簿	遇合一上模并	bu²³¹	bu²³¹
0061	步	遇合一去模并	bu²³¹	bu²³¹
0062	赌	遇合一上模端	tu³⁵	tu²⁵
0063	土	遇合一上模透	tʰu³⁵	tʰu²⁵
0064	图	遇合一平模定	du²¹	du²¹²
0065	杜	遇合一上模定	du²³¹	du²³¹
0066	奴	遇合一平模泥	nu²¹	nu²¹²
0067	路	遇合一去模来	lu²³¹	lu²³¹
0068	租	遇合一平模精	tsu³²	tsu³²³
0069	做	遇合一去模精	tsu⁵³	tsu⁵³
0070	错对～	遇合一去模清	tsʰu⁵³	tsʰu⁵³
0071	箍～桶	遇合一平模见	kʰu³²	kʰu³²³

续表

编号	单 字	音韵地位	老男音	青男音
0072	古	遇合一上模见	ku^{35}	ku^{25}
0073	苦	遇合一上模溪	k^hu^{35}	k^hu^{25}
0074	裤	遇合一去模溪	k^hu^{53}	k^hu^{53}
0075	吴	遇合一平模疑	u^{21}	u^{212}
0076	五	遇合一上模疑	$ŋ^{231}$	$ŋ^{231}$
0077	虎	遇合一上模晓	xu^{35}	xu^{25}
0078	壶	遇合一平模匣	u^{21}	u^{212}
0079	户	遇合一上模匣	u^{231}	u^{231}
0080	乌	遇合一平模影	u^{32}	u^{323}
0081	女	遇合三上鱼泥	$ȵy^{53}$调特殊	$ȵy^{53}$调特殊
0082	吕	遇合三上鱼来	li^{53}调特殊	li^{53}调特殊
0083	徐	遇合三平鱼邪	$zɿ^{21}$	$zɿ^{212}$
0084	猪	遇合三平鱼知	$tʃy^{32}$	$tʃy^{323}$
0085	除	遇合三平鱼澄	$dʒy^{21}$	$dʒy^{212}$
0086	初	遇合三平鱼初	ts^hu^{32}	ts^hu^{323}
0087	锄	遇合三平鱼崇	$zɿ^{21}$白 zu^{21}文	zu^{212}老 dzu^{212}新
0088	所	遇合三上鱼生	su^{35}	su^{25}
0089	书	遇合三平鱼书	$ʃy^{32}$	$ʃy^{323}$
0090	鼠	遇合三上鱼书	$tʃ^hy^{35}$	$tʃ^hy^{25}$
0091	如	遇合三平鱼日	$ʒy^{21}$	$ʒy^{212}$
0092	举	遇合三上鱼见	$tʃy^{53}$	$tʃy^{25}$
0093	锯名词	遇合三去鱼见	$kɯ^{53}$	$kɯ^{53}$
0094	去	遇合三去鱼溪	k^hi^{53}	k^hi^{53}

编号	单　字	音韵地位	老男音	青男音
0095	渠~道	遇合三平鱼群	$d\mathrm{ʒy}^{21}$	$d\mathrm{ʒy}^{212}$
0096	鱼	遇合三平鱼疑	$\mathrm{ŋ}^{21}$	$\mathrm{ŋ}^{212}$
0097	许	遇合三上鱼晓	$\mathrm{ʃy}^{35}$	$\mathrm{ʃy}^{25}$
0098	余剩~,多~	遇合三平鱼以	y^{21}	y^{212}
0099	府	遇合三上虞非	fu^{35}	fu^{25}
0100	付	遇合三去虞非	fu^{53}	fu^{53}
0101	父	遇合三上虞奉	vu^{231}	vu^{231}
0102	武	遇合三上虞微	vu^{231}	vu^{231}
0103	雾	遇合三去虞微	vu^{231}	vu^{231}老 u^{231}新
0104	取	遇合三上虞清	$\mathrm{tʃʰy}^{35}$	$\mathrm{tʃʰy}^{25}$
0105	柱	遇合三上虞澄	$d\mathrm{ʒy}^{231}$	$d\mathrm{ʒy}^{231}$
0106	住	遇合三去虞澄	$d\mathrm{ʒy}^{231}$	$d\mathrm{ʒy}^{231}$
0107	数动词	遇合三上虞生	su^{35}	su^{25}
0108	数名词	遇合三去虞生	su^{53}	su^{53}
0109	主	遇合三上虞章	$\mathrm{tʃy}^{35}$	$\mathrm{tʃy}^{25}$
0110	输	遇合三平虞书	$\mathrm{ʃy}^{32}$	$\mathrm{ʃy}^{323}$
0111	竖	遇合三上虞禅	$\mathrm{ʒy}^{231}$	$\mathrm{ʒy}^{231}$
0112	树	遇合三去虞禅	$\mathrm{ʒy}^{231}$	$\mathrm{ʒy}^{231}$
0113	句	遇合三去虞见	$\mathrm{tʃy}^{53}$	$\mathrm{tʃy}^{53}$
0114	区地~	遇合三平虞溪	$\mathrm{tʃʰy}^{32}$	$\mathrm{tʃʰy}^{323}$
0115	遇	遇合三去虞疑	y^{231}	y^{231}
0116	雨	遇合三上虞云	y^{53}调特殊	y^{53}调特殊
0117	芋	遇合三去虞云	y^{231}	u^{231}

续表

编号	单字	音韵地位	老男音	青男音
0118	裕	遇合三去虞以	y^{53}	y^{53}
0119	胎	蟹开一平咍透	t^{h}ɛ^{32}	t^{h}ɛ^{323}
0120	台戏~	蟹开一平咍定	dɛ^{21}	dɛ^{212}
0121	袋	蟹开一去咍定	dɛ^{231}	dɛ^{231}
0122	来	蟹开一平咍来	lɛ^{21}	lɛ^{212}
0123	菜	蟹开一去咍清	ts^{h}ɛ^{53}	ts^{h}ɛ^{53}
0124	财	蟹开一平咍从	dzɛ^{21}	dzɛ^{212}
0125	该	蟹开一平咍见	kɛ^{32}	kɛ^{323}
0126	改	蟹开一上咍见	kɛ^{35}	kɛ^{25}
0127	开	蟹开一平咍溪	k^{h}ɛ^{32}	k^{h}ɛ^{323}
0128	海	蟹开一上咍晓	xɛ^{35}	xɛ^{25}
0129	爱	蟹开一去咍影	ɛ^{53}	ɛ^{53}
0130	贝	蟹开一去泰帮	pe^{53}	pe^{53}
0131	带动词	蟹开一去泰端	tɛ^{53}	tɛ^{53}
0132	盖动词	蟹开一去泰见	kɛ^{53}	kɛ^{53}
0133	害	蟹开一去泰匣	ɛ^{231}	ɛ^{231}
0134	拜	蟹开二去皆帮	pɛ^{53}	pɛ^{53}
0135	排	蟹开二平皆并	bɛ^{21}	bɛ^{212}
0136	埋	蟹开二平皆明	mɛ^{21}	mɛ^{212}
0137	戒	蟹开二去皆见	kɛ^{53}	kɛ^{53}
0138	摆	蟹开二上佳帮	pɛ^{35}	pɛ^{25}
0139	派	蟹开二去佳滂	p^{h}ɛ^{53}	p^{h}ɛ^{53}
0140	牌	蟹开二平佳并	bɛ^{21}	bɛ^{212}
0141	买	蟹开二上佳明	mɛ^{231}	mɛ^{231}

续表

编号	单　字	音韵地位	老男音	青男音
0142	卖	蟹开二去佳明	$m\varepsilon^{231}$	$m\varepsilon^{231}$
0143	柴	蟹开二平佳崇	$z\varepsilon^{21}$	$z\varepsilon^{212}$
0144	晒	蟹开二去佳生	$s\varepsilon^{53}$	$s\varepsilon^{53}$
0145	街	蟹开二平佳见	$k\varepsilon^{32}$	$k\varepsilon^{323}$
0146	解~开	蟹开二上佳见	$k\varepsilon^{35}$	$k\varepsilon^{25}$
0147	鞋	蟹开二平佳匣	ε^{21}	ε^{212}
0148	蟹	蟹开二上佳匣	$x\varepsilon^{35}$	$x\varepsilon^{25}$
0149	矮	蟹开二上佳影	ε^{35}	ε^{25}
0150	败	蟹开二去夬并	$b\varepsilon^{231}$	$b\varepsilon^{231}$
0151	币	蟹开三去祭并	bi^{231}	bi^{231}
0152	制~造	蟹开三去祭章	$t\int y^{53}$	$t\int y^{53}$
0153	世	蟹开三去祭书	$\int y^{53}$	$\int y^{53}$
0154	艺	蟹开三去祭疑	ηi^{231}	ηi^{231}
0155	米	蟹开四上齐明	mi^{53}调特殊	mi^{53}调特殊
0156	低	蟹开四平齐端	ti^{32}	ti^{323}
0157	梯	蟹开四平齐透	$t^{h}\varepsilon^{32}$韵特殊	$t^{h}\varepsilon^{323}$韵特殊
0158	剃	蟹开四去齐透	$t^{h}i^{53}$	$t^{h}i^{53}$
0159	弟	蟹开四上齐定	di^{231}	di^{231}
0160	递	蟹开四去齐定	di^{231}	di^{231}
0161	泥	蟹开四平齐泥	$\eta i\tilde{e}^{21}$	$\eta i\tilde{e}^{212}$
0162	犁	蟹开四平齐来	li^{21}	li^{212}
0163	西	蟹开四平齐心	$s\gamma^{32}$	$s\gamma^{323}$
0164	洗	蟹开四上齐心	$s\gamma^{35}$	$s\gamma^{25}$
0165	鸡	蟹开四平齐见	$ts\gamma^{32}$	$ts\gamma^{323}$

续表

编号	单 字	音韵地位	老男音	青男音
0166	溪	蟹开四平齐溪	$\text{ts}^{\text{h}}ɿ^{32}$	$\text{ts}^{\text{h}}ɿ^{323}$
0167	契	蟹开四去齐溪	$\text{tɕ}^{\text{h}}\text{iə}ʔ^{5}$	$\text{tɕ}^{\text{h}}\text{iə}ʔ^{5}$
0168	系联~	蟹开四去齐匣	sɿ^{53}	sɿ^{53}
0169	杯	蟹合一平灰帮	pe^{32}	pe^{323}
0170	配	蟹合一去灰滂	$\text{p}^{\text{h}}\text{e}^{53}$	$\text{p}^{\text{h}}\text{e}^{53}$
0171	赔	蟹合一平灰并	be^{21}	be^{212}
0172	背~诵	蟹合一去灰并	be^{231}	be^{231}
0173	煤	蟹合一平灰明	me^{21}	me^{212}
0174	妹	蟹合一去灰明	me^{231}	me^{231}
0175	对	蟹合一去灰端	te^{53}	te^{53}
0176	雷	蟹合一平灰来	le^{21}	le^{212}
0177	罪	蟹合一上灰从	ze^{231}	ze^{231}
0178	碎	蟹合一去灰心	se^{35}	se^{25}
0179	灰	蟹合一平灰晓	xue^{32}	xue^{323}
0180	回	蟹合一平灰匣	ue^{21}	ue^{212}
0181	外	蟹合一去泰疑	ŋɛ^{231}	ŋɛ^{231}
0182	会开~	蟹合一去泰匣	ue^{231}	ue^{231}
0183	怪	蟹合二去皆见	kuɛ^{53}	kuɛ^{53}
0184	块	蟹合一去皆溪	$\text{k}^{\text{h}}\text{ue}^{53}$	$\text{k}^{\text{h}}\text{ue}^{53}$
0185	怀	蟹合二平皆匣	uɛ^{21}	uɛ^{212}
0186	坏	蟹合二去皆匣	uɛ^{231}	uɛ^{231}
0187	拐	蟹合二上佳见	kuɛ^{35}	kuɛ^{25}
0188	挂	蟹合二去佳见	kuɑ^{53}	kuɑ^{53}
0189	歪	蟹合二平佳晓	uɛ^{32}	uɛ^{323}

续表

编号	单 字	音韵地位	老男音	青男音
0190	画	蟹合二去佳匣	ua²³¹	ua²³¹
0191	快	蟹合二去夬溪	kʰuɛ⁵³	kʰuɛ⁵³
0192	话	蟹合二去夬匣	ua²³¹	ua²³¹
0193	岁	蟹合三去祭心	se⁵³	se⁵³
0194	卫	蟹合三去祭云	ue²³¹	ue²³¹
0195	肺	蟹合三去废敷	fi⁵³	fi⁵³
0196	桂	蟹合四去齐见	kue⁵³	kue⁵³
0197	碑	止开三平支帮	pe³²	pe³²³
0198	皮	止开三平支并	bi²¹	bi²¹²
0199	被~子	止开三上支并	bi²³¹	bi²³¹
0200	紫	止开三上支精	tsɹ³⁵	tsɹ²⁵
0201	刺	止开三去支清	tsʰɹ⁵³	tsʰɹ⁵³
0202	知	止开三平支知	tʃy³²	tʃy³²³
0203	池	止开三平支澄	dʒy²¹	dʒy²¹²
0204	纸	止开三上支章	tʃy³⁵	tʃy²⁵
0205	儿	止开三平支日	ȵi²¹白 əl²¹文	ȵi²¹²白 əl²¹²文
0206	寄	止开三去支见	tsɹ⁵³	tsɹ⁵³
0207	骑	止开三平支群	dzɹ²¹	dzɹ²¹²
0208	蚁	止开三上支疑	（无）①	（无）
0209	义	止开三去支疑	ȵi²³¹	ȵi²³¹
0210	戏	止开三去支晓	sɹ⁵³	sɹ⁵³
0211	移	止开三平支以	i²¹	i²¹²

① "蚁"字只见于"蚂蚁"等词中,不单用单念。

续表

编号	单 字	音韵地位	老男音	青男音
0212	比	止开三上脂帮	pi³⁵	pi²⁵
0213	屁	止开三去脂滂	pʰi⁵³	pʰi⁵³
0214	鼻	止开三去脂並	bəʔ¹²白 biəʔ¹²文	bəʔ¹²白 biəʔ¹²文
0215	眉	止开三平脂明	mi²¹	mi²¹²
0216	地	止开三去脂定	di²³¹	di²³¹
0217	梨	止开三平脂来	li²¹	li²¹²
0218	资	止开三平脂精	tsɿ³²	tsɿ³²³
0219	死	止开三上脂心	sɿ³⁵	sɿ²⁵
0220	四	止开三去脂心	sɿ⁵³	sɿ⁵³
0221	迟	止开三平脂澄	dʒy²¹	dʒy²¹²
0222	师	止开三平脂生	sɿ³²	sɿ³²³
0223	指	止开三上脂章	tsɿ³⁵	tsɿ²⁵
0224	二	止开三去脂日	ȵi²³¹	ȵi²³¹
0225	饥~饿	止开三平脂见	tsɿ³²	tsɿ³²³
0226	器	止开三去脂溪	tsʰɿ⁵³	tsʰɿ⁵³
0227	姨	止开三平脂以	i²¹	i²¹²
0228	李	止开三上之来	li⁵³调特殊	li⁵³调特殊
0229	子	止开三上之精	tsɿ³⁵	tsɿ²⁵
0230	字	止开三去之从	zɿ²³¹	zɿ²³¹
0231	丝	止开三平之心	sɿ³²	sɿ³²³
0232	祠	止开三平之邪	zɿ²¹	zɿ²¹²
0233	寺	止开三去之邪	zɿ²³¹	zɿ²³¹
0234	治	止开三去之澄	dʒy²³¹	dʒy²³¹

编号	单字	音韵地位	老男音	青男音
0235	柿	止开三上之崇	$z\textrm{ʅ}^{231}$	$z\textrm{ʅ}^{231}$
0236	事	止开三去之崇	$z\textrm{ʅ}^{231}$	$z\textrm{ʅ}^{231}$
0237	使	止开三上之生	$s\textrm{ʅ}^{35}$	$s\textrm{ʅ}^{53}$
0238	试	止开三去之书	$s\textrm{ʅ}^{53}$	$s\textrm{ʅ}^{53}$
0239	时	止开三平之禅	$z\textrm{ʅ}^{21}$	$z\textrm{ʅ}^{212}$
0240	市	止开三上之禅	$z\textrm{ʅ}^{231}$	$z\textrm{ʅ}^{231}$
0241	耳	止开三上之日	$ȵi^{231}$白 $əl^{53}$文,调特殊	$ȵi^{231}$白 $əl^{53}$文,调特殊
0242	记	止开三去之见	$ts\textrm{ʅ}^{53}$	$ts\textrm{ʅ}^{53}$
0243	棋	止开三平之群	$dz\textrm{ʅ}^{21}$	$dz\textrm{ʅ}^{212}$
0244	喜	止开三上之晓	$s\textrm{ʅ}^{35}$	$s\textrm{ʅ}^{25}$
0245	意	止开三去之影	i^{53}	i^{53}
0246	几~个	止开三上微见	$ts\textrm{ʅ}^{35}$	$ts\textrm{ʅ}^{25}$
0247	气	止开三去微溪	$ts^h\textrm{ʅ}^{53}$	$ts^h\textrm{ʅ}^{53}$
0248	希	止开三平微晓	$s\textrm{ʅ}^{32}$	$s\textrm{ʅ}^{323}$
0249	衣	止开三平微影	i^{32}	i^{323}
0250	嘴	止合三上支精	tse^{35}	tse^{25}
0251	随	止合三平支邪	ze^{21}	ze^{212}
0252	吹	止合三平支昌	$t\textrm{ʃ}^h y^{32}$	$t\textrm{ʃ}^h y^{323}$
0253	垂	止合三平支禅	ze^{21}	ze^{212}
0254	规	止合三平支见	kue^{32}	kue^{323}
0255	亏	止合三平支溪	$k^h ue^{32}$	$k^h ue^{323}$
0256	跪	止合三上支群	gue^{231}	gue^{231}
0257	危	止合三平支疑	ue^{21}	ue^{323}

续表

编号	单字	音韵地位	老男音	青男音
0258	类	止合三去脂来	le²³¹	le²³¹
0259	醉	止合三去脂精	tse⁵³	tse⁵³
0260	追	止合三平脂知	tse³²	tse³²³
0261	锤	止合三平脂澄	dze²¹	dze²¹²
0262	水	止合三上脂书	ʃy³⁵白 se³⁵文	ʃy²⁵白 se²⁵文
0263	龟	止合三平脂见	kue³²	kue³²³
0264	季	止合三去脂见	tsʅ⁵³	tsʅ⁵³
0265	柜	止合三去脂群	gue²³¹	gue²³¹
0266	位	止合三去脂云	ue²³¹	ue²³¹
0267	飞	止合三平微非	fi³²	fi³²³
0268	费	止合三去微敷	fi⁵³	fi⁵³
0269	肥	止合三平微奉	bi²¹白 vi²¹文	bi²¹²白 vi²¹²文
0270	尾	止合三上微微	mi⁵³调特殊	mi⁵³白 ue⁵³文
0271	味	止合三去微微	mi²³¹白 vi²³¹文	mi²³¹白 vi²¹²文
0272	鬼	止合三上微见	tʃy³⁵白 kue³⁵文	kue²⁵
0273	贵	止合三去微见	tʃy⁵³白 kue⁵³文	tʃy⁵³白 kue⁵³文
0274	围	止合三平微云	y²¹白 ue²¹文	y²¹²白 ue²¹²文
0275	胃	止合三去微云	ue²³¹	ue²³¹
0276	宝	效开一上豪帮	pɔ³⁵	pɔ²⁵

续表

编号	单 字	音韵地位	老男音	青男音
0277	抱	效开一上豪並	bɔ²³¹	bɔ²³¹
0278	毛	效开一平豪明	mɔ²¹	mɔ²¹²
0279	帽	效开一去豪明	mɔ²³¹	mɔ²³¹
0280	刀	效开一平豪端	tɔ³²	tɔ³²³
0281	讨	效开一上豪透	tʰɔ³⁵	tʰɔ²⁵
0282	桃	效开一平豪定	dɔ²¹	dɔ²¹²
0283	道	效开一上豪定	dɔ²³¹	dɔ²³¹
0284	脑	效开一上豪泥	nɔ²³¹	nɔ²³¹
0285	老	效开一上豪来	lɔ²³¹	lɔ²³¹
0286	早	效开一上豪精	tsɔ³⁵	tsɔ²⁵
0287	灶	效开一去豪精	tsɔ⁵³	tsɔ⁵³
0288	草	效开一上豪清	tsʰɔ³⁵	tsʰɔ²⁵
0289	糙	效开一去豪清	tsʰɔ⁵³	tsʰɔ⁵³
0290	造	效开一上豪从	zɔ²³¹	zɔ²³¹
0291	嫂	效开一上豪心	sɔ³⁵	sɔ²⁵
0292	高	效开一平豪见	kɔ³²	kɔ³²³
0293	靠	效开一去豪溪	kʰɔ⁵³	kʰɔ⁵³
0294	熬	效开一平豪疑	ŋɔ²¹	ŋɔ²¹²
0295	好~坏	效开一上豪晓	xɔ³⁵	xɔ²⁵
0296	号名词	效开一去豪匣	ɔ²³¹	ɔ²³¹
0297	包	效开二平肴帮	pɔ³²	pɔ³²³
0298	饱	效开二上肴帮	pɔ³⁵	pɔ²⁵
0299	炮	效开二去肴滂	pʰɔ⁵³	pʰɔ⁵³
0300	猫	效开二平肴明	mɔ²¹	mɔ²¹²

续表

编号	单字	音韵地位	老男音	青男音
0301	闹	效开二去肴泥	nɔ^{231}	nɔ^{231}
0302	罩	效开二去肴知	tsɔ^{53}	tsɔ^{53}
0303	抓用手~牌	效开二平肴庄	tsɑ^{32}	tsɑ^{323}
0304	找~零钱	效开二上肴庄	tsɔ^{35}	tsɔ^{25}
0305	抄	效开二平肴初	tsʰɔ^{32}	tsʰɔ^{323}
0306	交	效开二平肴见	kɔ^{32}白 tɕiɔ^{32}文	kɔ^{323}白 tɕiɔ^{323}文
0307	敲	效开二平肴溪	kʰɔ^{32}	kʰɔ^{323}
0308	孝	效开二去肴晓	xɔ^{53}白 ɕiɔ^{53}文	xɔ^{53}白 ɕiɔ^{53}文
0309	校学~	效开二去肴匣	ziɔ^{231}	ziɔ^{231}
0310	表手~	效开三上宵帮	piɔ^{35}	piɔ^{25}
0311	票	效开三去宵滂	pʰiɔ^{35}调特殊	pʰiɔ^{25}调特殊
0312	庙	效开三去宵明	miɔ^{231}	miɔ^{231}
0313	焦	效开三平宵精	tɕiɔ^{32}	tɕiɔ^{323}
0314	小	效开三上宵心	ɕiɔ^{35}	ɕiɔ^{53}
0315	笑	效开三去宵心	ɕiɔ^{53}	ɕiɔ^{53}
0316	朝~代	效开三平宵澄	dzɔ^{21}	dzɔ^{212}
0317	照	效开三去宵章	tsɔ^{53}	tsɔ^{53}
0318	烧	效开三平宵书	ɕiɔ^{32}	ɕiɔ^{323}
0319	绕~线	效开三去宵日	ȵʑiɔ^{231}	ȵʑiɔ^{231}
0320	桥	效开三平宵群	dʑiɔ^{21}	dʑiɔ^{212}
0321	轿	效开三去宵群	dʑiɔ^{231}	dʑiɔ^{231}
0322	腰	效开三平宵影	iɔ^{32}	iɔ^{323}

续表

编号	单 字	音韵地位	老男音	青男音
0323	要重~	效开三去宵影	io^{53}	io^{53}
0324	摇	效开三平宵以	io^{21}	io^{212}
0325	鸟	效开四上萧端	tio^{35}	tio^{25}
0326	钓	效开四去萧端	tio^{53}	tio^{53}
0327	条	效开四平萧定	dio^{21}	dio^{212}
0328	料	效开四去萧来	lio^{231}	lio^{231}
0329	箫	效开四平萧心	ςio^{32}	ςio^{323}
0330	叫	效开四去萧见	$t\varsigma io^{53}$	$t\varsigma io^{53}$
0331	母丈~,舅~	流开一上侯明	m^{231}	m^{231}
0332	抖	流开一上侯端	te^{35}	te^{25}
0333	偷	流开一平侯透	$t^h e^{32}$	$t^h e^{323}$
0334	头	流开一平侯定	de^{21}	de^{212}
0335	豆	流开一去侯定	de^{231}	de^{231}
0336	楼	流开一平侯来	le^{21}	le^{212}
0337	走	流开一上侯精	tse^{35}	tse^{25}
0338	凑	流开一去侯清	$ts^h e^{53}$	$ts^h e^{53}$
0339	钩	流开一平侯见	$k\mathrm{w}^{32}$	$k\mathrm{w}^{323}$
0340	狗	流开一上侯见	$k\mathrm{w}^{35}$	$k\mathrm{w}^{25}$
0341	够	流开一去侯见	$k\mathrm{w}^{53}$	$k\mathrm{w}^{53}$
0342	口	流开一上侯溪	$k^h\mathrm{w}^{35}$	$k^h\mathrm{w}^{25}$
0343	藕	流开一上侯疑	$\eta\mathrm{w}^{231}$	$\eta\mathrm{w}^{231}$
0344	后前~	流开一上侯匣	w^{231}	w^{231}
0345	厚	流开一上侯匣	w^{231}	w^{231}
0346	富	流开三去尤非	fu^{53}	fu^{53}

续表

编号	单 字	音韵地位	老男音	青男音
0347	副	流开三去尤敷	fu^{53}	fu^{53}
0348	浮	流开三平尤奉	vu^{21}	vu^{212}
0349	妇	流开三上尤奉	vu^{231}	vu^{231}
0350	流	流开三平尤来	le^{21}	le^{212}
0351	酒	流开三上尤精	$t\varphi iu^{35}$	$t\varphi iu^{25}$
0352	修	流开三平尤心	φiu^{32}	φiu^{323}
0353	袖	流开三去尤邪	φiu^{53}	φiu^{53}
0354	抽	流开三平尤彻	$t\varphi^{h} iu^{32}$	$t\varphi^{h} iu^{323}$
0355	绸	流开三平尤澄	$d\zeta iu^{21}$	$d\zeta iu^{212}$
0356	愁	流开三平尤崇	ze^{21}	ze^{212}
0357	瘦	流开三去尤生	se^{53}	se^{53}
0358	州	流开三平尤章	$t\varphi iu^{32}$	$t\varphi iu^{323}$
0359	臭香~	流开三去尤昌	$t\varphi^{h} iu^{53}$	$t\varphi^{h} iu^{53}$
0360	手	流开三上尤书	φiu^{35}	φiu^{25}
0361	寿	流开三去尤禅	ζiu^{231}	ζiu^{231}
0362	九	流开三上尤见	$t\varphi iu^{35}$	$t\varphi iu^{25}$
0363	球	流开三平尤群	$d\zeta iu^{21}$	$d\zeta iu^{212}$
0364	舅	流开三上尤群	$d\zeta iu^{231}$	$d\zeta iu^{231}$
0365	旧	流开三去尤群	$d\zeta iu^{231}$	$d\zeta iu^{231}$
0366	牛	流开三平尤疑	ηiu^{21}	ηiu^{212}
0367	休	流开三平尤晓	φiu^{32}	φiu^{323}
0368	优	流开三平尤影	iu^{32}	iu^{323}
0369	有	流开三上尤云	iu^{231}	iu^{231}
0370	右	流开三去尤云	iu^{231}	iu^{231}

续表

编号	单　字	音韵地位	老男音	青男音
0371	油	流开三平尤以	iu²¹	iu²¹²
0372	丢	流开三平幽端	te³²	te³²³
0373	幼	流开三去幽影	iu³²	iu⁵³
0374	贪	咸开一平覃透	tʰə̃³²	tʰə̃³²³
0375	潭	咸开一平覃定	də̃²¹	də̃²¹²
0376	南	咸开一平覃泥	nə̃²¹	nə̃²¹²
0377	蚕	咸开一平覃从	zə̃²¹	zə̃²¹²
0378	感	咸开一上覃见	kə̃⁵³调特殊	kə̃⁵³调特殊
0379	含～一口水	咸开一平覃匣	gã²¹²	gã²¹²
0380	暗	咸开一去覃影	ə̃⁵³	ə̃⁵³
0381	搭	咸开一入合端	taʔ⁵	taʔ⁵
0382	踏	咸开一入合透	daʔ¹²	daʔ¹²
0383	拉	咸开一入合来	lɑ³²	lɑ³²³
0384	杂	咸开一入合从	zaʔ¹²	zəʔ¹²老 dzaʔ¹²新
0385	鸽	咸开一入合见	kəʔ⁵	kəʔ⁵
0386	盒	咸开一入合匣	aʔ¹²	aʔ¹²
0387	胆	咸开一上谈端	tã³⁵	tã²⁵
0388	毯	咸开一上谈透	tʰã³⁵	tʰã²⁵
0389	淡	咸开一上谈定	dã²³¹	dã²³¹
0390	蓝	咸开一平谈来	lã²¹	lã²¹²
0391	三	咸开一平谈心	sã³²	sã³²³
0392	甘	咸开一平谈见	kə̃³²	kə̃³²³
0393	敢	咸开一上谈见	kə̃³⁵	kə̃²⁵

续表

编号	单 字	音韵地位	老男音	青男音
0394	喊	咸开一上谈晓	xã³⁵	xã²⁵
0395	塔	咸开一入盍透	tʰaʔ⁵	tʰaʔ⁵
0396	蜡	咸开一入盍来	laʔ¹²	laʔ¹²
0397	赚	咸开二去咸澄	dzã²³¹	dzã²³¹
0398	杉～木	咸开二平咸生	sã³²	sã³²³
0399	减	咸开二上咸见	kã³⁵	kã²⁵白 tɕiẽ²⁵文
0400	咸～淡	咸开二平咸匣	ã²¹	ã²¹²
0401	插	咸开二入洽初	tsʰaʔ⁵	tsʰaʔ⁵
0402	闸	咸开二入洽崇	zaʔ¹²	zaʔ¹²
0403	夹～子	咸开二入洽见	gaʔ¹²声、调特殊	gaʔ¹²声、调特殊
0404	衫	咸开二平衔生	sã³²	sã³²³
0405	监	咸开二平衔见	kã³²白 tɕiẽ³²文	kã³²³白 tɕiẽ³²³文
0406	岩	咸开二平衔疑	ŋã²¹	ŋã²¹²
0407	甲	咸开二入狎见	kaʔ⁵白 tɕiaʔ⁵文	kaʔ⁵白 tɕiaʔ⁵文
0408	鸭	咸开二入狎影	aʔ⁵	aʔ⁵
0409	黏～液	咸开三平盐泥	n̠iẽ³²	n̠iẽ³²³
0410	尖	咸开三平盐精	tɕiẽ³²	tɕiẽ³²³
0411	签～名	咸开三平盐清	tɕʰiẽ³²	tɕʰiẽ³²³
0412	占～领	咸开三去盐章	tʃyə̃⁵³	tʃyə̃⁵³
0413	染	咸开三上盐日	n̠iẽ²³¹	n̠iẽ²³¹
0414	钳	咸开三平盐群	dziẽ²¹	dziẽ²¹²
0415	验	咸开三去盐疑	n̠iẽ²³¹	n̠iẽ²³¹

续表

编号	单字	音韵地位	老男音	青男音
0416	险	咸开三上盐晓	$ɕiẽ^{35}$	$ɕiẽ^{25}$
0417	厌	咸开三去盐影	$iẽ^{53}$	$iẽ^{53}$
0418	炎	咸开三平盐云	$iẽ^{21}$	$iẽ^{212}$
0419	盐	咸开三平盐以	$iẽ^{21}$	$iẽ^{212}$
0420	接	咸开三入叶精	$tɕiəʔ^{5}$	$tɕiəʔ^{5}$
0421	折~叠	山开三入薛章	$tʃyəʔ^{5}$	$tʃyəʔ^{5}$
0422	叶树~	咸开三入叶以	$iəʔ^{12}$	$iəʔ^{12}$
0423	剑	咸开三去严见	$tɕiẽ^{53}$	$tɕiẽ^{53}$
0424	欠	咸开三去严溪	$tɕʰiẽ^{53}$	$tɕʰiẽ^{53}$
0425	严	咸开三平严疑	$ɲiẽ^{21}$	$ɲiẽ^{212}$
0426	业	咸开三入业疑	$ɲiəʔ^{12}$	$ɲiəʔ^{12}$
0427	点	咸开四上添端	$tiẽ^{35}$	$tiẽ^{25}$
0428	店	咸开四去添端	$tiẽ^{53}$	$tiẽ^{53}$
0429	添	咸开四平添透	$tʰiẽ^{32}$	$tʰiẽ^{323}$
0430	甜	咸开四平添定	$diẽ^{21}$	$diẽ^{212}$
0431	念	咸开四去添泥	$ɲiẽ^{231}$	$ɲiẽ^{231}$
0432	嫌	咸开四平添匣	$iẽ^{21}$	$iẽ^{212}$
0433	跌	咸开四入帖端	$tiəʔ^{5}$	$tiəʔ^{5}$
0434	贴	咸开四入帖透	$tʰiəʔ^{5}$	$tʰiəʔ^{5}$
0435	碟	咸开四入帖定	$diəʔ^{12}$	$diəʔ^{12}$
0436	协	咸开四入帖匣	$ʑiəʔ^{12}$	$ʑiəʔ^{12}$
0437	犯	咸合三上凡奉	$vã^{231}$	$vã^{231}$
0438	法	咸合三入乏非	$faʔ^{5}$	$faʔ^{5}$
0439	品	深开三上侵滂	$pʰin^{35}$	$pʰin^{25}$

续表

编号	单字	音韵地位	老男音	青男音
0440	林	深开三平侵来	lin^{21}	lin^{212}
0441	浸	深开三去侵精	$tɕin^{53}$	$tɕin^{53}$
0442	心	深开三平侵心	$ɕin^{32}$	$ɕin^{323}$
0443	寻	深开三平侵邪	zin^{21}	zin^{212}
0444	沉	深开三平侵澄	tin^{53}白,声、调特殊 $dʒyən^{21}$文	$dʒyən^{212}$
0445	参人~	咸开一平侵生	$sən^{32}$	$sən^{323}$
0446	针	深开三平侵章	$tʃyən^{32}$	$tʃyən^{323}$
0447	深	深开三平侵书	$ʃyən^{32}$	$ʃyən^{323}$
0448	任责~	深开三去侵日	$ʒyən^{231}$	$ʒyən^{231}$
0449	金	深开三平侵见	$tɕin^{32}$	$tɕin^{323}$
0450	琴	深开三平侵群	$dʑin^{21}$	$dʑin^{212}$
0451	音	深开三平侵影	in^{32}	in^{323}
0452	立	深开三入缉来	$liəʔ^{12}$	$liəʔ^{12}$
0453	集	深开三入缉从	$ziəʔ^{12}$老 $dziəʔ^{12}$新	$ziəʔ^{12}$老 $dziəʔ^{12}$新
0454	习	深开三入缉邪	$ziəʔ^{12}$	$ziəʔ^{12}$
0455	汁	深开三入缉章	$tʃyəʔ^{5}$	$tʃyəʔ^{5}$
0456	十	深开三入缉禅	$zyəʔ^{12}$	$zyəʔ^{12}$
0457	入	深开三入缉日	$zyəʔ^{12}$	$zyəʔ^{12}$
0458	急	深开三入缉见	$tɕiəʔ^{5}$	$tɕiəʔ^{5}$
0459	及	深开三入缉群	$dʑiəʔ^{12}$	$dʑiəʔ^{12}$
0460	吸	深开三入缉晓	$ɕiəʔ^{5}$	$ɕiəʔ^{5}$
0461	单简~	山开一平寒端	$t\tilde{a}^{32}$	$t\tilde{a}^{323}$

续表

编号	单 字	音韵地位	老男音	青男音
0462	炭	山开一去寒透	$t^h\tilde{a}^{53}$	$t^h\tilde{a}^{53}$
0463	弹~琴	山开一平寒定	$d\tilde{a}^{21}$	$d\tilde{a}^{212}$
0464	难~易	山开一平寒泥	$n\tilde{a}^{21}$	$n\tilde{a}^{212}$
0465	兰	山开一平寒来	$l\tilde{a}^{21}$	$l\tilde{a}^{212}$
0466	懒	山开一上寒来	$l\tilde{a}^{231}$	$l\tilde{a}^{231}$
0467	烂	山开一去寒来	$l\tilde{a}^{231}$	$l\tilde{a}^{231}$
0468	伞	山开一上寒心	$s\tilde{a}^{35}$	$s\tilde{a}^{25}$
0469	肝	山开一平寒见	$k\tilde{ə}^{32}$	$k\tilde{ə}^{323}$
0470	看~见	山开一去寒溪	$k^h\tilde{ə}^{53}$	$k^h\tilde{ə}^{53}$
0471	岸	山开一去寒疑	$ŋ\tilde{ə}^{231}$	$ŋ\tilde{a}^{231}$
0472	汉	山开一去寒晓	$x\tilde{ə}^{53}$	$x\tilde{ə}^{53}$
0473	汗	山开一去寒匣	$\tilde{ə}^{231}$	$\tilde{ə}^{231}$
0474	安	山开一平寒影	$\tilde{ə}^{32}$	$\tilde{ə}^{323}$
0475	达	山开一入曷定	$daʔ^{12}$	$daʔ^{12}$
0476	辣	山开一入曷来	$laʔ^{12}$	$laʔ^{12}$
0477	擦	山开一入曷清	$ts^haʔ^{5}$	$ts^haʔ^{5}$
0478	割	山开一入曷见	$kəʔ^{5}$	$kəʔ^{5}$
0479	渴	山开一入曷溪	$k^həʔ^{5}$	$k^həʔ^{5}$
0480	扮	山开二去山帮	$p\tilde{a}^{53}$	$p\tilde{a}^{53}$
0481	办	山开二去山并	$b\tilde{a}^{231}$	$b\tilde{a}^{231}$
0482	铲	山开二上山初	$ts^h\tilde{a}^{35}$	$ts^h\tilde{a}^{25}$
0483	山	山开二平山生	$s\tilde{a}^{32}$	$s\tilde{a}^{323}$
0484	产~妇	山开二上山生	$ts^h\tilde{a}^{35}$	$s\tilde{a}^{25}$
0485	间房~,一~房	山开二平山见	$k\tilde{a}^{32}$	$k\tilde{a}^{323}$

续表

编号	单 字	音韵地位	老男音	青男音
0486	眼	山开二上山疑	ŋã²³¹	ŋã²³¹
0487	限	山开二上山匣	ã²³¹白 ʑiẽ²³¹文	ŋã²³¹白 ʑiẽ²³¹文
0488	八	山开二入黠帮	paʔ⁵	paʔ⁵
0489	扎	山开二入黠庄	tsaʔ⁵	tsaʔ⁵
0490	杀	山开二入黠生	saʔ⁵	saʔ⁵
0491	班	山开二平删帮	pã³²	pã³²³
0492	板	山开二上删帮	pã³⁵	pã²⁵
0493	慢	山开二去删明	mã²³¹	mã²³¹
0494	奸	山开二平删见	kã³²白 tɕiẽ³²文	kã³²³白 tɕiẽ³²³文
0495	颜	山开二平删疑	ŋã²¹	ŋã²¹²
0496	瞎	山开二入辖晓	xaʔ⁵	xaʔ⁵
0497	变	山开三去仙帮	piẽ⁵³	piẽ⁵³
0498	骗欺~	山开三去仙滂	pʰiẽ⁵³	pʰiẽ⁵³
0499	便方~	山开三去仙並	biẽ²³¹	biẽ²³¹
0500	棉	山开三平仙明	miẽ²¹	miẽ²¹²
0501	面~孔	山开三去仙明	miẽ²³¹	miẽ²³¹
0502	连	山开三平仙来	liẽ²¹	liẽ²¹²
0503	剪	山开三上仙精	tɕiẽ³⁵	tɕiẽ²⁵
0504	浅	山开三上仙清	tɕʰiẽ³⁵	tɕʰiẽ²⁵
0505	钱	山开三平仙从	dʑiẽ²¹	dʑiẽ²¹²
0506	鲜	山开三平仙心	ɕiẽ³²	ɕiẽ³²³
0507	线	山开三去仙心	ɕiẽ⁵³	ɕiẽ⁵³

编号	单 字	音韵地位	老男音	青男音
0508	缠	山开三平仙澄	dʒyə̃²¹ 又 dʒyə̃²³¹ 又	dʒyə̃²³¹
0509	战	山开三去仙章	tʃyə̃⁵³	tʃyə̃⁵³
0510	扇 名词	山开三去仙书	ʃyə̃⁵³	ʃyə̃⁵³
0511	善	山开三上仙禅	ʒyə̃²³¹	ʒyə̃²³¹
0512	件	山开三上仙群	dʑiẽ²³¹	dʑiẽ²³¹
0513	延	山开三平仙以	iẽ²¹	iẽ²¹²
0514	别～人	山开三入薛帮	biəʔ¹²	biəʔ¹²
0515	灭	山开三入薛明	miəʔ¹²	miəʔ¹²
0516	列	山开三入薛来	liəʔ¹²	liəʔ¹²
0517	撤	山开三入薛彻	tʃʰyəʔ⁵	tʃʰyəʔ⁵
0518	舌	山开三入薛船	ʒyəʔ¹²	ʒyəʔ¹²
0519	设	山开三入薛书	ʃyəʔ⁵	ʃyəʔ⁵
0520	热	山开三入薛日	ȵiəʔ¹²	ȵiəʔ¹²
0521	杰	山开三入薛群	dʑiəʔ¹²	dʑiəʔ¹²
0522	孽	山开三入薛疑	ŋiəʔ¹²	ŋiəʔ¹²
0523	建	山开三去元见	tɕiẽ⁵³	tɕiẽ⁵³
0524	健	山开三去元群	dʑiẽ²³¹	dʑiẽ²³¹
0525	言	山开三平元疑	iẽ²¹	iẽ²¹²
0526	歇	山开三入月晓	ɕiəʔ⁵	ɕiəʔ⁵
0527	扁	山开四上先帮	piẽ³⁵	piẽ²⁵
0528	片	山开四去先滂	pʰiẽ⁵³	pʰiẽ⁵³
0529	面～条	山开四去先明	miẽ²³¹	miẽ²³¹
0530	典	山开四上先端	tiẽ³⁵	tiẽ²⁵

续表

编号	单 字	音韵地位	老男音	青男音
0531	天	山开四平先透	$t^hi\tilde{e}^{32}$	$t^hi\tilde{e}^{323}$
0532	田	山开四平先定	$di\tilde{e}^{21}$	$di\tilde{e}^{212}$
0533	垫	山开四去先定	$di\tilde{e}^{231}$	$di\tilde{e}^{231}$
0534	年	山开四平先泥	$\textipa{n}i\tilde{e}^{21}$	$\textipa{n}i\tilde{e}^{212}$
0535	莲	山开四平先来	$li\tilde{e}^{21}$	$li\tilde{e}^{212}$
0536	前	山开四平先从	$zi\tilde{e}^{21}$	$zi\tilde{e}^{212}$
0537	先	山开四平先心	$\textctc i\tilde{e}^{32}$	$\textctc i\tilde{e}^{323}$
0538	肩	山开四平先见	$t\textctc i\tilde{e}^{32}$	$t\textctc i\tilde{e}^{323}$
0539	见	山开四去先见	$t\textctc i\tilde{e}^{53}$	$t\textctc i\tilde{e}^{53}$
0540	牵	山开四平先溪	$t\textctc^h i\tilde{e}^{32}$	$t\textctc^h i\tilde{e}^{323}$
0541	显	山开四上先晓	$\textctc i\tilde{e}^{53}$ 调特殊	$\textctc i\tilde{e}^{25}$
0542	现	山开四去先匣	$zi\tilde{e}^{231}$	$zi\tilde{e}^{231}$
0543	烟	山开四平先影	$i\tilde{e}^{32}$	$i\tilde{e}^{323}$
0544	憋	山开四入屑滂	$pi\textschwa ʔ^5$	$pi\textschwa ʔ^5$
0545	篾	山开四入屑明	$mi\textschwa ʔ^{12}$	$mi\textschwa ʔ^{12}$
0546	铁	山开四入屑透	$t^h i\textschwa ʔ^5$	$t^h i\textschwa ʔ^5$
0547	捏	山开四入屑泥	$\textipa{n}iaʔ^{12}$	$\textipa{n}iaʔ^{12}$
0548	节	山开四入屑精	$t\textctc i\textschwa ʔ^5$	$t\textctc i\textschwa ʔ^5$
0549	切动词	山开四入屑清	$t\textctc^h i\textschwa ʔ^5$	$t\textctc^h i\textschwa ʔ^5$
0550	截	山开四入屑从	$zi\textschwa ʔ^{12}$	$zi\textctc i\textschwa ʔ^{12}$老 $dzi\textschwa ʔ^{12}$新
0551	结	山开四入屑见	$t\textctc i\textschwa ʔ^5$	$t\textctc i\textschwa ʔ^5$
0552	搬	山合一平桓帮	$b\tilde{\textschwa}^{21}$	$b\tilde{\textschwa}^{212}$
0553	半	山合一去桓帮	$p\tilde{\textschwa}^{53}$	$p\tilde{\textschwa}^{53}$

续表

编号	单 字	音韵地位	老男音	青男音
0554	判	山合一去桓滂	pʰə̃⁵³	pʰə̃⁵³
0555	盘	山合一平桓並	bə̃²¹	bə̃²¹²
0556	满	山合一上桓明	mə̃²³¹	mə̃²³¹
0557	端～午	山合一平桓端	tə̃³²	tə̃³²³
0558	短	山合一上桓端	tə̃³⁵	tə̃²⁵
0559	断绳～了	山合一上桓定	də̃²³¹	də̃²³¹
0560	暖	山合一上桓泥	nə̃²³¹	nə̃²³¹
0561	乱	山合一去桓来	lə̃²³¹	lə̃²³¹
0562	酸	山合一平桓心	sə̃³²	sə̃³²³
0563	算	山合一去桓心	sə̃⁵³	sə̃⁵³
0564	官	山合一平桓见	kuə̃³²	kuə̃³²³
0565	宽	山合一平桓溪	kʰuə̃³²	kʰuə̃³²³
0566	欢	山合一平桓晓	xuə̃³²	xuə̃³²³
0567	完	山合一平桓匣	uə̃²¹	uə̃²¹²
0568	换	山合一去桓匣	uə̃²³¹	uə̃²³¹
0569	碗	山合一上桓影	uə̃³⁵	uə̃²⁵
0570	拨	山合一入末帮	pəʔ⁵	pəʔ⁵
0571	泼	山合一入末滂	pʰəʔ⁵	pʰəʔ⁵
0572	末	山合一入末明	məʔ¹²	məʔ¹²
0573	脱	山合一入末透	tʰəʔ⁵	tʰəʔ⁵
0574	夺	山合一入末定	dəʔ¹²	dəʔ¹²
0575	阔	山合一入末溪	kʰuaʔ⁵	kʰuaʔ⁵
0576	活	山合一入末匣	uaʔ¹²	uaʔ¹²
0577	顽～皮,～固	山合二平山疑	uã²¹	uã²¹²

续表

编号	单 字	音韵地位	老男音	青男音
0578	滑	山合二入黠匣	$ua\textipa{P}^{12}$	$ua\textipa{P}^{12}$
0579	挖	山合二入黠影	$u\textipa{A}^{32}$	$u\textipa{A}^{323}$
0580	闩	山合二平删生	$\int y\tilde{\textipa{@}}^{32}$	$\int y\tilde{\textipa{@}}^{323}$
0581	关~门	山合二平删见	$ku\tilde{a}^{32}$	$ku\tilde{a}^{323}$
0582	惯	山合二去删见	$ku\tilde{a}^{53}$	$ku\tilde{a}^{53}$
0583	还动词	山合二平删匣	$u\tilde{a}^{21}$	$u\tilde{a}^{212}$
0584	还副词	山合二平删匣	$a\textipa{P}^{12}$	$a\textipa{P}^{12}$
0585	弯	山合二平删影	$u\tilde{a}^{32}$	$u\tilde{a}^{323}$
0586	刷	山合二入辖生	$\int y\textipa{@P}^{5}$	$\int y\textipa{@P}^{5}$
0587	刮	山合二入辖见	$kua\textipa{P}^{5}$	$kua\textipa{P}^{5}$
0588	全	山合三平仙从	$d\textipa{Z}y\tilde{\textipa{@}}^{21}$	$d\textipa{Z}y\tilde{\textipa{@}}^{212}$
0589	选	山合三上仙心	$\int y\tilde{\textipa{@}}^{35}$	$\int y\tilde{\textipa{@}}^{25}$
0590	转~眼,~送	山合三上仙知	$t\int y\tilde{\textipa{@}}^{35}$	$t\int y\tilde{\textipa{@}}^{25}$
0591	传~下来	山合三平仙澄	$d\textipa{Z}y\tilde{\textipa{@}}^{21}$	$d\textipa{Z}y\tilde{\textipa{@}}^{212}$
0592	传~记	山合三去仙澄	$d\textipa{Z}y\tilde{\textipa{@}}^{231}$	$d\textipa{Z}y\tilde{\textipa{@}}^{231}$
0593	砖	山合三平仙章	$t\int y\tilde{\textipa{@}}^{32}$	$t\int y\tilde{\textipa{@}}^{323}$
0594	船	山合三平仙船	$\textipa{Z}y\tilde{\textipa{@}}^{21}$	$\textipa{Z}y\tilde{\textipa{@}}^{212}$
0595	软	山合三上仙日	$\textipa{n}y\tilde{\textipa{@}}^{231}$	$\textipa{n}y\tilde{\textipa{@}}^{231}$
0596	卷~起	山合三上仙见	$t\int y\tilde{\textipa{@}}^{35}$	$t\int y\tilde{\textipa{@}}^{25}$
0597	圈圆~	山合三平仙溪	$t\int^{h}y\tilde{\textipa{@}}^{32}$	$t\int^{h}y\tilde{\textipa{@}}^{323}$
0598	权	山合三平仙群	$d\textipa{Z}y\tilde{\textipa{@}}^{21}$	$d\textipa{Z}y\tilde{\textipa{@}}^{212}$
0599	圆	山合三平仙云	$y\tilde{\textipa{@}}^{21}$	$y\tilde{\textipa{@}}^{212}$
0600	院	山合三去仙云	$y\tilde{\textipa{@}}^{231}$	$y\tilde{\textipa{@}}^{231}$

续表

编号	单 字	音韵地位	老男音	青男音
0601	铅~笔	山合三平仙以	kʰã̃³²	kʰã̃³²³白 tɕʰiẽ³²³文
0602	绝	山合三入薛从	dʑiəʔ¹²	dʑiəʔ¹²
0603	雪	山合三入薛心	ɕiəʔ⁵	ɕiəʔ⁵
0604	反	山合三上元非	fã̃³⁵	fã̃²⁵
0605	翻	山合三平元敷	fã̃³²	fã̃³²³
0606	饭	山合三去元奉	vã̃²³¹	vã̃²³¹
0607	晚	山合三上元微	uã̃²³¹	uã̃⁵³
0608	万麻将牌	山合三去元微	mã̃²³¹	mã̃²³¹
0609	劝	山合三去元溪	tʃʰyə̃⁵³	tʃʰyə̃⁵³
0610	原	山合三平元疑	ȵyə̃²¹	ȵyə̃²¹²
0611	冤	山合三平元影	yə̃³²	yə̃³²³
0612	园	山合三平元云	yə̃²¹	yə̃²¹²
0613	远	山合三上元云	yə̃²³¹	yə̃²³¹
0614	发头~	山合三入月非	faʔ⁵	faʔ⁵
0615	罚	山合三入月奉	vaʔ¹²	vaʔ¹²
0616	袜	山合三入月微	maʔ¹²	maʔ¹²
0617	月	山合三入月疑	ȵyəʔ¹²白 yəʔ¹²文	ȵyəʔ¹²白 yəʔ¹²文
0618	越	山合三入月云	yəʔ¹²	yəʔ¹²
0619	县	山合四去先匣	yə̃²³¹老 ʑiẽ²³¹新	yə̃²³¹老 ʑiẽ²³¹新
0620	决	山合四入屑见	tʃyəʔ⁵	tʃyəʔ⁵
0621	缺	山合四入屑溪	tʃʰyəʔ⁵	tʃʰyəʔ⁵
0622	血	山合四入屑晓	ʃyəʔ⁵	ʃyəʔ⁵

续表

编号	单 字	音韵地位	老男音	青男音
0623	吞	臻开一平痕透	$t^h\text{ən}^{32}$	$t^h\text{ən}^{323}$
0624	根	臻开一平痕见	kən^{32}	kən^{323}
0625	恨	臻开一去痕匣	ən^{231}	ən^{231}
0626	恩	臻开一平痕影	ən^{32}	ən^{323}
0627	贫	臻开三平真並	bin^{21}	bin^{212}
0628	民	臻开三平真明	min^{21}	min^{212}
0629	邻	臻开三平真来	lin^{21}	lin^{212}
0630	进	臻开三去真精	tɕin^{53}	tɕin^{53}
0631	亲~人	臻开三平真清	$\text{tɕ}^h\text{in}^{32}$	$\text{tɕ}^h\text{in}^{323}$
0632	新	臻开三平真心	ɕin^{32}	ɕin^{323}
0633	镇	臻开三去真知	tʃyən^{53}	tʃyən^{53}
0634	陈	臻开三平真澄	dʒyən^{21}	dʒyən^{212}
0635	震	臻开三去真章	tʃyən^{53}	tʃyən^{53}
0636	神	臻开三平真船	ʒyən^{21}	ʒyən^{212}
0637	身	臻开三平真书	ʃyən^{32}	ʃyən^{323}
0638	辰	臻开三平真禅	ʒyən^{21}	ʒyən^{212}
0639	人	臻开三平真日	ȵin^{21}白 ʒyən^{21}文	ȵin^{212}白 ʒyən^{212}文
0640	认	臻开三去真日	ȵin^{231}白 ʒyən^{231}文	ȵin^{231}白 ʒyən^{231}文
0641	紧	臻开三上真见	tɕin^{35}	tɕin^{25}
0642	银	臻开三平真疑	ȵin^{21}	ȵin^{212}
0643	印	臻开三去真影	in^{53}	in^{53}
0644	引	臻开三上真以	in^{53}	in^{25}

续表

编号	单　字	音韵地位	老男音	青男音
0645	笔	臻开三入质帮	piəʔ⁵	piəʔ⁵
0646	匹	臻开三入质滂	pʰiəʔ⁵	pʰiəʔ⁵
0647	密	臻开三入质明	miəʔ¹²	miəʔ¹²
0648	栗	臻开三入质来	liəʔ¹²	liəʔ¹²
0649	七	臻开三入质清	tɕʰiəʔ⁵	tɕʰiəʔ⁵
0650	侄	臻开三入质澄	dʒyəʔ¹²	dʒyəʔ¹²
0651	虱	臻开三入质生	səʔ⁵	səʔ⁵
0652	实	臻开三入质船	ʒyəʔ¹²	ʒyəʔ¹²
0653	失	臻开三入质书	ʃyəʔ⁵	ʃyəʔ⁵
0654	日	臻开三入质日	ȵiəʔ¹²白 ʒyəʔ¹²文	ȵiəʔ¹²白 ʒyəʔ¹²文
0655	吉	臻开三入质见	tɕiəʔ⁵	tɕiəʔ⁵
0656	一	臻开三入质影	iəʔ⁵	iəʔ⁵
0657	筋	臻开三平殷见	tɕin³²	tɕin³²³
0658	劲有~	臻开三去殷见	tɕin⁵³	tɕin⁵³
0659	勤	臻开三平殷群	dʑin²¹	dʑin²¹²
0660	近	臻开三上殷群	dʑin²³¹	dʑin²³¹
0661	隐	臻开三上殷影	in³⁵	in²⁵
0662	本	臻合一上魂帮	pən³⁵	pən²⁵
0663	盆	臻合一平魂并	bən²¹	bən²¹²
0664	门	臻合一平魂明	mən²¹	mən²¹²
0665	墩	臻合一平魂端	tən³²	tən³²³
0666	嫩	臻合一去魂泥	nən²³¹	nən²³¹
0667	村	臻合一平魂清	tsʰən³²	tsʰən³²³

续表

编号	单 字	音韵地位	老男音	青男音
0668	寸	臻合一去魂清	$ts^h ən^{53}$	$ts^h ən^{53}$
0669	蹲	臻合一平魂从	$tən^{32}$	$tən^{323}$
0670	孙~子	臻合一平魂心	$sən^{32}$	$sən^{323}$
0671	滚	臻合一上魂见	$kuən^{35}$	$kuən^{25}$
0672	困	臻合一去魂溪	$k^h uən^{35}$ 调特殊	$k^h uən^{53}$
0673	婚	臻合一平魂晓	$xuən^{32}$	$xuən^{323}$
0674	魂	臻合一平魂匣	$uən^{21}$	$uən^{212}$
0675	温	臻合一平魂影	$uən^{32}$	$uən^{323}$
0676	卒棋子	臻合一入没精	$tsəʔ^5$	$tsəʔ^5$
0677	骨	臻合一入没见	$kuəʔ^5$	$kuəʔ^5$
0678	轮	臻合三平谆来	$lən^{21}$	$lən^{212}$
0679	俊	臻合三去谆精	$tɕin^{53}$	$tɕin^{53}$
0680	笋	臻合三上谆心	$ʃyən^{35}$	$ʃyən^{25}$
0681	准	臻合三上谆章	$tʃyən^{35}$	$tʃyən^{25}$
0682	春	臻合三平谆昌	$tʃ^h yən^{32}$	$tʃ^h yən^{323}$
0683	唇	臻合三平谆船	$ʒyən^{21}$	$ʒyən^{212}$
0684	顺	臻合三去谆船	$ʒyən^{231}$	$ʒyən^{231}$
0685	纯	臻合三平谆禅	$ʒyən^{21}$	$ʒyən^{212}$
0686	闰	臻合三去谆日	$ʒyən^{231}$	$ʒyən^{231}$
0687	均	臻合三平谆见	$tʃyən^{32}$	$tʃyən^{323}$
0688	匀	臻合三平谆以	$yən^{21}$	$yən^{212}$
0689	律	臻合三入术来	$liəʔ^{12}$	$liəʔ^{12}$
0690	出	臻合三入术昌	$tʃ^h yəʔ^5$	$tʃ^h yəʔ^5$
0691	橘	臻合三入术见	$tʃyəʔ^5$	$tʃyəʔ^5$

续表

编号	单 字	音韵地位	老男音	青男音
0692	分动词	臻合三平文非	fən^{32}	fən^{323}
0693	粉	臻合三上文非	fən^{35}	fən^{25}
0694	粪	臻合三去文非	fən^{53}	fən^{53}
0695	坟	臻合三平文奉	vən^{21}	vən^{212}
0696	蚊	臻合三平文微	mən^{21}	mən^{212}
0697	问	臻合三去文微	mən^{231}白 vən^{231}文	mən^{231}白 vən^{231}文
0698	军	臻合三平文见	tʃyən^{32}	tʃyən^{323}
0699	裙	臻合三平文群	dʒyən^{21}	dʒyən^{212}
0700	熏	臻合三平文晓	ʃyən^{32}	ʃyən^{323}
0701	云~彩	臻合三平文云	yən^{21}	yən^{212}
0702	运	臻合三去文云	yən^{231}	yən^{231}
0703	佛~像	臻合三入物奉	vəʔ^{12}	vəʔ^{12}
0704	物	臻合三入物微	vəʔ^{12}	vəʔ^{12}
0705	帮	宕开一平唐帮	pɑ̃^{32}	pɑ̃^{323}
0706	忙	宕开一平唐明	mɑ̃^{21}	mɑ̃^{212}
0707	党	宕开一上唐端	tɑ̃^{35}	tɑ̃^{25}
0708	汤	宕开一平唐透	tʰɑ̃^{32}	tʰɑ̃^{323}
0709	糖	宕开一平唐定	dɑ̃^{21}	dɑ̃^{212}
0710	浪	宕开一去唐来	lɑ̃^{231}	lɑ̃^{231}
0711	仓	宕开一平唐清	tsʰɑ̃^{32}	tsʰɑ̃^{323}
0712	钢名词	宕开一平唐见	kɑ̃^{32}	kɑ̃^{323}
0713	糠	宕开一平唐溪	kʰɑ̃^{32}	kʰɑ̃^{323}
0714	薄形容词	宕开一入铎并	bəʔ^{12}	bəʔ^{12}

续表

编号	单字	音韵地位	老男音	青男音
0715	摸	宕开一入铎明	mu^{32}	mu^{323}
0716	托	宕开一入铎透	$t^hə\mathʔ^5$	$t^hə\mathʔ^5$
0717	落	宕开一入铎来	$lə\mathʔ^{12}$	$lə\mathʔ^{12}$
0718	作	宕开一入铎精	$tsə\mathʔ^5$	$tsə\mathʔ^5$
0719	索	宕开一入铎心	$sə\mathʔ^5$	$sə\mathʔ^5$
0720	各	宕开一入铎见	$kə\mathʔ^5$	$kə\mathʔ^5$
0721	鹤	宕开一入铎匣	$ŋə\mathʔ^{12}$	$ŋə\mathʔ^{12}$
0722	恶形容词	宕开一入铎影	$ə\mathʔ^5$	$ə\mathʔ^5$
0723	娘	宕开三平阳泥	$ȵia\tilde{}^{21}$	$ȵia\tilde{}^{212}$
0724	两斤~	宕开三上阳来	$lia\tilde{}^{231}$	$lia\tilde{}^{231}$
0725	亮	宕开三去阳来	$lia\tilde{}^{231}$	$lia\tilde{}^{231}$
0726	浆	宕开三平阳精	$tɕia\tilde{}^{32}$	$tɕia\tilde{}^{323}$
0727	抢	宕开三上阳清	$tɕ^hia\tilde{}^{35}$	$tɕ^hia\tilde{}^{25}$
0728	匠	宕开三去阳从	$zia\tilde{}^{231}$	$zia\tilde{}^{231}$
0729	想	宕开三上阳心	$ɕia\tilde{}^{35}$	$ɕia\tilde{}^{25}$
0730	像	宕开三上阳邪	$zia\tilde{}^{231}$	$zia\tilde{}^{231}$
0731	张量词	宕开三平阳知	$tʃya\tilde{}^{32}$	$tʃya\tilde{}^{323}$
0732	长~短	宕开三平阳澄	$dʒya\tilde{}^{21}$	$dʒya\tilde{}^{212}$
0733	装	宕开三平阳庄	$tʃya\tilde{}^{32}$	$tʃya\tilde{}^{323}$
0734	壮	宕开三去阳庄	$tʃya\tilde{}^{53}$	$tʃya\tilde{}^{53}$
0735	疮	宕开三平阳初	$tʃ^hya\tilde{}^{32}$	$tʃ^hya\tilde{}^{323}$
0736	床	宕开三平阳崇	$ʒya\tilde{}^{21}$	$ʒya\tilde{}^{212}$
0737	霜	宕开三平阳生	$ʃya\tilde{}^{32}$	$ʃya\tilde{}^{323}$
0738	章	宕开三平阳章	$tʃya\tilde{}^{32}$	$tʃya\tilde{}^{323}$

编号	单　字	音韵地位	老男音	青男音
0739	厂	宕开三上阳昌	tʃʰyã³⁵	tʃʰyã²⁵
0740	唱	宕开三去阳昌	tʃʰyã⁵³	tʃʰyã⁵³
0741	伤	宕开三平阳书	ʃyã³²	ʃyã³²³
0742	尝	宕开三平阳禅	ʒyã²¹	ʒyã²¹²
0743	上～去	宕开三上阳禅	ʒyã²³¹	ʒyã²³¹
0744	让	宕开三去阳日	ȵiɑ²³¹韵特殊	ȵiɑ²³¹韵特殊
0745	姜生～	宕开三平阳见	tɕia³²	tɕia³²³
0746	响	宕开三上阳晓	ɕiã³⁵	ɕiã²⁵
0747	向	宕开三去阳晓	ɕiã⁵³	ɕiã⁵³
0748	秧	宕开三平阳影	iã³²	iã³²³
0749	痒	宕开三上阳以	iã²³¹	iã²³¹
0750	样	宕开三去阳以	iã²³¹	iã²³¹
0751	雀	宕开三入药精	tɕiaʔ⁵ 白 tɕʰiaʔ⁵ 文	tɕiaʔ⁵ 白 tɕʰiaʔ⁵ 文
0752	削	宕开三入药心	ɕiaʔ⁵	ɕiaʔ⁵
0753	着火～了	宕开三入药知	dʒyaʔ¹²	dʒyaʔ¹²
0754	勺	宕开三入药禅	ʒyaʔ¹²	ʒyaʔ¹²
0755	弱	宕开三入药日	ȵiaʔ¹²	ȵiaʔ¹²
0756	脚	宕开三入药见	tɕiaʔ⁵	tɕiaʔ⁵
0757	约	宕开三入药影	iaʔ⁵	iaʔ⁵
0758	药	宕开三入药以	iaʔ¹²	iaʔ¹²
0759	光～线	宕合一平唐见	kuɑ̃³²	kuɑ̃³²³
0760	慌	宕合一平唐晓	xuɑ̃³²	xuɑ̃³²³
0761	黄	宕合一平唐匣	uɑ̃²¹	uɑ̃²¹²

续表

编号	单　字	音韵地位	老男音	青男音
0762	郭	宕合一入铎见	$kə?^5$	$kə?^5$
0763	霍	宕合一入铎晓	$xə?^5$	$xə?^5$
0764	方	宕合三平阳非	$f\tilde{a}^{32}$	$f\tilde{a}^{323}$
0765	放	宕合三去阳非	$f\tilde{a}^{53}$	$f\tilde{a}^{53}$
0766	纺	宕合三上阳敷	$f\tilde{a}^{35}$	$f\tilde{a}^{25}$
0767	房	宕合三平阳奉	$v\tilde{a}^{21}$	$v\tilde{a}^{212}$
0768	防	宕合三平阳奉	$v\tilde{a}^{21}$	$v\tilde{a}^{212}$
0769	网	宕合三上阳微	$m\tilde{a}^{231}$	$m\tilde{a}^{231}$
0770	筐	宕合三平阳溪	$k^hu\tilde{a}^{32}$ 又 $k^h\tilde{a}^{32}$ 又	$k^h\tilde{a}^{323}$
0771	狂	宕合三平阳群	$gu\tilde{a}^{21}$	$gu\tilde{a}^{212}$
0772	王	宕合三平阳云	$u\tilde{a}^{21}$	$u\tilde{a}^{212}$
0773	旺	宕合三去阳云	$u\tilde{a}^{231}$	$u\tilde{a}^{231}$
0774	缚	宕合三入药奉	$və?^{12}$	$və?^{12}$
0775	绑	江开二上江帮	$p\tilde{a}^{35}$	$p\tilde{a}^{25}$
0776	胖	江开二去江滂	$p^h\tilde{a}^{53}$	$p^h\tilde{a}^{53}$
0777	棒	江开二上江並	$b\tilde{a}^{231}$	$b\tilde{a}^{231}$
0778	桩	江开二平江知	$t\int y\tilde{a}^{32}$	$t\int y\tilde{a}^{323}$
0779	撞	江开二去江澄	$dʒy\tilde{a}^{231}$	$dʒy\tilde{a}^{231}$
0780	窗	江开二平江初	$t\int^h y\tilde{a}^{32}$	$t\int^h y\tilde{a}^{323}$
0781	双	江开二平江生	$\int y\tilde{a}^{32}$	$\int y\tilde{a}^{323}$
0782	江	江开二平江见	$k\tilde{a}^{32}$	$k\tilde{a}^{323}$
0783	讲	江开二上江见	$k\tilde{a}^{35}$	$k\tilde{a}^{25}$
0784	降投~	江开二平江匣	$ʑia^{21}$ 又,韵特殊 $ʑi\tilde{a}^{21}$ 又	$ʑi\tilde{a}^{212}$

编号	单　字	音韵地位	老男音	青男音
0785	项	江开二上江匣	ã²³¹	ã²³¹老 ʑiã²³¹新
0786	剥	江开二入觉帮	pəʔ⁵	pəʔ⁵
0787	桌	江开二入觉知	tʃyəʔ⁵	tʃyəʔ⁵
0788	镯	江开二入觉崇	dʒyəʔ¹²	dʒyəʔ¹²
0789	角	江开二入觉见	kəʔ⁵	kəʔ⁵
0790	壳	江开二入觉溪	kʰəʔ⁵	kʰəʔ⁵
0791	学	江开二入觉匣	uəʔ¹²白 ʒyəʔ¹²文	uəʔ¹²白 ʒyəʔ¹²文
0792	握	江开二入觉影	uəʔ⁵	uəʔ⁵
0793	朋	曾开一平登并	boŋ²¹	boŋ²¹²
0794	灯	曾开一平登端	tən³²	tən³²³
0795	等	曾开一上登端	tən³⁵	tən²⁵
0796	凳	曾开一去登端	tən⁵³	tən⁵³
0797	藤	曾开一平登定	dən²¹	dən²¹²
0798	能	曾开一平登泥	nən²¹	nən²¹²
0799	层	曾开一平登从	zən²¹	zən²¹²
0800	僧	曾开一平登心	sən³²	sən³²³
0801	肯	曾开一上登溪	kʰən³⁵	kʰən²⁵
0802	北	曾开一入德帮	pəʔ⁵	pəʔ⁵
0803	墨	曾开一入德明	məʔ¹²	məʔ¹²
0804	得	曾开一入德端	təʔ⁵	təʔ⁵
0805	特	曾开一入德定	dəʔ¹²	dəʔ¹²
0806	贼	曾开一入德从	zəʔ¹²	zəʔ¹²

续表

编号	单　字	音韵地位	老男音	青男音
0807	塞	曾开一入德心	sə$ʔ^5$	sə$ʔ^5$
0808	刻	曾开一入德溪	k^{h}ə$ʔ^5$	k^{h}ə$ʔ^5$
0809	黑	曾开一入德晓	xə$ʔ^5$	xə$ʔ^5$
0810	冰	曾开三平蒸帮	pin^{32}	pin^{323}
0811	证	曾开三去蒸章	tʃyən^{53}	tʃyən^{53}
0812	秤	曾开三去蒸昌	tʃ^{h}yən^{53}	tʃ^{h}yən^{53}
0813	绳	曾开三平蒸船	ʒyən^{21}	ʒyən^{212}
0814	剩	曾开三去蒸船	ʒyən^{231}	ʒyən^{231}
0815	升	曾开三平蒸书	ʃyən^{32}	ʃyən^{323}
0816	兴高~	曾开三去蒸晓	ɕin^{53}	ɕin^{53}
0817	蝇	曾开三平蒸以	in^{32}	in^{323}
0818	逼	曾开三入职帮	piə$ʔ^5$	piə$ʔ^5$
0819	力	曾开三入职来	liə$ʔ^{12}$	liə$ʔ^{12}$
0820	息	曾开三入职心	ɕiə$ʔ^5$	ɕiə$ʔ^5$
0821	直	曾开三入职澄	dʒyə$ʔ^{12}$	dʒyə$ʔ^{12}$
0822	侧	曾开三入职庄	ts^{h}ə$ʔ^5$	ts^{h}ə$ʔ^5$
0823	测	曾开三入职初	ts^{h}ə$ʔ^5$	ts^{h}ə$ʔ^5$
0824	色	曾开三入职生	sə$ʔ^5$	sə$ʔ^5$
0825	织	曾开三入职章	tʃyə$ʔ^5$	tʃyə$ʔ^5$
0826	食	曾开三入职船	ʒyə$ʔ^{12}$	ʒyə$ʔ^{12}$
0827	式	曾开三入职书	ʃyə$ʔ^5$	ʃyə$ʔ^5$
0828	极	曾开三入职群	dziə$ʔ^{12}$	dziə$ʔ^{12}$
0829	国	曾合一入德见	kuə$ʔ^5$	kuə$ʔ^5$
0830	或	曾合一入德匣	uə$ʔ^{12}$	uə$ʔ^{12}$

续表

编号	单 字	音韵地位	老男音	青男音
0831	猛	梗开二上庚明	moŋ⁵³调特殊	moŋ⁵³调特殊
0832	打	梗开二上庚端	tã³⁵	tã²⁵
0833	冷	梗开二上庚来	lən⁵³调特殊	lən⁵³调特殊
0834	生	梗开二平庚生	ɕiã³²白 sən³²文	ɕiã³²³白 sən³²³文
0835	省～长	梗开二上庚生	sən³⁵	sən²⁵
0836	更三～,打～	梗开二平庚见	tɕiã³²	kã³²³
0837	梗	梗开二上庚见	kuã³⁵	kuã²⁵白 kən²⁵文
0838	坑	梗开二平庚溪	tɕʰiã³²	tɕʰiã³²³
0839	硬	梗开二去庚疑	n̠iã²³¹	n̠iã²³¹
0840	行～为,～走	梗开二平庚匣	ʑin²¹	ʑin²¹²
0841	百	梗开二入陌帮	piaʔ⁵韵特殊	paʔ⁵
0842	拍	梗开二入陌滂	pʰəʔ⁵	pʰəʔ⁵
0843	白	梗开二入陌並	biaʔ¹²韵特殊	baʔ¹²
0844	拆	梗开二入陌彻	tsʰaʔ⁵	tsʰaʔ⁵
0845	择	梗开二入陌澄	dzəʔ¹²	dzəʔ¹²
0846	窄	梗开二入陌庄	tsɑ⁵³	tsɑ⁵³
0847	格	梗开二入陌见	kaʔ⁵白 kəʔ⁵文	kaʔ⁵
0848	客	梗开二入陌溪	tɕʰiaʔ⁵堂～ kʰaʔ⁵～车	tɕʰiaʔ⁵堂～ kʰaʔ⁵～车
0849	额	梗开二入陌疑	ŋəʔ¹²	ŋəʔ¹²
0850	棚	梗开二平耕並	boŋ²¹	boŋ²¹²
0851	争	梗开二平耕庄	tɕiã³²	tɕiã³²³白 tsən³²³文

续表

编号	单　字	音韵地位	老男音	青男音
0852	耕	梗开二平耕见	tɕiã³²	tɕiã³²³白 kən³²³文
0853	麦	梗开二入麦明	miaʔ¹²	maʔ¹²
0854	摘	梗开二入麦知	tsəʔ⁵	tsəʔ⁵
0855	策	梗开二入麦初	tsʰəʔ⁵	tsʰəʔ⁵
0856	隔	梗开二入麦见	kaʔ⁵	kaʔ⁵
0857	兵	梗开三平庚帮	pin³²	pin³²³
0858	柄	梗开三去庚帮	pin⁵³	pin²⁵
0859	平	梗开三平庚並	bin²¹	bin²¹²
0860	病	梗开三去庚並	bin²³¹	bin²³¹
0861	明	梗开三平庚明	min²¹～白 məʔ¹²～日	min²¹²～白 məʔ¹²～日
0862	命	梗开三去庚明	min²³¹	min²³¹
0863	镜	梗开三去庚见	tɕin⁵³	tɕin⁵³
0864	庆	梗开三去庚溪	tɕʰin⁵³	tɕʰin⁵³
0865	迎	梗开三平庚疑	n̠in²¹	n̠in²¹²
0866	影	梗开三上庚影	in³⁵	in²⁵
0867	剧戏～	梗开三入陌群	dʑiəʔ¹²	dʑiəʔ¹²
0868	饼	梗开三上清帮	pin³⁵	pin²⁵
0869	名	梗开三平清明	min²¹	min²¹²
0870	领	梗开三上清来	lin²³¹	lin²³¹
0871	井	梗开三上清精	tɕin³⁵	tɕin²⁵
0872	清	梗开三平清清	tɕʰin³²	tɕʰin³²³
0873	静	梗开三上清从	dʑin²³¹	dʑin²³¹

续表

编号	单 字	音韵地位	老男音	青男音
0874	姓	梗开三去清心	φin^{53}	φin^{53}
0875	贞	梗开三平清知	$t\int y\partial n^{32}$	$t\int y\partial n^{323}$
0876	程	梗开三平清澄	$d\mathdollar y\partial n^{21}$	$d\mathdollar y\partial n^{212}$
0877	整	梗开三上清章	$t\int y\partial n^{35}$	$t\int y\partial n^{25}$
0878	正~反	梗开三去清章	$t\int y\partial n^{53}$	$t\int y\partial n^{53}$
0879	声	梗开三平清书	$\int y\partial n^{32}$	$\int y\partial n^{323}$
0880	城	梗开三平清禅	$\mathdollar y\partial n^{21}$白 $d\mathdollar y\partial n^{21}$文	$\mathdollar y\partial n^{212}$白 $d\mathdollar y\partial n^{212}$文
0881	轻	梗开三平清溪	$t\varphi^h in^{32}$	$t\varphi^h in^{323}$
0882	赢	梗开三平清以	in^{21}	in^{212}
0883	积	梗开三入昔精	$t\varphi i\partial ?^{5}$	$t\varphi i\partial ?^{5}$
0884	惜	梗开三入昔心	$\varphi i\partial ?^{5}$	$\varphi i\partial ?^{5}$
0885	席	梗开三入昔邪	$z i\partial ?^{12}$	$z i\partial ?^{12}$
0886	尺	梗开三入昔昌	$t\int^h y\partial ?^{5}$	$t\int^h y\partial ?^{5}$
0887	石	梗开三入昔禅	$\mathdollar y\partial ?^{12}$	$\mathdollar y\partial ?^{12}$
0888	益	梗开三入昔影	$i\partial ?^{5}$	$i\partial ?^{5}$
0889	瓶	梗开四平青並	bin^{21}	bin^{212}
0890	钉名词	梗开四平青端	tin^{32}	tin^{323}
0891	顶	梗开四上青端	tin^{35}	tin^{25}
0892	厅	梗开四平青透	$t^h in^{32}$	$t^h in^{323}$
0893	听~见	梗开四平青透	$t^h in^{32}$	$t^h in^{323}$
0894	停	梗开四平青定	din^{21}	din^{212}
0895	挺	梗开四上青定	$t^h in^{35}$	$t^h in^{25}$
0896	定	梗开四去青定	din^{231}	din^{231}

续表

编号	单 字	音韵地位	老男音	青男音
0897	零	梗开四平青来	lin²¹	lin²¹²
0898	青	梗开四平青清	tɕʰin³²	tɕʰin³²³
0899	星	梗开四平青心	ɕin³²	ɕin³²³
0900	经	梗开四平青见	tɕin³²	tɕin³²³
0901	形	梗开四平青匣	in²¹	in²¹²老 ʑin²¹²新
0902	壁	梗开四入锡帮	piəʔ⁵	piəʔ⁵
0903	劈	梗开四入锡滂	pʰiəʔ⁵	pʰiəʔ⁵
0904	踢	梗开四入锡透	tʰiəʔ⁵	tʰiəʔ⁵
0905	笛	梗开四入锡定	diəʔ¹²	diəʔ¹²
0906	历农~	梗开四入锡来	liəʔ¹²	liəʔ¹²
0907	锡	梗开四入锡心	ɕiəʔ⁵	ɕiəʔ⁵
0908	击	梗开四入锡见	tɕiəʔ⁵	tɕiəʔ⁵
0909	吃	梗开四入锡溪	tɕʰiəʔ⁵	tɕʰiəʔ⁵
0910	横~竖	梗合二平庚匣	uã²¹	uã²¹²
0911	划计~	梗合二入麦匣	uaʔ¹²	uaʔ¹²
0912	兄	梗合三平庚晓	ʃyoŋ³²	ʃyoŋ³²³
0913	荣	梗合三平庚云	yoŋ²¹	yoŋ²¹²
0914	永	梗合三上庚云	yən³⁵	yoŋ²⁵
0915	营	梗合三平清以	in²¹	in²¹²
0916	蓬~松	通合一平东并	boŋ²¹	boŋ²¹²
0917	东	通合一平东端	toŋ³²	toŋ³²³
0918	懂	通合一上东端	toŋ³⁵	toŋ²⁵
0919	冻	通合一去东端	toŋ⁵³	toŋ⁵³

编号	单字	音韵地位	老男音	青男音
0920	通	通合一平东透	$t^honŋ^{32}$	$t^honŋ^{323}$
0921	桶	通合一上东透	$donŋ^{231}$	$donŋ^{231}$
0922	痛	通合一去东透	$t^honŋ^{53}$	$t^honŋ^{53}$
0923	铜	通合一平东定	$donŋ^{21}$	$donŋ^{212}$
0924	动	通合一上东定	$donŋ^{231}$	$donŋ^{231}$
0925	洞	通合一去东定	$donŋ^{231}$	$donŋ^{231}$
0926	聋	通合一平东来	$lonŋ^{21}$	$lonŋ^{212}$
0927	弄	通合一去东来	$nonŋ^{231}$～丛 $lonŋ^{231}$～堂	$lonŋ^{231}$
0928	粽	通合一去东精	$tsonŋ^{53}$	$tsonŋ^{53}$
0929	葱	通合一平东清	$ts^honŋ^{32}$	$ts^honŋ^{323}$
0930	送	通合一去东心	$sonŋ^{53}$	$sonŋ^{53}$
0931	公	通合一平东见	$konŋ^{32}$	$konŋ^{323}$
0932	孔	通合一上东溪	$k^honŋ^{35}$	$k^honŋ^{25}$
0933	烘～干	通合一平东晓	$xonŋ^{32}$	$xonŋ^{323}$
0934	红	通合一平东匣	$onŋ^{21}$	$onŋ^{212}$
0935	翁	通合一平东影	$onŋ^{32}$	$onŋ^{323}$
0936	木	通合一入屋明	$mə?^{12}$	$mə?^{12}$
0937	读	通合一入屋定	$də?^{12}$	$də?^{12}$
0938	鹿	通合一入屋来	$lə?^{12}$	$lə?^{12}$
0939	族	通合一入屋从	$dzə?^{12}$	$dzə?^{12}$
0940	谷稻～	通合一入屋见	$kuə?^{5}$	$kuə?^{5}$
0941	哭	通合一入屋溪	$k^huə?^{5}$	$k^huə?^{5}$
0942	屋	通合一入屋影	$uə?^{5}$	$uə?^{5}$

续表

编号	单 字	音韵地位	老男音	青男音
0943	冬~至	通合一平冬端	$toŋ^{32}$	$toŋ^{323}$
0944	统	通合一去冬透	$t^hoŋ^{35}$	$t^hoŋ^{25}$
0945	脓	通合一平冬泥	$noŋ^{21}$	$noŋ^{212}$
0946	松~紧	通合一平冬心	$soŋ^{32}$	$soŋ^{323}$
0947	宋	通合一去冬心	$soŋ^{53}$	$soŋ^{53}$
0948	毒	通合一入沃定	$dəʔ^{12}$	$dəʔ^{12}$
0949	风	通合三平东非	$foŋ^{32}$	$foŋ^{323}$
0950	丰	通合三平东敷	$foŋ^{32}$	$foŋ^{323}$
0951	凤	通合三去东奉	$voŋ^{231}$	$voŋ^{231}$
0952	梦	通合三去东明	$moŋ^{231}$	$moŋ^{231}$
0953	中当~	通合三平东知	$tʃyoŋ^{32}$	$tʃyoŋ^{323}$
0954	虫	通合三平东澄	$dʒyoŋ^{21}$	$dʒyoŋ^{212}$
0955	终	通合三平东章	$tʃyoŋ^{32}$	$tʃyoŋ^{323}$
0956	充	通合三平东昌	$tʃ^hyoŋ^{32}$	$tʃ^hyoŋ^{323}$
0957	宫	通合三平东见	$koŋ^{32}$	$koŋ^{323}$
0958	穷	通合三平东群	$dʒyoŋ^{21}$	$dʒyoŋ^{212}$
0959	熊	通合三平东云	$ʒyoŋ^{21}$	$ʒyoŋ^{212}$
0960	雄	通合三平东云	$yoŋ^{21}$老 $ʒyoŋ^{21}$新	$yoŋ^{212}$老 $ʒyoŋ^{212}$新
0961	福	通合三入屋非	$fəʔ^{5}$	$fəʔ^{5}$
0962	服	通合三入屋奉	$vəʔ^{12}$	$vəʔ^{12}$
0963	目	通合三入屋明	$məʔ^{12}$	$məʔ^{12}$
0964	六	通合三入屋来	$ləʔ^{12}$	$ləʔ^{12}$
0965	宿住~,~舍	通合三入屋心	$səʔ^{5}$	$səʔ^{5}$住~ $ʃyəʔ^{5}$~舍

续表

编号	单字	音韵地位	老男音	青男音
0966	竹	通合三入屋知	$t\int y\partial?^5$	$t\int y\partial?^5$
0967	畜~生	通合三入屋彻	$t\int^h y\partial?^5$	$t\int^h y\partial?^5$
0968	缩	通合三入屋生	$s\partial?^5$	$s\partial?^5$
0969	粥	通合三入屋章	$t\int y\partial?^5$	$t\int y\partial?^5$
0970	叔	通合三入屋书	$\int y\partial?^5$	$\int y\partial?^5$
0971	熟	通合三入屋禅	$ʒy\partial?^{12}$	$ʒy\partial?^{12}$
0972	肉	通合三入屋日	$ȵy\partial?^{12}$	$ȵy\partial?^{12}$
0973	菊	通合三入屋见	$t\int y\partial?^5$	$t\int y\partial?^5$
0974	育	通合三入屋以	$y\partial?^5$	$y\partial?^5$
0975	封	通合三平钟非	$fo\eta^{32}$	$fo\eta^{323}$
0976	蜂	通合三平钟敷	$fo\eta^{32}$	$fo\eta^{323}$
0977	缝一条~	通合三去钟奉	$vo\eta^{231}$	$vo\eta^{231}$
0978	浓	通合三平钟泥	$yo\eta^{21}$	$yo\eta^{212}$老 $no\eta^{212}$新
0979	龙	通合三平钟来	$lo\eta^{21}$	$lo\eta^{212}$
0980	松~树	通合三平钟邪	$zo\eta^{21}$	$zo\eta^{212}$
0981	重轻~	通合三上钟澄	$dʒyo\eta^{231}$	$dʒyo\eta^{231}$
0982	肿	通合三上钟章	$t\int yo\eta^{35}$	$t\int yo\eta^{25}$
0983	种~树	通合三去钟章	$t\int yo\eta^{53}$	$t\int yo\eta^{53}$
0984	冲	通合三平钟昌	$t\int^h yo\eta^{32}$~锋,~洗 $t\int^h yo\eta^{53}$说话~	$t\int^h yo\eta^{323}$~锋;~洗 $t\int^h yo\eta^{53}$说话~
0985	恭	通合三平钟见	$ko\eta^{32}$	$ko\eta^{323}$
0986	共	通合三去钟群	$go\eta^{231}$	$go\eta^{231}$
0987	凶吉~	通合三平钟晓	$\int yo\eta^{32}$	$\int yo\eta^{323}$
0988	拥	通合三上钟影	$yo\eta^{35}$	$yo\eta^{323}$

续表

编号	单 字	音韵地位	老男音	青男音
0989	容	通合三平钟以	yoŋ^{21}	yoŋ^{212}
0990	用	通合三去钟以	yoŋ^{231}	yoŋ^{231}
0991	绿	通合三入烛来	ləʔ^{12}	ləʔ^{12}
0992	足	通合三入烛精	tsəʔ^{5}	tsəʔ^{5}
0993	烛	通合三入烛章	tʃyəʔ^{5}	tʃyəʔ^{5}
0994	赎	通合三入烛船	ʒyəʔ^{12}	ʒyəʔ^{12}
0995	属	通合三入烛禅	ʒyəʔ^{12}	ʒyəʔ^{12}
0996	褥	通合三入烛日	（无）①	（无）
0997	曲~折,歌~	通合三入烛溪	tʃʰyəʔ^{5}	tʃʰyəʔ^{5}
0998	局	通合三入烛群	dʒyəʔ^{12}	dʒyəʔ^{12}
0999	玉	通合三入烛疑	ȵyəʔ^{12}	ȵyəʔ^{12}
1000	浴	通合三入烛以	yəʔ^{12}	yəʔ^{12}

---

① "褥"义衢州话用"垫被"。

第三章 词 汇

一、天文地理

编号	词　条	发　音
0001	太阳 ~下山了	日头 ȵiəʔ² de²¹ ｜ 日头孔 ȵiəʔ² de²¹ kʰoŋ³⁵
0002	月亮 ~出来了	月亮 ȵyəʔ² liã̃⁵³ ｜ 月亮 yəʔ² liã̃⁵³
0003	星星	星 ɕin³²
0004	云	云 yən²¹
0005	风	风 foŋ³²
0006	台风	风暴 foŋ³² bɔ²³¹
0007	闪电 名词	霍扇＝ xuaʔ³ ʃyə̃⁵³
0008	雷	雷公 le²¹ koŋ³²
0009	雨	雨 y⁵³
0010	下雨	落雨 ləʔ² y⁵³
0011	淋 衣服被雨~湿了	落 ləʔ¹²
0012	晒 ~粮食	晒 sɛ⁵³
0013	雪	雪 ɕiəʔ⁵
0014	冰	冰 pin³²

续表

编号	词　条	发　音
0015	冰雹	龙雹子 loŋ²¹ bəʔ² tsɿ³⁵
0016	霜	霜 ʃyã³²
0017	雾	雾露 mu²³¹ lu²¹旧 | 雾 vu²³¹新
0018	露	露 lu²³¹
0019	虹统称	虹 kã⁵³
0020	日食	天狗吃日头 tʰiẽ³² kɯ³⁵ tɕʰiəʔ⁵ ȵiəʔ² de²¹
0021	月食	天狗吃月亮 tʰiẽ³² kɯ³⁵ tɕʰiəʔ⁵ ȵyəʔ² liã⁵³
0022	天气	天公 tʰiẽ³² koŋ⁵³
0023	晴天～	晴 ʑin²¹
0024	阴天～	阴 in³²
0025	旱天～	晴燥 ʑin²³¹ sɔ⁵³
0026	涝天～	涨大水 tʃyã³⁵ do²³¹ ʃy³⁵
0027	天亮	天亮 tʰiẽ³² liã⁵³
0028	水田	田 diẽ²¹ | 水田 ʃy³⁵ diẽ²¹
0029	旱地浇不上水的耕地	地 di²³¹
0030	田埂	田塍 diẽ²¹ ʒyən²³¹
0031	路野外的	路 lu²³¹
0032	山	山 sã³²
0033	山谷	山坞 sã³² u³⁵
0034	江大的河	大溪 du²³¹ tsʰɿ³²旧 | 港 kã³⁵比大溪小 | 江 kã³²新
0035	溪小的河	细溪 ɕiɑ⁵³ tsʰɿ³²
0036	水沟儿较小的水道	坑 tɕʰiã³² | 水坑 ʃy³⁵ tɕʰiã³²
0037	湖	湖 u²¹

编号	词　条	发　音
0038	池塘	塘 dɑ̃^{21}
0039	水坑儿_{地面上有积水的小洼儿}	短＝ tə̃^{35}
0040	洪水	大水 du^{231}ʃy^{35}
0041	淹_{被水～了}	揾 uən^{53}
0042	河岸	岸 ə̃^{231}
0043	坝_{拦河修筑拦水的}	坝 pɑ^{53}
0044	地震	地震 di^{231}tʃyən^{53}
0045	窟窿_{小的}	洞 doŋ^{231}
0046	缝儿_{统称}	缝 voŋ^{231}
0047	石头_{统称}	石头 ʒyəʔ^{2}de^{21}
0048	土_{统称}	泥 ȵie^{21}
0049	泥_{湿的}	烂糊泥 lɑ̃^{231}u^{35}ȵiẽ^{21}
0050	水泥_{旧称}	洋石灰 iɑ̃^{21}ʒyəʔ^{2}xue^{32}
0051	沙子	砂 sɑ^{32}
0052	砖_{整块的}	砖头 tʃyə̃^{32}te^{53}
0053	瓦_{整块的}	瓦 ŋɑ^{231}
0054	煤	煤 me^{21}
0055	煤油	洋油 iɑ̃^{21}iu^{231}
0056	炭_{木炭}	炭 tʰɑ̃^{53}
0057	灰_{燃烧后剩下的粉末}	灰 xue^{32}
0058	灰尘_{桌面上的}	灰墤 xue^{32}oŋ^{35}
0059	火	火 xu^{35}
0060	烟_{烧火形成的}	烟 iẽ^{32}
0061	失火	火着 xu^{35}dʒyaʔ^{12}

续表

编号	词　条	发　音
0062	水	水 $\int y^{35}$
0063	凉水	凉水 $lia\tilde{}^{21}\int y^{35}$
0064	热水 如洗脸的热水，不是指喝的开水	汤 $t^h\tilde{a}^{32}$
0065	开水 喝的	滚汤 $ku\partial n^{35}t^h\tilde{a}^{32}$
0066	磁铁	吸铁石 $\varphi i\partial\mathord{?}^3 t^h i\partial\mathord{?}^5 \mathbf{3}y\partial\mathord{?}^{12}$

二、时间方位

编号	词　条	发　音
0067	时候 吃饭的～	时候 $z\mathbf{l}^{21}\mathbf{w}^{231}$
0068	什么时候	啥时候 $sa^{53}z\mathbf{l}^{21}\mathbf{w}^{231}$
0069	现在	格节 $k\partial\mathord{?}^5 t\varphi i\partial\mathord{?}^0$
0070	以前 +年～	前 $\mathbf{z}i\tilde{e}^{21}$
0071	以后 +年～	后 $\mathbf{w}^{231}$
0072	一辈子	一世 $i\partial\mathord{?}^3\int y^{53}$
0073	今年	今年 $t\varphi in^{32}\mathbf{n}i\tilde{e}^{53}$
0074	明年	明年 $min^{21}\mathbf{n}i\tilde{e}^{231}$
0075	后年	后年 $\mathbf{w}^{231}\mathbf{n}i\tilde{e}^{21}$
0076	去年	旧年 $d\mathbf{z}iu^{231}\mathbf{n}i\tilde{e}^{21}$
0077	前年	前年 $\mathbf{z}i\tilde{e}^{21}\mathbf{n}i\tilde{e}^{231}$
0078	往年 过去的年份	往年 $u\tilde{a}^{53}\mathbf{n}i\tilde{e}^{21}$
0079	年初	年头 $\mathbf{n}i\tilde{e}^{35}de^{21}$ ｜ 年初 $\mathbf{n}i\tilde{e}^{21}ts^h u^{32}$
0080	年底	年底 $\mathbf{n}i\tilde{e}^{21}ti^{35}$ ｜ 年尾 $\mathbf{n}i\tilde{e}^{21}mi^{53}$

续表

编号	词　条	发　音
0081	今天	今日 tɕiəʔ⁵ n̠iəʔ¹² "今"逆同化为入声韵
0082	明天	明日 məʔ² n̠iəʔ¹² "明"逆同化为入声韵
0083	后天	后日 ɯ²³¹ n̠iəʔ¹²
0084	大后天	大后日 du²³¹ ɯ²³¹ n̠iəʔ¹²
0085	昨天	昨日 zaʔ² n̠iəʔ¹²
0086	前天	前日 ziẽ²¹ n̠iəʔ¹²
0087	大前天	大前日 du²³¹ ziẽ²¹ n̠iəʔ¹²
0088	整天	整日 tʃyən³⁵ n̠iəʔ¹²
0089	每天	每日 me⁵³ n̠iəʔ¹² ｜ 日日 n̠iəʔ² n̠iəʔ¹²
0090	早晨	五更早 ŋ²³¹ tɕiã̃³² tsɔ³⁵
0091	上午	五更 ŋ²³¹ tɕiã̃³² ｜ 上半日 ʒyã̃²³¹ pə̃⁵³ n̠iəʔ¹²
0092	中午	吃饭边 tɕʰiəʔ³ vã̃²³¹ piẽ³² ｜ 日中 n̠iəʔ² tʃyoŋ³²
0093	下午	下半日 ɑ²³¹ pə̃⁵³ n̠iəʔ¹²
0094	傍晚	黄昏 ã̃²¹ xuən³² ｜ 黄昏边 ã̃²¹ xuən³⁵ piẽ³²
0095	白天	日里 n̠iəʔ² li⁵³
0096	夜晚 与白天相对，统称	夜里 iɑ²³¹ li²¹
0097	半夜	半夜 pə̃⁵³ iɑ²¹
0098	正月 农历	正月 tʃyən³² yəʔ⁵
0099	大年初一 农历	大年初一 du²³¹ n̠iẽ²¹ tsʰu³² iəʔ⁵
0100	元宵节	元宵 yə̃²¹ ɕiɔ³²
0101	清明	清明 tɕʰin³² min⁵³
0102	端午	端午 tə̃³² ŋ⁵³
0103	七月十五 农历，节日名	七月半 tɕʰiəʔ⁵ yəʔ² pə̃⁵³
0104	中秋	中秋 tʃyoŋ³² tɕʰiu⁵³ ｜ 八月半 paʔ⁵ yəʔ² pə̃⁵³

续表

编号	词　条	发　音
0105	冬至	冬至 toŋ³² tsʅ⁵³
0106	腊月农历十二月	十二月 ʒyə?² n̠i²³¹ yə?¹²
0107	除夕农历	三十夜 sã³² ʃyə?⁵ iɑ²³¹
0108	历书	官历 kuã³⁵ liə?¹²
0109	阴历	阴历 in³⁵ liə?¹²
0110	阳历	阳历 iã²¹ liə?¹²
0111	星期天	礼拜日 li²³¹ pe⁵³ n̠iə?¹²
0112	地方	地方 di²³¹ fã³²
0113	什么地方	啥地方 sɑ⁵³ di²³¹ fã³²
0114	家里	屋里 uə?³ li³⁵
0115	城里	城里 ʒyən²¹ li²³¹
0116	乡下	乡里 ɕiã³² li⁵³
0117	上面从~滚下来	上头 ʒyã²³¹ de²¹
0118	下面从~爬上去	下底 ɑ²³¹ ti³⁵
0119	左边	反手边 fã³⁵ ɕiu³⁵ piẽ³²
0120	右边	顺手边 ʒyən²³¹ ɕiu³⁵ piẽ³²
0121	中间排队排在~	中央 tʃyoŋ³² iã⁵³
0122	前面排队排在~	前头 ziẽ²¹ de²¹
0123	后面排队排在~	后头 ɯ²³¹ de²¹
0124	末尾排队排在~	末塌＝ mə?² tʰa?⁵
0125	对面	对面 te⁵³ miẽ²³¹
0126	面前	面前 miẽ²³¹ ziẽ²¹
0127	背后	背后 pe⁵³ ɯ²³¹
0128	里面躲在~	里头 li²³¹ de²¹

续表

编号	词　条	发　音
0129	外面衣服晒在~	外头 ŋɛ²³¹de²¹
0130	旁边	旁边 bã²¹piẽ³² ｜ 边央 piẽ³²iã⁵³
0131	上碗在桌子~	上头 ʒyã²³¹de²¹
0132	下凳子在桌子~	下底 ɑ²³¹ti³⁵
0133	边儿桌子的~	边 piẽ³²
0134	角儿桌子的~	角落 kəʔ⁵ləʔ¹²
0135	上去他~了	上去 ʒyã²³¹kʰi³⁵
0136	下来他~了	落来 ləʔ²lɛ²¹
0137	进去他~了	走归去 tse³⁵tʃy³²kʰi⁵³ ｜ 进去 tɕin⁵³kʰi²¹
0138	出来他~了	出来 tʃʰyəʔ⁵lɛ²¹
0139	出去他~了	出去 tʃʰyəʔ³kʰi³⁵
0140	回来他~了	归来 tʃy³²lɛ⁵³
0141	起来天冷~了	起来 tɕʰiəʔ⁵lɛ²¹

三、植　物

编号	词　条	发　音
0142	树	树 ʒy²³¹
0143	木头	木头 məʔ²de²¹
0144	松树统称	松树 zoŋ²¹ʒy²³¹
0145	柏树统称	柏归=树 paʔ⁵tʃy³²ʒy²³¹
0146	杉树	杉树 sã³²ʒy²³¹
0147	柳树	杨柳树 iã²¹lɛ⁵³ʒy²³¹
0148	竹子统称	毛竹 mɔ²¹tʃyəʔ⁵

续表

编号	词 条	发 音
0149	笋	笋 ʃyən³⁵
0150	叶子	叶 iəʔ¹²
0151	花	花 xuɑ³²
0152	花蕾花骨朵	花汗⁼儿 xuɑ³²ə̃²³¹ n̠i²¹
0153	梅花	梅花 me²¹ xuɑ³²
0154	牡丹	牡丹 me⁵³ tã³²
0155	荷花	荷花 u²¹ xuɑ³²
0156	草	草 tsʰɔ³⁵
0157	藤	藤 dən²¹
0158	刺名词	刺 tsʰɿ⁵³
0159	水果	水果 ʃy³⁵ ku²¹
0160	苹果	苹果 bin²¹ ku³⁵
0161	桃子	桃 dɔ²¹
0162	梨	梨 li²¹
0163	李子	李子 li²³¹ tsɿ³⁵
0164	杏	杏 ʑin²³¹
0165	橘子	细橘 ɕia⁵³ tʃyəʔ⁵
0166	柚子	胡柚 u²¹ iu⁵³
0167	柿子	柿 zɿ²³¹
0168	石榴	石榴 ʒyəʔ² le²¹
0169	枣	枣 tsɔ³⁵
0170	栗子	大栗 du²³¹ liəʔ¹²
0171	核桃	核桃 əʔ² tɔ⁵³
0172	银杏白果	白果 baʔ² ku³⁵

续表

编号	词 条	发 音
0173	甘蔗	甘蔗 kə̃³²tʃɑ⁵³
0174	木耳	木耳 məʔ²əl⁵³
0175	蘑菇_{野生的}	蕈 ʑin²³¹
0176	香菇	香菇 ɕiɑ̃³²ku⁵³
0177	稻子_{指植物}	稻 dɔ²³¹
0178	稻谷_{指籽实(脱粒后是大米)}	谷粒 kuəʔ⁵ləʔ¹²
0179	稻草_{指脱粒后的}	稻草 dɔ²³¹tsʰɔ³⁵
0180	大麦_{指植物}	大麦 du²³¹maʔ¹²
0181	小麦_{指植物}	细麦 ɕiɑ⁵³maʔ¹²
0182	麦秸_{指脱粒后的}	麦秆 maʔ²kə̃³⁵
0183	谷子_{指植物(籽实,脱粒后是小米)}	粟米 səʔ³mi⁵³
0184	高粱_{指植物}	黍黍 ʒy²¹ʒy²³¹
0185	玉米_{指成株的植物}	番米 fɑ̃³²mi⁵³
0186	棉花_{指植物}	棉花 miẽ²¹xuɑ³²
0187	油菜_{油料作物,不是蔬菜}	油菜 iu²¹tsʰɛ⁵³
0188	芝麻	芝麻 tʃy³²mɑ⁵³
0189	向日葵_{指植物}	葵花籽 gue²¹xuɑ³²tsʅ³⁵
0190	蚕豆	佛豆 vəʔ²de²³¹
0191	豌豆	蚕豆 zə̃²¹de²³¹
0192	花生_{指果实,注意婉称}	落花生 ləʔ²xuɑ³²sən⁵³
0193	黄豆	黄豆 uɑ̃²¹de²³¹
0194	绿豆	绿豆 ləʔ²de²³¹
0195	豇豆_{长条形的}	豇豆 kɑ̃³²te⁵³
0196	大白菜_{东北～}	大白菜 du²³¹baʔ²tsʰɛ⁵³

续表

编号	词　条	发　音
0197	包心菜卷心菜，圆白菜，指球形的	包心菜 pɔ³⁵ɕin³²tsʰɛ⁵³
0198	菠菜	菠菜 pu³²tsʰɛ⁵³
0199	芹菜	川⁼葱 tʃʰyə̃³²tsʰoŋ⁵³
0200	莴笋	莴笋 u³²ʃyən³⁵
0201	韭菜	韭菜 tɕiu³⁵tsʰɛ²¹
0202	香菜芫荽	香菜 ɕiã³²tsʰɛ⁵³
0203	葱	葱 tsʰoŋ³²
0204	蒜	大蒜 dɛ²³¹sə̃⁵³
0205	姜	生姜 ɕiã³²tɕiã̃⁵³
0206	洋葱	洋葱 iã̃²¹tsʰoŋ³²
0207	辣椒统称	番椒 fã³²tɕiɔ⁵³
0208	茄子统称	落苏 ləʔ²su³²
0209	西红柿	番茄 fã³²kɑ⁵³
0210	萝卜统称	劳卜 lɔ²¹bəʔ¹²
0211	胡萝卜	红劳卜 oŋ²¹lɔ⁵³bəʔ¹²
0212	黄瓜	黄瓜 uɑ̃²¹kuɑ³²
0213	丝瓜无棱的	天萝 tiẽ³²lu⁵³
0214	南瓜扁圆形或梨形，成熟时赤褐色	蒲儿 bu²¹n̠i³⁵
0215	荸荠	田荸荠 diẽ²¹bəʔ²sʅ⁵³
0216	红薯统称	番薯 fã³²ʃy⁵³
0217	马铃薯	洋芋头 iã̃²¹y⁵³de²¹
0218	芋头	芋头 y⁵³de²¹
0219	山药圆柱形的	山药 sã³⁵iaʔ¹²
0220	藕	藕 ŋɯ²³¹

四、动　物

编号	词　条	发　音
0221	老虎	老虎 lɔ²³¹xu³⁵
0222	猴子	活⁼猕 uəʔ²sən³²
0223	蛇统称	蛇 ʒɣɑ²¹
0224	老鼠家里的	老鼠 lɔ²³¹tʃʰy³⁵
0225	蝙蝠	蝙蝠 piəʔ³fəʔ⁵ ｜偷油老鼠 tʰɯ³²iu²¹lɔ²³¹tʃʰy³⁵ ｜皮老鼠 bi²¹lɔ²³¹tʃʰy³⁵
0226	鸟儿飞鸟,统称	鸟儿 tiɔ³⁵n̩i²¹
0227	麻雀	麻雀 ma²¹tɕiaʔ⁵
0228	喜鹊	喜鹊 sɿ³⁵tɕʰiaʔ⁵
0229	乌鸦	老鸦 lɔ²³¹ɑ³²
0230	鸽子	鸽儿 kəʔ³n̩i³⁵
0231	翅膀鸟的,统称	翼膀 iəʔ²pɑ̃³⁵
0232	爪子鸟的,统称	脚笓⁼ tɕiaʔ⁵bɑ²¹
0233	尾巴	尾巴 mi⁵³pɑ³²
0234	窝鸟的	窠 kʰu³²
0235	虫子统称	虫 dʒɣoŋ²¹
0236	蝴蝶统称	蝴蝶 u²¹diəʔ¹²
0237	蜻蜓统称	蜻蜓 tɕʰin⁵³din²¹
0238	蜜蜂	蜜蜂 miəʔ²foŋ³²
0239	蜂蜜	蜂糖 foŋ³²tɑ̃⁵³
0240	知了统称	知了 tsɿ⁵³liə²¹
0241	蚂蚁	蚂蚁 mɑ⁴⁴i²¹

续表

编号	词　条	发　音
0242	蚯蚓	蛐蟮 tʃʰyəʔ³ ʒyə̃²³¹
0243	蚕	蚕 zə̃²¹
0244	蜘蛛会结网的	八脚蟢 paʔ³ tɕiaʔ³ sɿ³⁵
0245	蚊子统称	蚊虫 mən²¹ dʒyoŋ²³¹
0246	苍蝇统称	苍蝇 tsʰ ɑ̃⁴⁴ in²¹
0247	跳蚤咬人的	屹蚤 kəʔ³ tsɔ³⁵
0248	虱子	虱 səʔ⁵
0249	鱼	鱼 ŋ²¹
0250	鲤鱼	鲤鱼 li⁵³ ŋ²¹
0251	鳙鱼胖头鱼	大头鲢 du²³¹ de²¹ liẽ²³¹
0252	鲫鱼	鲫鱼 tɕiəʔ⁵ ŋ²¹
0253	甲鱼	团鱼 də̃²¹ ŋ²³¹
0254	鳞鱼的	鱼厣 ŋ²¹ iẽ³⁵
0255	虾统称	虾儿 xɑ³² n̩i³⁵
0256	螃蟹统称	爬蟹 ba²¹ xɛ³⁵
0257	青蛙统称	蛤蟆 gɑ²¹ mɑ²³¹
0258	癞蛤蟆表皮多疙瘩的	癞鸽＝巴 lɛ²³¹ kəʔ³ pɑ⁵³
0259	马	马 mɑ⁵³
0260	驴	（无）
0261	骡	（无）
0262	牛	牛 n̩iu²¹
0263	公牛统称	牛牯 n̩iu²¹ ku³⁵
0264	母牛统称	牛娘 n̩iu²¹ n̩iɑ̃²³¹
0265	放牛	放牛 fɑ̃⁵³ n̩iu²¹

编号	词　条	发　音
0266	羊	羊 iã̱^{21}
0267	猪	猪 tʃy^{32}
0268	种猪配种用的公猪	猪牯 tʃy^{32}ku^{35}
0269	公猪成年的,已阉的	肉猪 n̠yə$ʔ^2$tʃy^{32}
0270	母猪成年的,未阉的	猪娘 tʃy^{32}n̠iã̱^{53}
0271	猪崽	细猪 ɕia^{53}tʃy^{32}
0272	猪圈	猪栏 tʃy^{32}lã̱^{53}
0273	养猪	养猪 iã̱^{231}tʃy^{32}
0274	猫	猫 mɔ^{21}
0275	公猫	雄猫 yoŋ^{13}mɔ^{21}
0276	母猫	猫娘 mɔ^{21}n̠iã̱^{231}
0277	狗统称	狗 kɯ^{35}
0278	公狗	雄狗 yoŋ^{21}kɯ^{35}
0279	母狗	狗娘 kɯ^{35}n̠iã̱^{21}
0280	叫狗～	叫 tɕiɔ^{53}
0281	兔子	兔儿 tʰu^{53}n̠i^{21}
0282	鸡	鸡 tsɿ^{32}
0283	公鸡成年的,未阉的	雄鸡 yoŋ^{21}tsɿ^{32}
0284	母鸡已下过蛋的	鸡娘 tsɿ^{32}n̠iã̱^{53}
0285	叫公鸡～(即打鸣儿)	叫 tɕiɔ^{53}
0286	下鸡～蛋	生 ɕiã̱^{32}
0287	孵～小鸡	孵 bu^{231}
0288	鸭	鸭 a$ʔ^5$
0289	鹅	鹅 ŋu^{21}

续表

编号	词　条	发　音
0290	阉~公的猪	抵= ti³⁵
0291	阉~母的猪	抵= ti³⁵
0292	阉~鸡	骟 ɕiẽ⁵³
0293	喂~猪	喂 y⁵³
0294	杀猪统称,注意婉称	杀猪 saʔ⁵ tʃy³²
0295	杀~鱼	破 phɛ⁵³

五、房舍器具

编号	词　条	发　音
0296	村庄一个~	地方 di²³¹ fɑ̃³²
0297	胡同统称:一条~	巷 ɑ̃²³¹ ∣ 弄堂 loŋ²³¹ dɑ̃²¹
0298	街道	街路 kɛ³² lu⁵³
0299	盖房子	造房屋 zɔ²³¹ vɑ̃²¹ uəʔ⁵
0300	房子整座的,不包括院子	屋 uəʔ⁵
0301	屋子房子里分隔而成的,统称	房间 vɑ̃²¹ kã³²
0302	卧室	睏个房间 khuən⁵³ gəʔ⁰ vɑ̃²¹ kã³²
0303	茅屋茅草等盖的	茅铺屋 mɔ²¹ phu⁵³ uəʔ⁵
0304	厨房	灶底 tsɔ⁵³ ti³⁵
0305	灶统称	灶头 tsɔ⁵³ de²¹
0306	锅统称	镬 uəʔ¹²
0307	饭锅煮饭的	镬 uəʔ¹²
0308	菜锅炒菜的	镬 uəʔ¹²

编号	词　条	发　音
0309	厕所旧式的,统称	茅坑 mɔ²¹ tɕʰiã̃³²
0310	檩左右方向的	横条 uã̃²¹ diɔ²³¹
0311	柱子	屋柱 uəʔ³ tʃy⁵³
0312	大门	大门 du²³¹ mən²¹
0313	门槛儿	门槛 mən²¹ kʰã̃³⁵
0314	窗旧式的	窗盘﹦ tʃʰyã̃³² pə⁵³
0315	梯子可移动的	楼梯 le²¹ tʰɛ³²
0316	扫帚统称	笤帚 diɔ²¹ tɕiu³⁵
0317	扫地	扫地 sɔ⁵³ di²³¹
0318	垃圾	垃圾 ləʔ² səʔ⁵
0319	家具统称	家具 kɑ³² dʒy²³¹
0320	东西我的～	东西 toŋ³² sɿ⁵³
0321	炕土、砖砌的,睡觉用	(无)
0322	床木制的,睡觉用	床 ʒyã̃²¹
0323	枕头	枕头 tʃyən³⁵ de²¹
0324	被子	被窝 bi²³¹ u³²
0325	棉絮	棉花 miẽ²¹ xuɑ³²
0326	床单	床单 ʒyã̃²¹ tã̃³²
0327	褥子	垫被 diẽ²³¹ bi²³¹
0328	席子	席 ziəʔ¹²
0329	蚊帐	蚊帐 mən²¹ tʃyã̃⁵³
0330	桌子统称	桌子 tʃyəʔ³ tsɿ³⁵
0331	柜子统称	柜 gue²³¹
0332	抽屉桌子的	抽头 tʃʰy³² te⁵³

续表

编号	词　条	发　音
0333	案子长条形的	香火桌 ɕiã³² xu³⁵ tʃyəʔ⁵
0334	椅子统称	道椅 dɔ²³¹ i³⁵
0335	凳子统称	凳 tən⁵³
0336	马桶有盖的	尿桶 ɕy³² toŋ⁵³
0337	菜刀	薄刀 bəʔ² tɔ³²
0338	瓢舀水的	大勺 du²³¹ ʒyaʔ¹²
0339	缸	缸 kã³²
0340	坛子装酒的～	坛 də̃²¹ | 得= təʔ⁵
0341	瓶子装酒的～	瓶 bin²¹
0342	盖子杯子的～	盖 kɛ⁵³
0343	碗统称	碗 uə̃³⁵
0344	筷子	筷儿 kʰuɛ⁵³ n̪i²¹
0345	汤匙	瓢勾 biɔ²¹ kɯ³²
0346	柴火统称	柴 zɛ²¹
0347	火柴	洋火 iã²¹ xu³⁵
0348	锁	锁 su³⁵
0349	钥匙	锁匙 su³⁵ ʒy²¹
0350	暖水瓶	热水壶 n̪iəʔ² ʃy³⁵ u²¹
0351	脸盆	面桶 miẽ²³¹ doŋ²¹
0352	洗脸水	面汤 miẽ²³¹ tʰã³²
0353	毛巾洗脸用	面布 miẽ²³¹ pu⁵³
0354	手绢	手巾 ɕiu³⁵ tɕin³²
0355	肥皂洗衣服用	洋肥皂 iã²¹ vi²³¹ zɔ²¹
0356	梳子旧式的,不是篦子	木梳 məʔ² sʅ³²

编号	词 条	发 音
0357	缝衣针	针 tʃyən³²
0358	剪子	剪刀 tɕie³⁵tɔ³²
0359	蜡烛	蜡烛 laʔ²tʃyəʔ⁵
0360	手电筒	电筒 die²³¹doŋ²¹
0361	雨伞挡雨的，统称	雨伞 y⁵³sã³⁵
0362	自行车	脚踏车 tɕiaʔ⁵daʔ²tʃʰyɑ³²

六、服饰饮食

编号	词 条	发 音
0363	衣服统称	衣裳 i³²ʃyã⁵³
0364	穿～衣服	穿 tʃʰyə̃³²
0365	脱～衣服	褪 tʰən⁵³
0366	系～鞋带	缚 vəʔ¹²
0367	衬衫	衬衫 tsʰən⁵³sã³²
0368	背心带两条杠的，内衣	汗背心ə̃²³¹pe⁵³ɕin³²
0369	毛衣	毛线衣 mɔ²¹ɕie⁵³i²¹
0370	棉衣	棉袄 mie²¹ɔ³⁵
0371	袖子	衫袖 sã³²ɕiu⁵³
0372	口袋衣服上的	袋 dɛ²³¹
0373	裤子	裤 kʰu⁵³
0374	短裤外穿的	短裤 tə̃³⁵kʰu²¹
0375	裤腿	裤脚 kʰu³²tɕiaʔ⁵

续表

编号	词条	发音
0376	帽子_{统称}	帽儿 $mɔ^{231} n̩i^{21}$
0377	鞋子	鞋 $ɛ^{21}$
0378	袜子	袜 $maʔ^{12}$
0379	围巾	围巾 $ue^{21} tɕin^{32}$
0380	围裙	围裙 $y^{21} dʒyən^{231}$
0381	尿布	尿片 $ɕy^{32} pʰiẽ^{53}$
0382	扣子	扣子 $kʰɯ^{53} tsʅ^{35}$
0383	扣~扣子	扣 $kʰɯ^{53}$
0384	戒指	戒指 $kɛ^{53} tʃy^{35}$
0385	手镯	手镯 $ɕiu^{35} dʒyəʔ^{12}$
0386	理发	剃头 $tʰi^{53} de^{21}$
0387	梳头	梳头 $sʅ^{35} de^{21}$
0388	米饭	饭 $vã^{231}$
0389	稀饭_{用米熬的,统称}	粥 $tʃyəʔ^5$
0390	面粉_{麦子磨的,统称}	面粉 $miẽ^{231} fən^{35}$
0391	面条_{统称}	面 $miẽ^{231}$
0392	面儿_{玉米~,辣椒~}	粉 $fən^{35}$
0393	馒头_{无馅的,统称}	馒头 $mə̃^{21} de^{231}$
0394	包子	包子 $pɔ^{32} tsʅ^{35}$
0395	饺子	饺子 $tɕiɔ^{35} tsʅ^{21}$
0396	馄饨	扁食 $piẽ^{35} ʒyəʔ^{12}$
0397	馅儿	心子 $ɕin^{32} tsʅ^{35}$
0398	油条_{长条形的,旧称}	天萝筋 $tʰiẽ^{32} lu^{53} tɕin^{32}$
0399	豆浆	豆浆 $de^{231} tɕiã^{32}$

续表

编号	词　条	发　音
0400	豆腐脑	豆腐花 de²³¹vu²³¹xuɑ³²
0401	元宵食品	汤团 tʰã³²tə⁵³
0402	粽子	粽 tsoŋ⁵³
0403	年糕用黏性大的米或米粉做的	年糕 ȵie²¹kɔ³²
0404	点心统称	点心 tie³⁵ɕin³²
0405	菜经过烹调供下饭的，统称	菜 tsʰɛ⁵³
0406	干菜统称	咸菜 ã²¹tsʰɛ⁵³
0407	豆腐	豆腐 de²³¹fu⁵³
0408	猪血经过烹调供下饭的	猪血 tʃy³²ʃyəʔ⁵
0409	猪蹄经过烹调供下饭的	猪脚 tʃy³²tɕiaʔ⁵
0410	猪舌头经过烹调供下饭的，注意婉称	猪舌头 tʃy³²ʒyəʔ² de²¹
0411	猪肝经过烹调供下饭的，注意婉称	猪肝 tʃy³²kə̃⁵³
0412	下水猪牛羊的内脏	肚里货 du²³¹li²³¹xu⁵³
0413	鸡蛋	鸡子 tsɿ³²tsɿ³⁵
0414	松花蛋	皮蛋 bi²¹dã³⁵
0415	猪油	脂油 tsɿ³²iu⁵³
0416	香油	麻油 mɑ²¹iu²³¹
0417	酱油	酱油 tɕia⁵³iu²¹
0418	盐名词	盐 iẽ²¹
0419	醋注意婉称	醋 tsʰu⁵³
0420	香烟	香烟 ɕiã³²iẽ⁵³
0421	旱烟	旱烟 ə̃²³¹iẽ³²
0422	白酒	烧酒 ɕiɔ³²tɕiu³⁵

续表

编号	词　条	发　音
0423	黄酒	三白酒 sã³²baʔ²tɕiu³⁵
0424	江米酒酒酿，醪糟	甜酒酿 diẽ²¹tɕiu³⁵n̠iã²¹
0425	茶叶	茶叶 dzɑ²¹iəʔ¹²
0426	沏～茶	泡 pʰɔ⁵³
0427	冰棍儿	棒冰 bã²³¹pin³²
0428	做饭统称	装饭 tʃyã³²vã²³¹ ｜ 烧饭 ɕiɔ³²vã²³¹
0429	炒菜统称，和做饭相对	装菜 tʃyã³²tsʰɛ⁵³ ｜ 烧菜 ɕiɔ³²tsʰɛ⁵³
0430	煮～带壳的鸡蛋	煠 zaʔ¹²
0431	煎～鸡蛋	煎 tɕiẽ³²
0432	炸～油条	发 faʔ⁵
0433	蒸～鱼	蒸 tʃyən³²
0434	揉～面做馒头等	挪 n̠yəʔ¹²
0435	擀～面，～皮儿	打 tã³⁵
0436	吃早饭	吃五更 tɕʰiəʔ³ŋ²³¹tɕiã³²
0437	吃午饭	吃饭 tɕʰiəʔ³vã²³¹
0438	吃晚饭	吃黄昏 tɕʰiəʔ⁵ã̃²¹xuən³²
0439	吃～饭	吃 tɕʰiəʔ⁵
0440	喝～酒	吃 tɕʰiəʔ⁵
0441	喝～茶	吃 tɕʰiəʔ⁵
0442	抽～烟	吃 tɕʰiəʔ⁵
0443	盛～饭	盛 dʒɣən²¹
0444	夹用筷子～菜	夹 gaʔ¹²
0445	斟～酒	倒 tɔ³⁵ ｜ 筛 sɛ³²
0446	渴口～	燥 sɔ⁵³

编号	词　条	发　音
0447	饿肚子～	饿 ŋu²³¹
0448	噎吃饭～着了	□ ia̰⁵³

七、身体医疗

编号	词　条	发　音
0449	头人的，统称	头 de²¹
0450	头发	头发 de²¹ faʔ⁵
0451	辫子	辫儿 biẽ²³¹ ȵi²¹
0452	旋	旋 ʒyə̃²³¹
0453	额头	额壳 ȵiaʔ² kʰəʔ⁵
0454	相貌	相貌 ɕiã⁵³ mɔ²¹
0455	脸洗～	面 miẽ²³¹
0456	眼睛	眼睛 ŋã²³¹ tɕin³²
0457	眼珠统称	眼睛子 ŋã²³¹ tɕin³² tsɿ³⁵
0458	眼泪哭的时候流出来的	眼泪 ŋã²³¹ li²¹
0459	眉毛	眉毛 mi²¹ mɔ²³¹
0460	耳朵	耳朵 ȵi⁵³ tu³⁵
0461	鼻子	鼻头 bəʔ² de²¹
0462	鼻涕统称	鼻涕 bəʔ² tʰi⁵³ ｜ 鼻涕水 bəʔ² tʰi⁵³ ʃy³⁵
0463	擤～鼻涕	擤 xən³⁵
0464	嘴巴人的，统称	嘴巴 tse³⁵ pɑ³²
0465	嘴唇	嘴唇皮 tse³⁵ ʃyən⁵³ bi²¹

续表

编号	词 条	发 音
0466	口水 ~流出来	痰唾水 dã²¹tʰu⁵³ʃy³⁵
0467	舌头	舌头 ʒyəʔ²de²¹
0468	牙齿	牙齿 ŋɑ²¹tsʰʅ³⁵
0469	下巴	瓦⁼巴 ŋɑ²³¹pɑ³²
0470	胡子嘴周围的	胡子 u²¹tsʅ³⁵
0471	脖子	项颈 ã²³¹tɕin³⁵
0472	喉咙	喉咙 ɯ²¹loŋ⁵³
0473	肩膀	肩膀 tɕiẽ³²pã³⁵
0474	胳膊	手骨 ɕiu³⁵kuəʔ⁵
0475	手只指手;包括臂:他的~摔断了	手 ɕiu³⁵ 包括臂
0476	左手	反手 fã³⁵ɕiu²¹
0477	右手	顺手 ʒyən²³¹ɕiu³⁵
0478	拳头	拳头 dʒyə̃²¹de²³¹
0479	手指	末执⁼ məʔ²tʃyəʔ⁵
0480	大拇指	大末执⁼ du²³¹məʔ²tʃyəʔ⁵
0481	食指	食指 ʒyəʔ²tsʅ³⁵
0482	中指	中末执⁼ tʃyoŋ³²məʔ²tʃyəʔ⁵
0483	无名指	无名指 u²¹min²¹tsʅ³⁵
0484	小拇指	细末执⁼ ɕiɑ⁵³məʔ²tʃyəʔ⁵
0485	指甲	指甲 tsʅ³⁵kaʔ⁵
0486	腿	腿 tʰe³⁵
0487	脚只指脚;包括小腿;包括小腿和大腿:他的~压断了	脚骨 tɕiaʔ³kuəʔ⁵ 包括小腿和大腿
0488	膝盖指部位	克⁼末⁼司⁼头 kʰəʔ⁵məʔ²sʅ³²te⁵³

续表

编号	词　条	发　音
0489	背名词	背脊 pe^{53}tɕiəʔ^{5}
0490	肚子腹部	肚皮 du^{231}bi^{21}
0491	肚脐	肚脐 du^{231}zɿ^{21} | 肚脐窟窿 du^{231}zɿ^{21}kʰəʔ^{5}loŋ^{21}
0492	乳房女性的	奶奶 nɛ^{35}nɛ^{21}
0493	屁股	屁股 pʰi^{53}ku^{35} | 屁眼 pʰi^{53}ȵiã^{21}
0494	肛门	屁股洞 pʰi^{53}ku^{35}doŋ^{231} | 屁眼洞 pʰi^{53}ȵiã^{21}doŋ^{231}
0495	阴茎成人的	髎子 liɔ^{21}tsɿ^{35}
0496	女阴成人的	屄 pʰiəʔ^{5}
0497	肏动词	入 ʒyəʔ^{12}
0498	精液	㞗 zoŋ^{21}
0499	来月经注意婉称	身上来 ʃyən^{32}ʃyã^{53}lɛ^{21}
0500	拉屎	射恶 dzɛ^{231}u^{53}
0501	撒尿	射尿 dzɛ^{231}ʃy^{32}
0502	放屁	射屁 dzɛ^{231}pʰi^{53}
0503	相当于“他妈的”的口头禅	你妈屄 ȵi^{53}mɑ^{35}pʰiəʔ^{5}
0504	病了	生病 ɕiã^{32}bin^{231}
0505	着凉	冻着 toŋ^{53}dʒyaʔ^{12}
0506	咳嗽	咳嗽 kʰəʔ^{3}se^{53}
0507	发烧	烧热 ɕiɔ^{35}ȵiəʔ^{12}
0508	发抖	发颤$^{=}$ faʔ^{3}tsɑ̃^{35}
0509	肚子疼	肚皮痛 du^{231}bi^{21}tʰoŋ^{53}
0510	拉肚子	肚皮射 du^{231}bi^{21}dzɛ^{231}
0511	患疟疾	打半工 tã^{35}pə̃^{53}koŋ^{32}

续表

编号	词　条	发　音
0512	中暑	趔着日头气 biəʔ² dʒyaʔ² n̥iəʔ² de²¹ tsʰɿ⁵³
0513	肿	肿 tʃyoŋ³⁵
0514	化脓	贡⁼脓 koŋ⁵³ noŋ²¹
0515	疤伤口长好后留下的痕迹	疤 pɑ³²
0516	癣	癣 ɕiẽ³⁵
0517	痣凸起的	痣 tsɿ⁵³
0518	疙瘩蚊子咬后形成的	难⁼ nã²³¹
0519	狐臭	蒲筲臭 bu²¹ sɔ³² tɕʰiu⁵³
0520	看病	看先生 kʰə̃⁵³ ɕiẽ³² ɕiã⁵³
0521	诊脉	搭脉 taʔ⁵ maʔ¹²
0522	针灸	针灸 tʃyən³² tɕiu⁵³
0523	打针	打针 tã³⁵ tʃyən³²
0524	打吊针	挂盐水 kuɑ⁵³ iẽ²¹ ʃy³⁵
0525	吃药统称	吃药 tɕʰiəʔ⁵ iaʔ¹²
0526	汤药	汤药 tʰã̃³⁵ iaʔ¹²
0527	病轻了	见着了 tɕiẽ⁵³ dʒyaʔ² ləʔ⁰

八、婚丧信仰

编号	词　条	发　音
0528	说媒	做媒 tsu⁵³ me²¹
0529	媒人	媒人 me²¹ n̥in²³¹ ｜ 媒婆 me²¹ bu²³¹
0530	相亲	看人家 kʰə̃⁵³ n̥in²¹ kɑ³²

编号	词 条	发 音
0531	订婚	咟八字 kʰaʔ⁵paʔ³zʅ²³¹
0532	嫁妆	嫁妆 ka⁵³tʃyã̃³²
0533	结婚统称	结婚 tɕiəʔ⁵xuən³²
0534	娶妻子男子～，动宾结构	讨老马＝ tʰɔ³⁵lɔ²³¹ma²¹
0535	出嫁女子～	嫁老公 ka⁵³lɔ²³¹koŋ³² ｜ 嫁人 ka⁵³n̠in²¹
0536	拜堂	拜堂 pɛ⁵³dã̃²¹
0537	新郎	新老官 ɕin³²lɔ⁵³kuə̃³²
0538	新娘子	新娘子 ɕin³²n̠iã̃⁵³tsʅ²¹
0539	孕妇	大肚皮 du²¹du²³¹bi²¹
0540	怀孕	有得生 iu²³¹təʔ³ɕiã̃³²
0541	害喜妊娠反应	有得生 iu²³¹təʔ³ɕiã̃³²
0542	分娩	生 ɕiã̃³²
0543	流产	小产 ɕiɔ³⁵tsʰã̃²¹
0544	双胞胎	双生 ʃyã̃³²ɕiã̃⁵³
0545	坐月子	做产母 tsu⁵³sã̃³⁵m²¹
0546	吃奶	吃奶奶 tɕʰiəʔ³nɛ³⁵nɛ²¹
0547	断奶	断奶 də̃²³¹nɛ³⁵
0548	满月	满月 mə̃²³¹yəʔ¹²
0549	生日统称	生日 ɕiã̃³⁵n̠iəʔ¹²
0550	做寿	做生日 tsu⁵³ɕiã̃³⁵n̠iəʔ¹²
0551	死统称	死 sʅ³⁵
0552	死婉称，最常用的几种，指老人：他～了	过辈 ku⁵³pe⁵³ ｜ 老倒 lɔ²³¹tɔ⁰
0553	自杀	寻死 zin²¹sʅ³⁵ ｜ 自杀 zʅ²³¹saʔ⁵

续表

编号	词　条	发　音
0554	咽气	落气 ləʔ²tsʰ1̩⁵³
0555	入殓	落材 ləʔ²zɛ²¹
0556	棺材	棺材 kuə̃³²sɛ⁵³
0557	出殡	出殡 tʃʰyəʔ³pin⁵³
0558	灵位	灵位牌 lin²¹ue²³¹bɛ²¹
0559	坟墓单个的，老人的	坟头 vən²¹de²³¹
0560	上坟	上坟 ʒyã̃²³¹vən²¹
0561	纸钱	纸钿 tʃy³⁵diẽ²¹
0562	老天爷	老天爷 lɔ²³¹tʰiẽ³⁵ia²¹
0563	菩萨统称	老佛 lɔ²³¹vəʔ¹²
0564	观音	观音菩萨 kuə̃³²in⁵³bu²¹saʔ⁵
0565	灶神口头的叫法	灶司老佛 tsɔ⁵³s1̩³²lɔ²³¹vəʔ¹²
0566	寺庙	老佛殿 lɔ²³¹vəʔ²diẽ²³¹
0567	祠堂	祠堂 z1̩²¹dɑ̃²³¹
0568	和尚	和尚 u²¹ʒyã̃²³¹
0569	尼姑	尼姑 ȵiẽ²¹ku³²
0570	道士	道士 dɔ²³¹z1̩²¹
0571	算命统称	算命 sə̃⁵³min²³¹
0572	运气	运气 yən²³¹tsʰ1̩⁵³
0573	保佑	保佑 pɔ³⁵iu²¹

九、人品称谓

编号	词　条	发　音
0574	人一个～	人 ȵin²¹
0575	男人成年的，统称	男子 nã²¹tsɿ³⁵
0576	女人三四十岁已婚的，统称	女子 nʏ²³¹tsɿ³⁵ ｜ 堂客 dã²¹tɕʰiaʔ⁵
0577	单身汉	光棍 kuã³²kuən³⁵
0578	老姑娘	老囡 lɔ²³¹na²³¹
0579	婴儿	妹妹 me³⁵me²¹
0580	小孩三四岁的，统称	细鬼 ɕia⁵³kue³⁵
0581	男孩统称：外面有个～在哭	细伢儿 ɕia⁵³ŋa²¹ȵi²¹
0582	女孩统称：外面有个～在哭	细囡儿 ɕia⁵³na²³¹ȵi²¹
0583	老人七八十岁的，统称	老人家 lɔ²³¹ȵin²¹ka³²
0584	亲戚统称	亲眷 tɕʰin³²tʃʏə⁵³
0585	朋友统称	朋友 boŋ²¹iu⁵³
0586	邻居统称	隔壁邻舍 kaʔ³piəʔ⁵lin²¹ʃɑ⁵³
0587	客人	人客 ȵin²¹tɕʰiaʔ⁵
0588	农民	农民 noŋ³⁵min²¹
0589	商人	生意人 ɕiã³²i⁵³ȵin²¹
0590	手艺人统称	匠人 ziã²³¹ȵin²¹
0591	泥水匠	泥水匠 ȵie²¹ʃʏ³⁵ziã²³¹
0592	木匠	木匠 məʔ²ziã²³¹
0593	裁缝	裁缝 zɛ²¹voŋ²³¹
0594	理发师	剃头刮= tʰi⁵³de²¹kuaʔ⁵旧 ｜ 剃头鬼 tʰi⁵³de²¹kue³⁵旧 ｜ 剃头师傅 tʰi⁵³de²¹sɿ³²fu⁵³新

续表

编号	词条	发音
0595	厨师	厨子 dʒy²¹tsɿ⁵³ ｜ 厨子老倌 dʒy²¹tsɿ⁵³lɔ²³¹kuə̃³²
0596	师傅	师傅 sɿ³²fu⁵³
0597	徒弟	徒弟 du²¹di²³¹ ｜ 学生 uə?²ɕia̰³²旧
0598	乞丐统称,非贬称(无统称则记成年男的)	讨饭人 tʰɔ³⁵va̰²³¹n̠in²¹ 告花子 kɔ⁵³xuɑ³²tsɿ²¹
0599	妓女	婊子 piɔ³⁵tsɿ²¹
0600	流氓	辣腿 la?²tʰe³⁵
0601	贼	贼骨头 zə?²kuə?³te⁵³
0602	瞎子统称,非贬称(无统称则记成年男的)	瞎子 xa?³tsɿ³⁵
0603	聋子统称,非贬称(无统称则记成年男的)	聋子 loŋ²¹tsɿ³⁵
0604	哑巴统称,非贬称(无统称则记成年男的)	哑巴子 ɑ³⁵pã³²tsɿ⁰
0605	驼子统称,非贬称(无统称则记成年男的)	驼子 du²¹tsɿ³⁵
0606	瘸子统称,非贬称(无统称则记成年男的)	跷子 tɕʰiɔ³²tsɿ³⁵
0607	疯子统称,非贬称(无统称则记成年男的)	癫子 tiẽ³²tsɿ³⁵ ｜ 疯子 foŋ³²tsɿ³⁵
0608	傻子统称,非贬称(无统称则记成年男的)	傻子 sɑ³²tsɿ³⁵
0609	笨蛋蠢的人	鹅子 ŋu²¹tsɿ³⁵ ｜ 木缎＝ mə?²tə̃⁵³
0610	爷爷呼称,最通用的	爷爷 iɑ³⁵iɑ²¹
0611	奶奶呼称,最通用的	妈妈 mɑ³⁵mɑ²¹
0612	外祖父叙称	外公 ŋe²³¹koŋ³²
0613	外祖母叙称	外婆 ŋe²³¹bu²¹
0614	父母合称	娘老子 n̠iã²¹lɔ²³¹tsɿ³⁵

续表

编号	词 条	发 音
0615	父亲_{叙称}	老子 lɔ²³¹tsɿ³⁵
0616	母亲_{叙称}	妈 ma³⁵ ∣ 娘 n̠iã²¹前有"你我他"时用
0617	爸爸_{呼称,最通用的}	伯伯 paʔ³paʔ⁵
0618	妈妈_{呼称,最通用的}	姆妈 m³⁵ma²¹
0619	继父_{叙称}	叔老子 ʃyəʔ³lɔ²³¹tsɿ³⁵
0620	继母_{叙称}	晚娘 mã²³¹n̠iã²¹
0621	岳父_{叙称}	丈人 dʒyã²³¹n̠in²¹
0622	岳母_{叙称}	丈母 dʒyã²³¹m²¹ ∣ 丈母娘 dʒyã²³¹m²¹n̠iã²¹
0623	公公_{叙称}	公 koŋ³²
0624	婆婆_{叙称}	婆 bu²¹
0625	伯父_{呼称,统称}	大伯 dɑ³⁵paʔ⁵
0626	伯母_{呼称,统称}	大娘 du²³¹n̠iã²¹
0627	叔父_{呼称,统称}	叔叔 ʃyəʔ³ʃyəʔ⁵
0628	排行最小的叔父_{呼称,如"幺叔"}	细叔叔 ɕia⁵³ʃyəʔ³ʃyəʔ⁵
0629	叔母_{呼称,统称}	婶婶 ʃyən³⁵ʃyən²¹
0630	姑_{呼称,统称(无统称则记分称:比父大,比父小;已婚,未婚)}	娘娘 n̠iã³⁵n̠iã²¹
0631	姑父_{呼称,统称}	姑夫 ku³²fu⁵³
0632	舅舅_{呼称}	舅舅 dʑiu²¹dʑiu³⁵
0633	舅妈_{呼称}	舅母 dʑiu²³¹m²¹
0634	姨_{呼称,统称(无统称则记分称:比母大,比母小;已婚,未婚)}	姨姨 i²¹i³⁵
0635	姨父_{呼称,统称}	姨爹 i²¹tia³²
0636	弟兄_{合称}	哥弟 ku³²ti⁵³
0637	姊妹_{合称,注明是否可包括男性}	姊妹 tsɿ³⁵me²¹可包括男性

续表

编号	词条	发音
0638	哥哥呼称,统称	哥哥 ku³² ku⁵³
0639	嫂子呼称,统称	嫂嫂 sɔ³⁵ sɔ²¹
0640	弟弟叙称	兄弟 ɕyoŋ³² ti⁵³
0641	弟媳叙称	弟妇 di²³¹ vu²¹
0642	姐姐呼称,统称	大姊 dɑ²³¹ tsɿ³⁵
0643	姐夫呼称	姊夫 tsɿ³⁵ fu³²
0644	妹妹叙称	妹儿 me²³¹ n̠i²¹
0645	妹夫叙称	妹夫 me²³¹ fu³²
0646	堂兄弟叙称,统称	堂兄弟 dã²¹ ɕyoŋ³² ti⁵³｜叔伯兄弟 ʃyəʔ⁵ paʔ⁵ ɕyoŋ³² ti⁵³
0647	表兄弟叙称,统称	表兄弟 piɔ³⁵ ɕyoŋ³² ti⁵³
0648	妯娌弟兄妻子的合称	叔伯母 ʃyəʔ⁵ paʔ⁵ m⁵³
0649	连襟姊妹丈夫的关系,叙称	大细姨夫 du²³¹ ɕiɑ⁵³ i²¹ fu³²
0650	儿子叙称:我的～	儿 n̠i²¹
0651	儿媳妇叙称:我的～	新妇 ɕin³² fu⁵³
0652	女儿叙称:我的～	囡儿 nɑ²³¹ n̠i²¹
0653	女婿叙称:我的～	囡婿 nɑ²³¹ sɿ⁵³
0654	孙子儿子之子	孙 sən³²
0655	重孙子儿子之孙	玄孙 yə̃²¹ sən³²
0656	侄子弟兄之子	侄儿 dʒyəʔ² n̠i³⁵
0657	外甥姐妹之子	外甥 ŋɛ²³¹ ɕiã³²
0658	外孙女儿之子	外甥 ŋɛ²³¹ ɕiã³²
0659	夫妻合称	老公老马＝ lɔ²³¹ koŋ³² lɔ²³¹ mɑ²¹
0660	丈夫叙称,最通用的,非贬称:她的～	老公 lɔ²³¹ koŋ³²

续表

编号	词 条	发 音
0661	妻子叙称,最通用的,非贬称:他的～	老马= lɔ²³¹ mɑ²¹
0662	名字	名字 min²¹ zʅ²³¹
0663	绰号	绰号 tsʰaʔ³ ɔ²³¹

十、农工商文

编号	词 条	发 音
0664	干活儿统称:在地里～	做生活 tsu⁵³ ɕiã³⁵ uaʔ¹²
0665	事情一件～	事体 zʅ²¹ tʰi³⁵
0666	插秧	插秧 tsʰaʔ⁵ iã³² ｜ 种田 tʃyoŋ⁵³ diẽ²¹
0667	割稻	割稻 kəʔ³ dɔ²³¹
0668	种菜	种菜 tʃyoŋ⁵³ tsʰɛ⁵³
0669	犁名词	犁 li²¹
0670	锄头	锄头 zʅ²¹ de²³¹
0671	镰刀	镰刀 liẽ²¹ tɔ³²
0672	把儿刀～	柄 pin⁵³
0673	扁担	肩担 tɕiẽ³⁵ tã²¹
0674	箩筐	箩 lu²¹
0675	筛子统称	筛 sʅ³²
0676	簸箕农具,有梁的	高环粪箕 kɔ³² guã²³¹ fən⁵³ tsʅ³²
0677	簸箕簸米用	粪斗 fən⁵³ te³⁵
0678	独轮车	独轮车 dəʔ² lən⁵³ tʃʰya³²
0679	轮子旧式的,如独轮车上的	轮子 lən²¹ tsʅ³⁵

续表

编号	词 条	发 音
0680	碓整体	碓 te⁵³
0681	臼	臼 dʑiu²³¹
0682	磨名词	磨 mu²³¹
0683	年成	年成 ȵie²¹ ʒyən²³¹
0684	走江湖统称	走江湖 tse³⁵ kɑ̃³⁵ u²¹ ｜ 跑码头 bɔ²¹ mɑ⁵³ de²¹
0685	打工	帮人 pɑ̃³⁵ ȵin²¹
0686	斧子	斧头 fu³⁵ de²¹
0687	钳子	老虎钳 lɔ²³¹ xu³⁵ dʑie²¹
0688	螺丝刀	起子 tɕʰi³⁵ tsɿ²¹
0689	锤子	榔头 lɑ̃²¹ de²³¹
0690	钉子	洋钉 iɑ̃²¹ tin³²
0691	绳子	索 sə?⁵
0692	棍子	木棍 mə?² kuən³⁵
0693	做买卖	做生意 tsu⁵³ ɕiɑ³² i⁵³
0694	商店	店 tie⁵³
0695	饭馆	饭店 vɑ̃²³¹ tie⁵³
0696	旅馆旧称	客栈 kʰa?³ dzɑ̃²³¹
0697	贵	贵 tʃy⁵³
0698	便宜	便宜 bie²¹ i⁵³
0699	合算	合算 kə?³ sə̃⁵³
0700	折扣	折头 tʃyə?³ te⁵³
0701	亏本	折本 ʒyə?² pən³⁵
0702	钱统称	钞票 tsʰɔ³⁵ pʰiɔ²¹
0703	零钱	散钞票 sɑ̃³⁵ tsʰɔ³⁵ pʰiɔ²¹

编号	词 条	发 音
0704	硬币	铅板 $k^h\tilde{a}^{32}p\tilde{a}^{35}$
0705	本钱	本钿 $pən^{35}di\tilde{e}^{21}$
0706	工钱	工钿 $koŋ^{32}ti\tilde{e}^{53}$
0707	路费	盘缠 $b\tilde{ə}^{21}dʒy\tilde{ə}^{231}$
0708	花～钱	用 $yoŋ^{231}$
0709	赚卖一斤能～一毛钱	赚 $dz\tilde{a}^{231}$
0710	挣打工～了一千块钱	赚 $dz\tilde{a}^{231}$
0711	欠～他十块钱	欠 $tɕ^hi\tilde{e}^{53}$
0712	算盘	算盘 $s\tilde{ə}^{53}b\tilde{ə}^{21}$
0713	秤统称	秤 $tʃ^hyən^{53}$
0714	称用杆秤～	称 $tʃ^hyən^{32}$
0715	赶集	赶墟 $k\tilde{ə}^{35}x\tilde{ə}^{32}$
0716	集市	墟 $x\tilde{ə}^{32}$
0717	庙会	庙会 $mio^{231}ue^{231}$
0718	学校	学堂 $uəʔ^2d\tilde{a}^{21}$
0719	教室	教室 $tɕio^{53}ʃyəʔ^5$
0720	上学	上学 $ʒy\tilde{a}^{231}uəʔ^{12}$
0721	放学	放学 $f\tilde{a}^{53}uəʔ^{12}$
0722	考试	考试 $k^hɔ^{35}sɿ^{53}$
0723	书包	书包 $ʃy^{32}pɔ^{53}$
0724	本子	簿子 $bu^{231}tsɿ^{35}$
0725	铅笔	铅笔 $k^h\tilde{a}^{32}piəʔ^5$
0726	钢笔	钢笔 $k\tilde{a}^{32}piəʔ^5$
0727	圆珠笔	原子笔 $y\tilde{ə}^{21}tsɿ^{35}piəʔ^0$

续表

编号	词条	发音
0728	毛笔	毛笔 mɔ²¹ piəʔ⁵ ｜ 墨笔 məʔ² piəʔ⁵
0729	墨	墨 məʔ¹²
0730	砚台	面瓦 miẽ²³¹ ŋɑ²¹
0731	信一封~	信 ɕin⁵³
0732	连环画	老佛书 lɔ²³¹ vəʔ² ʃy³²
0733	捉迷藏	搦盲迷 kʰɑ⁵³ mã³⁵ mi²¹
0734	跳绳	跳绳 tʰiɔ⁵³ ʒyən²¹
0735	毽子	垫=子 diẽ²³¹ tsʅ³⁵
0736	风筝	鹞儿 iɔ²³¹ ȵi²¹
0737	舞狮	戏狮子灯 sʅ⁵³ sʅ³² tsʅ³⁵ tən³²
0738	鞭炮统称	炮掌= pʰɔ⁵³ tʃyã³⁵
0739	唱歌	唱歌 tʃʰyã⁵³ ku³²
0740	演戏	做戏 tsu⁵³ sʅ⁵³
0741	锣鼓统称	锣鼓 lu²¹ ku³⁵
0742	二胡	胡琴 u²¹ dʑin²³¹
0743	笛子	笛 diəʔ¹²
0744	划拳	豁拳 xuaʔ⁵ dʒyẽ²¹
0745	下棋	着棋 tʃyaʔ⁵ dzʅ²¹
0746	打扑克	打老 K tã³⁵ lɔ²³¹ kʰɛ³⁵
0747	打麻将	炒麻将 tsʰɔ³⁵ mɑ²¹ tɕiã⁵³
0748	变魔术	变戏法 piẽ⁵³ sʅ⁵³ faʔ⁵
0749	讲故事	谈传 dã²¹ dʒyẽ²³¹ ｜ 讲大话 kã³⁵ du²³¹ uɑ²¹
0750	猜谜语	猜猜旺 tsʰɛ³⁵ tsʰɛ³² uã⁵³
0751	玩儿游玩:到城里~	嬉 sʅ³²

续表

编号	词条	发音
0752	串门儿	□人家 yaʔ² n̩in²¹ ka³²
0753	走亲戚	走亲眷 tse³⁵ tɕʰin³² tʃyə̃⁵³

十一、动作行为

编号	词条	发音
0754	看~电视	看 kʰə̃⁵³
0755	听用耳朵~	听 tʰin³²
0756	闻嗅:用鼻子~	闻 mən²¹
0757	吸~气	鼓 tʰe³⁵
0758	睁~眼	开 kʰɛ³²
0759	闭~眼	眹 kaʔ⁵
0760	眨~眼	眹 kaʔ⁵
0761	张~嘴	开 kʰɛ³²
0762	闭~嘴	闭 pi⁵³
0763	咬狗~人	咬 ŋɔ²³¹
0764	嚼把肉~碎	嚼 ʑiaʔ¹²
0765	咽~下去	吞 tʰən³²
0766	舔人用舌头~	舔 tʰiẽ³⁵
0767	含~在嘴里	含 gã²¹
0768	亲嘴	帮=嘴 pã³² tse³⁵
0769	吮吸用嘴唇聚拢吸取液体,如吃奶时	欶 tʃyəʔ⁵
0770	吐上声,把果核儿~掉	吐 tʰu⁵³

续表

编号	词　条	发　音
0771	吐去声,呕吐:喝酒喝~了	吐 tʰu⁵³
0772	打喷嚏	打阿啐 ta̍³⁵aʔ³tsʰe⁵³
0773	拿用手把苹果~过来	担 tã³² ｜ 拿 nɑ²¹
0774	给他~我一个苹果	担 tã³²
0775	摸~头	摸 mu³²
0776	伸~手	牵= tɕʰiẽ³²
0777	挠~痒痒	抓 tsɑ³²
0778	掐用拇指和食指的指甲~皮肉	撙 tsə̃⁵³
0779	拧~螺丝	搣 miəʔ¹²
0780	拧~毛巾	拗 ɔ³⁵
0781	捻用拇指和食指来回~碎	搣 miəʔ¹²
0782	掰把橘子~开,把馒头~开	眿 pʰaʔ⁵
0783	剥~花生	剥 pə³⁵
0784	撕把纸~了	摅 tsʰʅ³²
0785	折把树枝~断	拗 ɔ³⁵
0786	拔~萝卜	摒 piã⁵³
0787	摘~花	讨= tʰɔ³⁵
0788	站站立:~起来	立 liəʔ¹²
0789	倚斜靠:~在墙上	隑 gɛ²³¹
0790	蹲~下	勾= kɯ³²
0791	坐~下	坐 zu²³¹
0792	跳青蛙~起来	跳 tʰiɔ⁵³
0793	迈跨过高物:从门槛上~过去	□ gã²³¹
0794	踩脚~在牛粪上	踏 daʔ¹²

续表

编号	词条	发音
0795	翘~腿	翘 tɕʰiɔ⁵³
0796	弯~腰	弯 uã³²
0797	挺~胸	挺 tʰin³⁵
0798	趴~着睡	覆 pʰəʔ⁵
0799	爬小孩在地上~	爬 bɑ²¹
0800	走慢慢儿~	□ yaʔ¹²
0801	跑慢慢儿走,别~	逃 dɔ²¹
0802	逃逃跑:小偷~走了	逃 dɔ²¹
0803	追追赶:~小偷	趋 biəʔ¹²
0804	抓~小偷	搭 kʰɑ⁵³
0805	抱把小孩~在怀里	抱 bɔ²³¹
0806	背~孩子	背 pe⁵³
0807	搀~老人	搀 tsʰã³²
0808	推几个人一起~汽车	扱 soŋ³⁵
0809	摔跌:小孩~倒了	蹶 tʃyaʔ⁵
0810	撞人~到电线杆上	撞 dʒyã²³¹
0811	挡你~住我了,我看不见	搪⁼ dã²¹
0812	躲躲藏:他~在床底下	躲 tu³⁵
0813	藏藏放,收藏:钱~在枕头下面	馊⁼ se³²
0814	放把碗~在桌子上	园 kʰã⁵³ ｜ 放 fã⁵³
0815	摞把砖~起来	叠 diəʔ¹²
0816	埋~在地下	藏 zã²¹ ｜ 埋 mɛ²¹
0817	盖把茶杯~上	盖 ke⁵³
0818	压用石头~住	㿜 kʰaʔ⁵

续表

编号	词　条	发　音
0819	摁用手指按：~图钉	揿 $tɕʰin^{53}$
0820	捅用棍子~鸟窝	戳 $tʃʰyəʔ^5$
0821	插把香~到香炉里	插 $tsʰaʔ^5$
0822	戳~个洞	戳 $tʃʰyəʔ^5$
0823	砍~树	剒 $tsʰu^{53}$
0824	剁把肉~碎做馅儿	斩 $tsã^{32}$
0825	削~苹果	削 $ɕiaʔ^5$
0826	裂木板~开了	碱 $kuaʔ^5$
0827	皱皮~起来	皱 tse^{32}
0828	腐烂死鱼~了	烂 $lã^{231}$ ｜ 离骨 $li^{21}\,kuəʔ^5$
0829	擦用毛巾~手	揩 $kʰɛ^{32}$
0830	倒把碗里的剩饭~掉	倒 $tɔ^{35}$
0831	扔丢弃：这个东西坏了，~了它	掼 $guã^{231}$
0832	扔投掷：比一比谁~得远	摔 $ʃyəʔ^5$ ｜ 掼 $guã^{231}$比远近
0833	掉掉落，坠落：树上~下一个梨	跌 $tiəʔ^5$
0834	滴水~下来	滴 $tiəʔ^5$
0835	丢丢失：钥匙~了	坞= u^{35}
0836	找寻找：钥匙~到	寻 zin^{21}
0837	捡~到十块钱	约= $iaʔ^5$
0838	提用手把篮子~起来	丁= tin^{32}
0839	挑~担	挑 $tʰiɔ^{32}$
0840	扛káng,把锄头~在肩上	背 pe^{53}
0841	抬~轿	扛 $kã^{32}$
0842	举~旗子	扠 du^{21}

续表

编号	词　条	发　音
0843	撑~伞	撑 tɕʰiã³²
0844	撬把门~开	撬 tɕʰiɔ³⁵
0845	挑挑选,选择:你自己~一个	拣 kã³⁵
0846	收拾~东西	约⁼ ia?⁵
0847	挽~袖子	□ iɔ³⁵
0848	涮把杯子~一下	盪 dã²³¹
0849	洗~衣服	洗 sɿ³⁵
0850	捞~鱼	捞 lɔ³²
0851	拴~牛	缚 və?¹²
0852	捆~起来	扎 tsa?⁵ ｜ 缚 və?¹²
0853	解~绳子	解 kɛ³⁵
0854	挪~桌子	移 i²¹
0855	端~碗	扡 du²¹
0856	摔碗~碎了	蹶 tʃya?⁵
0857	掺~水	掺 tsʰã³²
0858	烧~柴	烧 ɕiɔ³²
0859	拆~房子	拆 tsʰa?⁵
0860	转~圈儿	旋 ʐyə̃²³¹
0861	捶用拳头~	摼 tɕʰiã⁵³
0862	打统称:他~了我一下	敲 kʰɔ³²
0863	打架动手:两个人在~	打相打 tã³⁵ɕiã³²tã³⁵
0864	休息	歇 ɕiə?⁵ ｜ 休息 ɕiu³²ɕiə?⁵
0865	打哈欠	打呼嗨 tã³⁵xu³²xɛ⁵³
0866	打瞌睡	打瞌睏 tã³⁵kʰə?³tʃʰyoŋ⁵³

续表

编号	词　条	发　音
0867	睡他已经~了	睏 k^huən^{53}
0868	打呼噜	打呼 ta$\tilde{a}^{35}$xu^{32}
0869	做梦	做梦 tsu^{53}moŋ^{231}
0870	起床	爬起 ba^{21}ts^{h}ʅ^{35}
0871	刷牙	洗牙齿 sʅ^{35}ŋa^{21}ts^{h}ʅ^{35}
0872	洗澡	洗浴 sʅ^{35}yəʔ^{12}
0873	想思索:让我~一下	忖 ts^{h}ən^{35}｜懂 toŋ^{35}
0874	想想念:我很~他	想 ɕia$\tilde{a}^{35}$
0875	打算我~开个店	划算 ua^{21}sə$\tilde{ə}^{53}$
0876	记得	记着 tsʅ^{53}dʒyaʔ^{12}
0877	忘记	记弗着 tsʅ^{53}fəʔ^{5}dʒyaʔ^{12}
0878	怕害怕:你别~	怕 p^{h}a^{53}
0879	相信我~你	相信 ɕia$\tilde{a}^{32}$ɕin^{53}
0880	发愁	愁 ze^{21}
0881	小心过马路要~	小心 ɕiɔ^{35}ɕin^{32}｜觑好 ts^{h}ʅ^{53}xɔ^{35}旧
0882	喜欢~看电视	欢喜 xuə$\tilde{ə}^{32}$sʅ^{35}
0883	讨厌~这个人	抓=人 tsa^{32}n̪in^{53}
0884	舒服凉风吹来很~	味道 mi^{231}dɔ^{21}
0885	难受生理的	难搪= na$\tilde{a}^{35}$da$\tilde{a}^{21}$｜难过 na$\tilde{a}^{21}$ku^{53}
0886	难过心理的	难过 na$\tilde{a}^{21}$ku^{53}
0887	高兴	高兴 kɔ^{32}ɕin^{53}
0888	生气	气 ts^{h}ʅ^{53}
0889	责怪	怪 kuɛ^{53}
0890	后悔	悔 xue^{53}

编号	词 条	发 音
0891	忌妒	妒忌 tu^{53} tsʅ^{53}
0892	害羞	赧好相 nã^{21} xɔ^{35} ɕiã^{53}
0893	丢脸	失面子 ʃyəʔ^3 miẽ^{231} tsʅ^{35}
0894	欺负	欺负 tsʰʅ^{32} fu^{53}
0895	装~病	扮 pã^{53}
0896	疼~小孩儿	容 yoŋ^{21}
0897	要我~这个	要 iɔ^{53}
0898	有我~一个孩子	有 iu^{231}
0899	没有他~孩子	无 m^{35}
0900	是我~老师	是 zʅ^{231}
0901	不是他~老师	勿是 vəʔ^2 zʅ^{231}
0902	在他~家	在 dzɛ^{231}
0903	不在他~家	嬲在 vən^{21} dzɛ^{231}
0904	知道我~这件事	晓得 ɕiɔ^{35} təʔ^5｜晓着 ɕiɔ^{35} dʒyaʔ^{12}
0905	不知道我~这件事	晓弗着 ɕiɔ^{35} fəʔ^5 dʒyaʔ^{12}
0906	懂我~英语	懂 toŋ^{35}
0907	不懂我~英语	弗懂 fəʔ^3 toŋ^{35}
0908	会我~开车	会 ue^{231}
0909	不会我~开车	嬲 ve^{231}
0910	认识我~他	认着 n̠in^{231} dʒyaʔ^{12}
0911	不认识我~他	认弗着 n̠in^{231} fəʔ^5 dʒyaʔ^{12}
0912	行应答语	会着 ue^{231} dʒyaʔ^{12}
0913	不行应答语	嬲着 ve^{231} dʒyaʔ^{12}
0914	肯~来	会 ue^{231}

续表

编号	词　条	发　音
0915	应该~去	该当 kɛ³²tɑ̃⁵³
0916	可以~去	有法 iu²³¹faʔ⁵
0917	说~话	讲 kɑ̃³⁵
0918	话说~	舌话 ʒɣəʔ²uɑ⁵³
0919	聊天儿	谈空天 dɑ̃²¹kʰoŋ⁵³tʰiẽ³²
0920	叫~他一声儿	叫 tɕiɔ⁵³
0921	吆喝大声喊	叫 tɕiɔ⁵³
0922	哭小孩~	哭 kʰuəʔ⁵
0923	骂当面~人	骂 mɑ²³¹
0924	吵架动嘴：两个人在~	相争 ɕiɑ³⁵tɕiɑ̃³²
0925	骗~人	骗 pʰiẽ⁵³
0926	哄~小孩	骗 pʰiẽ⁵³
0927	撒谎	骗人 pʰiẽ⁵³n̠in²¹
0928	吹牛	甲＝牛屃 tɕiaʔ⁵n̠iu²¹pi³²
0929	拍马屁	托马屁 tʰəʔ³mɑ⁵³pʰi²¹
0930	开玩笑	嬉罗嘡 sɿ³⁵lu²¹zɔ²³¹
0931	告诉~他	报 pɔ⁵³
0932	谢谢致谢语	多谢 tu³²ɕia⁵³ | 谢谢 ʑia²³¹ʑia²¹
0933	对不起致歉语	对弗起 te⁵³fəʔ³tsʰɿ³⁵
0934	再见告别语	塔＝日会 tʰaʔ⁵n̠iəʔ²ue²³¹

十二、性质状态

编号	词　条	发　音
0935	大苹果~	大 du²³¹
0936	小苹果~	细 ɕiɑ⁵³
0937	粗绳子~	粗 tsʰu³²
0938	细绳子~	细 sʅ⁵³ 粗~
0939	长线~	长 dʒyã²¹
0940	短线~	短 tə̃³⁵
0941	长时间~	长 dʒyã²¹
0942	短时间~	短 tə̃³⁵
0943	宽路~	阔 kʰuəʔ⁵
0944	宽敞房子~	阔宽 kʰuəʔ³lã̃²³¹
0945	窄路~	狭 aʔ¹²
0946	高飞机飞得~	高 kɔ³²
0947	低鸟飞得~	矮 ɛ³⁵
0948	高他比我~	长 dʒyã²¹
0949	矮他比我~	矮 ɛ³⁵
0950	远路~	远 yə̃²³¹
0951	近路~	近 dʑin²³¹
0952	深水~	深 ʃyən³²
0953	浅水~	浅 tɕʰiẽ³⁵
0954	清水~	清 tɕʰin³²
0955	浑水~	浑 uən²¹

续表

编号	词　条	发　音
0956	圆	圆 yə̃²¹
0957	扁	扁 piẽ³⁵
0958	方	方 fɑ̃³²
0959	尖	尖 tɕiẽ³²
0960	平	平 bin²¹
0961	肥～肉	肥 vi²¹
0962	瘦～肉	腈 tɕin³²
0963	肥形容猪等动物	壮 tʃyɑ̃⁵³
0964	胖形容人	胖 pʰɑ̃⁵³
0965	瘦形容人、动物	瘦 se⁵³
0966	黑黑板的颜色	黑 xəʔ⁵
0967	白雪的颜色	白 biaʔ¹²
0968	红国旗的主颜色,统称	红 oŋ²¹
0969	黄国旗上五星的颜色	黄 uɑ̃²¹
0970	蓝蓝天的颜色	蓝 lɑ̃²¹
0971	绿绿叶的颜色	绿 ləʔ¹²
0972	紫紫药水的颜色	紫 tsɿ³⁵
0973	灰草木灰的颜色	灰 xue³²
0974	多东西～	多 tu³²
0975	少东西～	少 ɕiɔ³⁵
0976	重担子～	重 dʒyoŋ²³¹
0977	轻担子～	轻 tɕʰin³²
0978	直线～	直 dʒyəʔ¹²
0979	陡坡～,楼梯～	竖 ʒy²³¹

续表

编号	词 条	发 音
0980	弯弯曲:这条路是~的	弯 $uã^{32}$
0981	歪帽子戴~了	歪 $uɛ^{32}$
0982	厚木板~	厚 $ɯ^{231}$
0983	薄木板~	薄 $bə\mathrm{ʔ}^{12}$
0984	稠稀饭~	溷 $gə\mathrm{ʔ}^{12}$
0985	稀稀饭~	稀 $sʅ^{32}$
0986	密菜种得~	密 $miə\mathrm{ʔ}^{12}$
0987	稀稀疏:菜种得~	砂= sa^{32}
0988	亮指光线,明亮	亮 $liã^{231}$
0989	黑指光线,完全看不见	暗 $ə̃^{53}$
0990	热天气~	暖 $nə̃^{231}$
0991	暖和天气~	暖和 $nə̃^{231}u^{21}$
0992	凉天气~	凉快 $liã^{21}k^{h}uɛ^{53}$
0993	冷天气~	凉 $liã^{21}$
0994	热水~	热 $ȵiə\mathrm{ʔ}^{12}$
0995	凉水~	凉 $liã^{21}$
0996	干干燥:衣服晒~了	燥 $sɔ^{53}$
0997	湿潮湿:衣服淋~了	湿 $tʃ^{h}ya\mathrm{ʔ}^{5}$
0998	干净衣服~	干净 $kə̃^{32}ɕin^{53}$
0999	脏肮脏,不干净,统称:衣服~	醒醯 $uə\mathrm{ʔ}^{2}tʃ^{h}yə\mathrm{ʔ}^{5}$ | 邋遢 $la\mathrm{ʔ}^{2}t^{h}a\mathrm{ʔ}^{5}$
1000	快锋利:刀子~	快 $k^{h}uɛ^{53}$
1001	钝刀~	钝 $dən^{231}$
1002	快坐车比走路~	快 $k^{h}uɛ^{53}$
1003	慢走路比坐车~	慢 $mã^{231}$

续表

编号	词条	发音
1004	早来得~	早 tsɔ³⁵
1005	晚来~了	晏 ã⁵³
1006	晚天色~	晏 ã⁵³
1007	松捆得~	松 soŋ³²
1008	紧捆得~	紧 tɕin³⁵
1009	容易这道题~	省力 ɕiã³⁵ liəʔ¹²
1010	难这道题~	难 nã²¹
1011	新衣服~	新 ɕin³²
1012	旧衣服~	旧 dʑiu²³¹
1013	老人~	老 lɔ²³¹
1014	年轻人~	年纪轻 ȵiẽ²¹ tsɿ³⁵ tɕʰin³²
1015	软糖~	软 ȵyə̃²³¹
1016	硬骨头~	硬 ȵiã²³¹
1017	烂肉煮得~	炀 iã²¹
1018	糊饭烧~了	焦 tɕiɔ³²
1019	结实家具~	扎实 tsaʔ⁵ ʒyəʔ¹²
1020	破衣服~	破 pʰɛ⁵³
1021	富他家很~	有 iu²³¹
1022	穷他家很~	罪过 zɛ²³¹ ku⁵³
1023	忙最近很~	忙 mã²¹
1024	闲最近比较~	空 kʰoŋ⁵³
1025	累走路走得很~	着力 dʒyaʔ² liəʔ¹²
1026	疼摔~了	痛 tʰoŋ⁵³
1027	痒皮肤~	痒 iã²³¹

续表

编号	词　条	发　音
1028	热闹看戏的地方很～	闹热 nɔ²³¹ n̠iəʔ¹²
1029	熟悉这个地方我很～	熟套 ʒyəʔ² tʰɔ⁵³
1030	陌生这个地方我很～	生疏 ɕiã³² su⁵³
1031	味道尝尝～	味道 mi²³¹ dɔ²¹
1032	气味闻闻～	气色 tsʰ ɿ⁵³ səʔ⁵
1033	咸菜～	咸 ã²¹
1034	淡菜～	淡 dã²³¹
1035	酸	酸 sə̃³²
1036	甜	甜 diẽ²¹
1037	苦	苦 kʰu³⁵
1038	辣	辣 laʔ¹²
1039	鲜鱼汤～	鲜 ɕiẽ³² ∣ 鲜味 ɕiẽ³² mi⁵³
1040	香	香 ɕiã³²
1041	臭	臭 tɕʰiu⁵³
1042	馊饭～	馊 se³²
1043	腥鱼～	腥气 ɕin⁵³ tsʰ ɿ²¹
1044	好人～	好 xɔ³⁵
1045	坏人～	乔 dʑiɔ²¹
1046	差东西质量～	赖 lɛ⁵³
1047	对账算～了	对 te⁵³
1048	错账算～了	错 tsʰu⁵³
1049	漂亮形容年轻女性的长相:她很～	齐整 zɿ²¹ tʃyeŋ³⁵
1050	丑形容人的长相:猪八戒很～	难看 nã²¹ kʰə̃⁵³
1051	勤快	勤力 dʑin²¹ liəʔ¹²

续表

编号	词　条	发　音
1052	懒	懒 lã²³¹
1053	乖	卡ⁿ把ⁿ kʰɑ³² pɑ³⁵
1054	顽皮	顽皮 uã³⁵ bi²¹ ｜ 调皮 diɔ²³¹ bi²¹
1055	老实	忠厚 tʃyoŋ³² ɯ⁵³
1056	傻痴呆	傻 sɑ³²
1057	笨蠢	木相 məʔ² ɕiã⁵³
1058	大方不吝啬	大派 du²³¹ pʰɛ⁵³
1059	小气吝啬	夹席 gaʔ² ziəʔ¹²
1060	直爽性格~	爽快 ʃyã³⁵ kʰuɛ⁵³
1061	犟脾气~	硬气 n̠iã²³¹ tsʰ1̩⁵³

十三、数　量

编号	词　条	发　音
1062	一～二三四五……，下同	一 iəʔ⁵
1063	二	二 n̠i²³¹
1064	三	三 sã³²
1065	四	四 s1̩⁵³
1066	五	五 ŋ²³¹
1067	六	六 ləʔ¹²
1068	七	七 tɕʰiəʔ⁵
1069	八	八 paʔ⁵
1070	九	九 tɕiu³⁵

续表

编号	词 条	发 音
1071	十	十 ʒyəʔ^{12}
1072	二十有无合音	廿 ȵie͂^{231}
1073	三十有无合音	三十 sa͂^{35}ʒyəʔ^{12}
1074	一百	一百 iəʔ^{3}paʔ^5 "百"老派说 piaʔ^5
1075	一千	一千 iəʔ^{5}tɕ^{h}ie^{32}
1076	一万	一万 iəʔ^{3}ma͂^{231}
1077	一百零五	一百零五 iəʔ^{3}paʔ^{5}lin^{21}ŋ^{231}
1078	一百五十	一百五 iəʔ^{3}paʔ^{5}ŋ^{231}
1079	第一~,第二	第一 di^{231}iəʔ^5
1080	二两重量	二两 ȵi^{231}lia͂^{53}
1081	几个你有~孩子?	几个 tsʅ^{35}ku^0
1082	俩你们~	两个 lia͂^{231}gəʔ^0
1083	仨你们~	三个 sa͂^{32}gəʔ^0
1084	个把	个把 ku^{53}pɑ^{35}
1085	个一~人	个 ku^{53} | 个 kəʔ^5
1086	匹一~马	匹 p^{h}iəʔ^5
1087	头一~牛	条 diɔ^{21}
1088	头一~猪	只 tʃyəʔ^5
1089	只一~狗	只 tʃyəʔ^5
1090	只一~鸡	只 tʃyəʔ^5
1091	只一~蚊子	个 kəʔ^5
1092	条一~鱼	片 p^{h}ie͂^{53}
1093	条一~蛇	根 kən^{32} | 条 diɔ^{21}
1094	张一~嘴	张 tʃya͂^{32}

续表

编号	词　条	发　音
1095	张一～桌子	张 tʃya̰³²
1096	床一～被子	条 diɔ²¹
1097	领一～席子	领 lin²³¹
1098	双一～鞋	双 ʃya̰³²
1099	把一～刀	把 pɑ³⁵
1100	把一～锁	管 kuə̰³⁵ ｜ 把 pɑ³⁵
1101	根一～绳子	根 kən³²
1102	支一～毛笔	管 kuə̰³⁵ ｜ 支 tsʅ³²
1103	副一～眼镜	副 fu⁵³
1104	面一～镜子	面 miẽ²³¹
1105	块一～香皂	块 kʰue⁵³
1106	辆一～车	把 pɑ³⁵
1107	座一～房子	堂 dɑ̰²¹
1108	座一～桥	根 kən³²
1109	条一～河	条 diɔ²¹
1110	条一～路	条 diɔ²¹
1111	棵一～树	根 kən³²
1112	朵一～花	朵 tu³⁵
1113	颗一～珠子	粒 ləʔ¹²
1114	粒一～米	粒 ləʔ¹²
1115	顿一～饭	顿 tən⁵³
1116	剂一～中药	帖 tʰiəʔ⁵
1117	股一～香味	蓬 boŋ²¹
1118	行一～字	行 ɑ̰²¹

续表

编号	词条	发音
1119	块 一～钱	块 kʰue⁵³
1120	毛角: 一～钱	铞 diẽ²¹
1121	件 一～事情	样 iã²³¹
1122	点儿 一～东西	点儿 tiẽ³⁵ n̠i²¹
1123	些 一～东西	星＝ ɕin³²
1124	下 打一～,动量词,不是时量词	记 tsɿ⁵³
1125	会儿 坐了一～	记 tsɿ⁵³
1126	顿 打一～	顿 tən⁵³
1127	阵 下了一～雨	阵 dʒyən²³¹
1128	趟 去了一～	趟 tʰã̃⁵³

十四、代副介连词

编号	词条	发音
1129	我 ～姓王	我 ŋu⁵³
1130	你 ～也姓王	你 n̠i⁵³
1131	您 尊称	(无)
1132	他 ～姓张	渠 gi²¹
1133	我们 不包括听话人:你们别去,～去	我辣＝ ŋu⁵³laʔ¹²
1134	咱们 包括听话人:他们不去,～去吧	我辣 ŋu⁵³laʔ¹²
1135	你们 ～去	你辣＝ n̠i⁵³laʔ¹² 语流中也说"你达＝n̠i⁵³daʔ¹²"
1136	他们 ～去	渠辣＝ gi²¹laʔ¹²

续表

编号	词条	发音
1137	大家~一起干	大家 de²³¹ kɑ³²
1138	自己我~做的	自家 zɿ²³¹ kɑ³² ｜ 自家 səʔ⁵ kɑ³²
1139	别人这是~的	别个 biəʔ² ku⁵³
1140	我爸~今年八十岁	我老子 ŋu⁵³ lɔ²³¹ tsɿ³⁵ ｜ 我伯伯 ŋu⁵³ paʔ³ paʔ⁵
1141	你爸~在家吗?	你老子 nʲi⁵³ lɔ²³¹ tsɿ³⁵ ｜ 你伯伯 nʲi⁵³ paʔ³ paʔ⁵
1142	他爸~去世了	渠老子 gi²¹ lɔ²³¹ tsɿ³⁵ ｜ 渠伯伯 gi²¹ paʔ³ paʔ⁵
1143	这个我要~,不要那个	锯=个 ki⁵³ ku⁰
1144	那个我要这个,不要~	背=个 pe⁵³ ku⁰
1145	哪个你要~杯子?	哪个 nɑ⁵³ ku⁰ ｜ 哪个 nɑ⁵³ kəʔ⁰
1146	谁你找~?	哪个 nɑ⁵³ ku⁰
1147	这里在~,不在那里	格里 kəʔ⁵ li⁰
1148	那里在这里,不在~	旁里 bɑ̃²¹ li²³¹ ｜ 拨=里 pəʔ³ li³⁵
1149	哪里你到~去?	哪里 nɑ⁵³ li⁰
1150	这样事情是~的,不是那样的	格棱= kəʔ³ lən³⁵ ｜ 格凉=子 kəʔ³ liã³⁵ tsɿ²¹
1151	那样事情是这样的,不是~的	拨=棱= pəʔ³ lən³⁵ ｜ 拨=凉=子 pəʔ³ liã³⁵ tsɿ²¹
1152	怎样什么样:你要~的?	赫=棱= xəʔ³ lən³⁵ ｜ 赫=凉=子 xəʔ³ liã³⁵ tsɿ²¹
1153	这么~贵啊	格棱= kəʔ³ lən³⁵
1154	怎么这个字~写?	赫=棱= xəʔ³ lən³⁵
1155	什么这个是~字?	啥里 sa⁵³ li⁰
1156	什么你找~?	啥里 sa⁵³ li⁰
1157	为什么你~不去?	啥体 sa⁵³ tʰi³⁵ ｜ 做啥体 tsu³² sa⁵³ tʰi³⁵
1158	干什么你在~?	做啥体 tsu³² sa⁵³ tʰi³⁵ ｜ 做啥 tsu³² sa⁵³ ｜ 啥体 sa⁵³ tʰi³⁵
1159	多少这个村有~人?	多少 tu³² ɕiɔ³⁵

续表

编号	词　条	发　音
1160	很今天～热	蛮 mã²¹
1161	非常比上条程度深:今天～热	交关 tɕiɔ³²kuã⁵³
1162	更今天比昨天～热	还要 aʔ²iɔ⁵³
1163	太这个东西～贵,买不起	太 tʰɛ⁵³
1164	最弟兄三个中他～高	顶 tin³⁵
1165	都大家～来了	统 tʰoŋ³⁵
1166	一共～多少钱?	一统 iəʔ³tʰoŋ³⁵
1167	一起我和你～去	一齐 iəʔ⁵zɿ²¹｜一起 iəʔ³tsʰɿ³⁵
1168	只我～去过一趟	隔〓么 kəʔ³məʔ⁵｜隔〓本〓 kəʔ³pən³⁵
1169	刚这双鞋我穿着～好	坎〓坎〓 kʰã³²kʰã³⁵
1170	刚我～到	坎〓坎〓 kʰã³²kʰã³⁵
1171	才你怎么～来啊?	才 zɛ²¹
1172	就我吃了饭～去	就 ziu²³¹
1173	经常我～去	常管 dʒyã²¹kuə̃³⁵
1174	又他～来了	又 iu³⁵
1175	还他～没回家	还 aʔ¹²
1176	再你明天～来	再 tsɛ⁵³
1177	也我～去;我～是老师	也 aʔ⁵
1178	反正不用急,～还来得及	反正 fã³⁵tʃʸən⁵³
1179	没有昨天我～去	齁 vən²¹
1180	不明天我～去	弗 fəʔ⁵
1181	别你～去	覅 fɛ⁵³
1182	甭不用,不必:你～客气	覅 fɛ⁵³
1183	快天～亮了	快 kʰuɛ⁵³

续表

编号	词　条	发　音
1184	差点儿～摔倒了	推板点 $t^he^{32}pa\tilde{}^{35}tie\tilde{}^0$
1185	宁可～买贵的	情愿 $zin^{21}\eta y\tilde{\mathrm{e}}^{231}$
1186	故意～打破的	特意 $d\mathrm{e}?^2 i^{53}$
1187	随便～弄一下	随便 $ze^{21}bi\tilde{\mathrm{e}}^{231}$
1188	白～跑一趟	白 $ba?^{12}$
1189	肯定～是他干的	肯定 $k^h\mathrm{e}n^{35}din^{231}$
1190	可能～是他干的	作兴 $ts\mathrm{e}?^5\varsigma in^{32}$
1191	一边～走,～说	一面 $i\mathrm{e}?^3mi\tilde{\mathrm{e}}^{231}$
1192	和我～他都姓王	同 $do\eta^{21}$
1193	和我昨天～他去城里了	同 $do\eta^{21}$
1194	对他～我很好	对 te^{53}
1195	往～东走	望 $m\tilde{a}^{231}$
1196	向～他借一本书	问 $m\mathrm{e}n^{231}$
1197	按～他的要求做	依 i^{32}
1198	替～他写信	担 $t\tilde{a}^{32}$
1199	如果～忙你就别来了	假若 $t\varsigma ia^{53}\mathfrak{z}y\mathrm{e}?^{12}$
1200	不管～怎么劝他都不听	不管 $f\mathrm{e}?^3ku\tilde{\mathrm{e}}^{35}$

第四章 语 法

0001 小张昨天钓了一条大鱼，我没有钓到鱼。

小张昨日钓了一片大鱼，我一片都嚜钓着。

ɕiɔ³⁵tʃya̰³²zəʔ²n̠iəʔ¹²tiɔ⁵³ləʔ⁰iəʔ³pʰiḛ⁵³du²³¹ŋ²¹，ŋu⁵³iəʔ³pʰiḛ⁵³ təʔ⁵ vən²¹tiɔ⁵³dʒyaʔ¹²。

0002 a. 你平时抽烟吗？ b. 不，我不抽烟。

a. 你平时吃烟弗嘎？ b. 我亦弗吃烟。

a. n̠i⁵³bin²³¹zɿ²¹tɕʰiəʔ⁵iḛ³²fəʔ⁵ga⁰？ b. ŋu⁵³iəʔ²fəʔ⁵tɕʰiəʔ⁵iḛ³²。

0003 a. 你告诉他这件事了吗？ b. 是，我告诉他了。

a. 你报渠格样事体嚜？ b. 我报渠嘞。

a. n̠i⁵³pɔ⁵³gi²¹kəʔ³iã²³¹zɿ²³¹tʰi³⁵vən²¹？ b. ŋu⁵³pɔ⁵³gi²¹lɛ⁰。

0004 你吃米饭还是吃馒头？

你吃饭还是吃馒头？

n̠i⁵³tɕʰiəʔ³va̰²³¹aʔ²zɿ²³¹tɕʰiəʔ³mə̰²¹de²³¹？

0005 你到底答应不答应他？

你到底答弗答应渠嘎？

n̠i⁵³tɔ⁵³ti³⁵taʔ³fəʔ⁵taʔ⁵in⁰gi²¹ga⁰？

0006 a. 叫小强一起去电影院看《刘三姐》。b. 这部电影他看

过了。

a. 叫细强一起到电影院里去看《刘三姊》哇。b. 格部电影渠看过了。

a. tɕiɔ⁵³ ɕia⁵³ dʑia²¹ iəʔ³ tsʰʅ³⁵ tɔ⁵³ diẽ²³¹ in²¹ yə̃²³¹ li⁰ kʰi⁰ kʰə̃⁵³《lɯ²¹ sã³² tsʅ³⁵》ua⁰。b. kəʔ³ bu²³¹ diẽ²³¹ in²¹ gi²¹ kʰə̃⁵³ ku⁰ ləʔ⁰。

0007　你把碗洗一下。

你担碗洗一记啦。

n̠i⁵³ tã³² uə̃⁵³ sʅ³⁵ iəʔ³ tsʅ⁵³ la⁰。

0008　他把橘子剥了皮，但是没吃。

渠担细橘皮剥倒了，就是歈吃。

gi²¹ tã³² ɕia⁵³ tʃyəʔ⁵ bi²¹ pəʔ³ tɔ⁰ ləʔ⁰，ʑiu²³¹ zʅ²¹ vən²¹ tɕʰiəʔ⁵。

0009　他们把教室都装上了空调。

渠辣᯳担教室里空调统装好啦。

gi²¹ laʔ⁰ tã³² tɕiɔ⁵³ ʃyəʔ⁵ li⁰ kʰoŋ³² diɔ⁵³ tʰoŋ³⁵ tʃyã³² xɔ³⁵ la⁰。

0010　帽子被风吹走了。

帽儿等风吹吹去。

mɔ²³¹ n̠i²¹ tən³⁵ foŋ³² tʃʰy³² tʃʰy⁵³ kʰi⁰。

帽儿等风吹去啦。

mɔ²³¹ n̠i²¹ tən³⁵ foŋ³² tʃʰy³² kʰi⁵³ la⁰。

0011　张明被坏人抢走了一个包，人也差点儿被打伤。

张明等辣腿抢去了一个包，人推板点儿等渠敲伤。

tʃyã³⁵ min²¹ tən³⁵ laʔ⁵ tʰe³⁵ tɕʰiã³⁵ kʰi⁵³ ləʔ⁰ iəʔ⁵ gəʔ⁰ pɔ³²，n̠in²¹ tʰe³² pã⁵³ tiẽ³⁵ n̠i²¹ tən³⁵ gi²¹ kʰɔ³⁵ ʃyã³²。

0012　快要下雨了，你们别出去了。

快要落大雨了，你达᯳勿出去。

kʰuɛ⁵³ iɔ⁵³ ləʔ² duʔ²³¹ y⁵³ ləʔ⁰，n̠i⁵³ daʔ⁰ fiɔ⁵³ tʃʰyəʔ⁵ kʰi⁰。

0013　这毛巾很脏了，扔了它吧。

格块面布交关龌龊，掼掼倒算了。

kəʔ³kʰue⁵³miẽ²³¹pu³²tɕiɔ³²kuã⁵³uəʔ²tʃʰyəʔ⁵，guã²³¹guã²³¹tɔ⁰
sə̃⁵³ləʔ⁰。

0014　我们是在车站买的车票。

我辣⁼是在车站里买个票。

ŋu⁵³laʔ⁰zʅ²³¹dzɛ²¹tʃʰya³²dzã²³¹li⁰mɛ²³¹gəʔ⁰pʰiɔ³⁵。

0015　墙上贴着一张地图。

墙头上贴了一张地图。

ʑiã²¹de²³¹ʒyã⁰tʰiəʔ⁵ləʔ⁰iəʔ⁵tʃyã³²di²³¹du²¹。

0016　床上躺着一个老人。

床上睏了一个老人家。

ʒyã²¹ʒyã²³¹kʰuən⁵³ləʔ⁰iəʔ⁵gəʔ⁰lɔ²³¹ȵin²¹kɑ³²。

0017　河里游着好多小鱼。

河里有交关多个小鱼在拨⁼里游。

u²¹li⁵³iu²³¹tɕiɔ³²kuã⁵³tu³²gəʔ⁰ɕiɔ⁵³ŋ²¹dzɛ²³¹pəʔ⁵li⁰iu²¹。

0018　前面走来了一个胖胖的小男孩。

前头走来一个胖墩墩个细伢儿。

ʑiẽ²¹de²³¹tse³⁵lɛ⁰iəʔ⁵gəʔ⁰pʰã̃⁵³tən³²tən³²gəʔ⁰ɕiɑ⁵³ŋɑ²¹ȵi²¹。

0019　他家一下子死了三头猪。

渠屋里一记工夫死了三只猪。

gi²¹uəʔ³li⁵³iəʔ³tsʅ⁵³koŋ³⁵fu³²sʅ³⁵ləʔ⁰sã³²tʃyəʔ⁵tʃy³²。

0020　这辆汽车要开到广州去。

格把汽车要开到广州去。

kəʔ⁵pɑ³⁵tsʰʅ⁵³tʃʰya³²iɔ⁵³kʰɛ³²tɔ⁵³kuã̃⁵³tɕiu³²kʰi⁰。

0021　学生们坐汽车坐了两整天了。

格些学生坐汽车坐了两日了喂。

kəʔ⁵ ɕiəʔ⁰ uəʔ² ɕia˜³² zu²³¹ tsʰ̩⁵³ tʃʰya³² zu²³¹ ləʔ⁰ lia˜²³¹ ȵiəʔ¹² ləʔ⁰ ue⁰ 。

0022　你尝尝他做的点心再走吧。

你尝尝看渠做个点心再走啦。

ȵi⁵³ ʒya²³¹ ʒya˜²¹ kʰə˜³⁵ gi²¹ tsu⁵³ gəʔ⁰ tie³⁵ ɕin³² tsɛ⁵³ tse³⁵ la⁰ 。

0023　a. 你在唱什么？ b. 我没在唱，我放着录音呢。

a. 你在唱啥里嘞？ b. 我亦勿唱，在放录音喂。

a. ȵi⁵³ dzɛ²³¹ tʃʰya˜⁵³ sɑ⁵³ li⁰ lɛ⁰ ?

b. ŋu⁵³ iəʔ² vən²¹ tʃʰya˜⁵³ , dzɛ²³¹ fɑ˜⁵³ ləʔ² in³² ue⁰ 。

0024　a. 我吃过兔子肉，你吃过没有？ b. 没有，我没吃过。

a. 我吃过兔儿肉，你吃过勿？ b. 勿，我勿吃过。

a. ŋu⁵³ tɕʰiəʔ³ ku⁵³ tʰu⁵³ ȵi²¹ ȵyaʔ¹² , ȵi⁵³ tɕʰiəʔ³ ku⁵³ vən⁰ ?

b. vən²¹ , ŋu⁵³ vən²¹ tɕʰiəʔ³ ku⁵³ 。

0025　我洗过澡了，今天不打篮球了。

我浴洗过了，今日弗去打篮球了。

ŋu⁵³ yəʔ¹² s̩³⁵ ku⁵³ ləʔ⁰ , tɕiəʔ³ ȵiəʔ¹² fəʔ³ kʰi⁵³ tã˜³⁵ la˜²¹ dziu²³¹ ləʔ⁰ 。

0026　我算得太快算错了，让我重新算一遍。

我算得太快了，算错了，让我算一遍过。

ŋu⁵³ sə˜⁵³ dəʔ³ tʰɛ⁵³ kʰuɛ⁵³ ləʔ⁰ , sə˜⁵³ tsʰu⁵³ ləʔ⁰ , ȵiã˜²³¹ ŋu⁵³ sə˜⁵³ iəʔ³ pie˜⁵³ ku⁵³ 。

0027　他一高兴就唱起歌来了。

渠一高兴就唱起歌来了。

gi²¹ iəʔ⁵ kɔ³² ɕin⁵³ ʑiu²³¹ tʃʰya˜⁵³ tɕʰi⁰ ku³² lɛ²¹ ləʔ⁰ 。

0028　谁刚才议论我老师来着？

哪个前头在讲我老师？

nɑ⁵³ gəʔ⁰ zie˜²¹ de²³¹ dzɛ²³¹ kã˜³⁵ ŋu⁵³ lɔ²³¹ s̩³² ?

0029　只写了一半，还得写下去。

隔⁼本⁼写了一半，还要写落去嘞。

kaʔ³ pən⁵³ ɕia³⁵ ləʔ⁰ iəʔ³ p ə̃⁵³ ，aʔ² iɔ⁵³ ɕia⁵³ ləʔ² kʰi⁵³ lɛ⁰ 。

0030　你才吃了一碗米饭，再吃一碗吧。

你隔⁼本⁼吃了一碗饭，再吃一碗添。

n̠i⁵³ ka ʔ³ pən³⁵ tɕʰiəʔ⁵ ləʔ⁰ iəʔ³ u ə̃³⁵ v ã²³¹ ，tsɛ⁵³ tɕʰiəʔ⁵ iəʔ³ u ə̃³⁵ tʰi e³² 。

0031　让孩子们先走，你再把展览仔仔细细地看一遍。

让细伢儿先走，你再担展览仔仔细细个看一遍。

n̠i ã²³¹ ɕia⁵³ ŋa²¹ n̠i²¹ ɕi ẽ³² tse³⁵ ，n̠i⁵³ tsɛ⁵³ t ã³² tʃy ɔ̃³⁵ l ã²¹ tsʅ³⁵ tsʅ²¹ sʅ⁵³ sʅ⁵³ gəʔ⁰ kʰ ɔ̃⁵³ iəʔ³ pi e⁵³ 。

0032　他在电视机前看着看着睡着了。

渠在电视机前看去看去就睏去了。

gi²¹ dzɛ²³¹ di e²³¹ zʅ²¹ tsʅ³² ʑi e²¹ kʰ ɔ̃⁵³ kʰi⁰ kʰ ɔ̃⁵³ kʰi⁰ dʑiu²³¹ kʰuən⁵³ kʰi⁰ ləʔ⁰ 。

0033　你算算看，这点钱够不够花？

你算算看，格点钞票够用弗？

n̠i⁵³ s ə̃⁵³ s ə̃⁵³ kʰ ɔ̃⁰ ，kəʔ⁵ ti e⁰ tsʰ ɔ³² pʰiɔ⁵³ kɯ⁵³ yoŋ²³¹ fəʔ⁰ ？

0034　老师给了你一本很厚的书吧？

老师拿了你一本交关厚个书哈？

lɔ²³¹ sʅ³² na²¹ ləʔ⁰ n̠i⁵³ iəʔ³ pən³⁵ tɕiɔ³² ku ã⁵³ ɯ²³¹ gəʔ⁰ ʃy³² xaʔ⁰ ？

0035　那个卖药的骗了他一千块钱呢。

拨⁼个卖药个骗了渠一千块钞票嘞。

pəʔ⁵ gəʔ⁰ mɛ²³¹ iaʔ¹² gəʔ⁰ pʰi e⁵³ ləʔ⁰ gi²¹ iəʔ⁵ tɕʰi e³² kʰue⁵³ tsʰ ɔ³² pʰiɔ⁵³ lɛ⁰ 。

0036　a.我上个月借了他三百块钱。借入

　　　b.我上个月借了他三百块钱。借出

　　　a.上个月渠借了我三百块洋钿。

b. 我上个月借了渠三百块洋钿。

a. ʒyã²³¹ gəʔ⁰ yəʔ¹² gi²¹ tɕia⁵³ ləʔ⁰ ŋu⁵³ sã³² paʔ³ kʰue⁵³ iã²¹ diẽ²³¹。

b. ŋu⁵³ ʒyã²³¹ gəʔ⁰ yəʔ¹² tɕia⁵³ ləʔ⁰ gi²¹ sã³² paʔ³ kʰue⁵³ iã²¹ diẽ²³¹。

0037   a. 王先生的刀开得很好。王先生是医生（施事）

b. 王先生的刀开得很好。王先生是病人（受事）

a. 王先生个刀开得交关好。b. 同 a。

uã²¹ ɕiẽ³² ɕiã⁵³ gəʔ⁰ tɔ³² kʰɛ³² dəʔ⁰ tɕiɔ³² kuã⁵³ xɔ³⁵。

0038   我不能怪人家，只能怪自己。

我无法怪人家，只有怪自家。

ŋu⁵³ m²¹ faʔ⁵ kuɛ⁵³ ȵin²¹ kɑ³²，tsəʔ³ iu⁵³ kuɛ⁵³ zɹ²³¹ kɑ³²。

0039   a. 明天王经理会来公司吗？ b. 我看他不会来。

a. 明日王经理会到公司来弗？ b. 我看渠勿来啰。

a. məʔ² ȵiəʔ¹² uã²¹ tɕin³² li⁵³ ue²³¹ tɔ⁵³ koŋ³² sɹ⁵³ lɛ²¹ fəʔ⁰？

b. ŋu⁵³ kʰə̃⁵³ gi²¹ ve²³¹ lɛ²¹ lo⁰。

0040   我们用什么车从南京往这里运家具呢？

我辣ᵌ用啥里车从南京往格里拖家具？

ŋu⁵³ laʔ⁰ yoŋ²³¹ sɑ⁵³ liᵒ tʃʰ ya³² dzoŋ²¹ nə̃²¹ tɕin³² uã²³¹ kəʔ⁵ liᵒ tʰu³²

tɕia³² dʒy²³¹？

0041   他像个病人似的靠在沙发上。

渠像个生病人样，瘫在沙发上。

gi²¹ ʑia²³¹ gəʔ⁰ ɕia³² bin²³¹ ȵin²¹ iã²³¹，tʰɛ³² dzɛ²³¹ sɑ³² faʔ⁵ ʒyã²³¹。

0042   这么干活连小伙子都会累坏的。

格凉ᵌ子个做劲连麻痘鬼都要着力死喂。

kəʔ³ liã³⁵ tsɹ⁰ gəʔ⁰ tsu⁵³ tɕin⁵³ liẽ²¹ mɑ²¹ deʔ²¹ kuɛ³⁵ tu³² iɔ⁵³ dʒyaʔ² liəʔ¹²

sɹ³⁵ ue⁰。

0043   他跳上末班车走了。我迟到一步，只能自己慢慢走回学校了。

渠跳上末班车就走了哪。我慢了一步，只有自家慢慢儿走到学堂里去。

gi²¹tʰiɔ⁵³ʒyã̃⁰məʔ²pã̃³²tʃʰyɑ³²ziu²³¹tse³⁵ləʔ⁰nə⁰。 ŋu⁵³mã̃²³¹ləʔ⁰iəʔ³ bu²³¹,tsəʔ³iu²³¹zɿ²³¹kɑ³²mã̃²³¹mã̃²¹ɳi³⁵tse³⁵tɔ⁵³uəʔ²dɑ̃²¹li⁰kʰi⁰。

0044 这是谁写的诗？谁猜出来我就奖励谁十块钱。

格是哪个写个诗？哪个猜出来我就奖哪个十块洋钿。

kəʔ³zɿ²³¹nɑ⁵³ku⁰ɕia³⁵gəʔ⁰sɿ³²？ nɑ⁵³ku⁰tsʰɛ³²tʃʰyəʔ⁵lə⁰ŋu⁵³dʑiu²³¹tɕia³⁵nɑ⁵³ku⁰ʒyəʔ²kʰue⁵³iã̃²¹die²³¹。

0045 我给你的书是我教中学的舅舅写的。

我拿你个书是我教中学个舅舅写个。

ŋu⁵³nɑ²¹ɳi⁵³gəʔ⁰ʃy³²zɿ²³¹ŋu⁵³kɔ⁵³tʃyoŋ³⁵ʒyəʔ¹²gəʔ⁰dʑiu²³¹dʑiu³⁵ɕia³⁵gəʔ⁰。

0046 你比我高，他比你还要高。

你比我长，渠比你还要长。

ɳi⁵³pi³⁵ŋu⁵³dʒyã̃²¹,gi²¹pi³⁵ɳi⁵³aʔ²iɔ⁵³dʒyã̃²¹。

0047 老王跟老张一样高。

老王同老张一样长。

lɔ²³¹uã̃²¹doŋ²¹lɔ²³¹tʃyã̃³²iəʔ³iã̃²³¹dʒyã̃²¹。

0048 我先走了，你们俩再多坐一会儿。

我先走了，你达〓两个人再坐节。

ŋu⁵³ɕiẽ³²tse³⁵ləʔ⁰,ɳi⁵³daʔ⁰liã̃²³¹əʔ⁰ɳin²¹tsɛ⁵³zu²³¹tɕiəʔ⁰。

我先走了，你达〓两人再坐节添。

ŋu⁵³ɕiẽ³²tse³⁵ləʔ⁰,ɳi⁵³daʔ⁰liã̃²³¹ɳin²¹tsɛ⁵³zu²³¹tɕiəʔ⁰tʰiẽ³²。

我先走了，你达〓两人再坐节凑。

ŋu⁵³ɕiẽ³²tse³⁵ləʔ⁰,ɳi⁵³daʔ⁰liã̃²³¹ɳin²¹tsɛ⁵³zu²³¹tɕiəʔ⁰tsʰe⁵³。

0049　　我说不过他，谁都说不过这个家伙。

　　　　我讲弗过渠，哪个统讲弗过格老佛儿。

　　　　ŋu⁵³ kã̄³⁵ fəʔ⁵ ku⁵³ gi²¹ ，na⁵³ gəʔ⁰ tʰoŋ³⁵ kã̄³⁵ fəʔ⁵ ku⁵³ kəʔ⁵ lɔ²³¹ vəʔ² n̥i³⁵ 。

　　　　我讲渠弗过，哪个统讲弗过格老佛儿。

　　　　ŋu⁵³ kã̄³⁵ gi²¹ fəʔ³ ku⁵³ ，na⁵³ gəʔ⁰ tʰoŋ³⁵ kã̄³⁵ fəʔ⁵ ku⁰ kəʔ⁵ lɔ²³¹ vəʔ² n̥i³⁵ 。

0050　　上次只买了一本书，今天要多买几本。

　　　　上次隔=本=买得一本书，今日要多买几本了。

　　　　ʒy ã̄²³¹ tsʰ1̩⁵³ kaʔ³ pən³⁵ mε²³¹ dəʔ⁰ iəʔ³ pən³⁵ ʃy³² ，tɕiəʔ⁵ n̥iəʔ¹² iɔ⁵³ tu³² mε⁵³ ts1̩³⁵ pən²¹ ləʔ⁰ 。

第五章　话　语

一、讲　述

(一)方言老男

1. 当地情况

我辣＝衢州嘞地处浙江个西部啦，环境呢交关优美，山清水秀，物产也蛮丰富个，人文积淀嘞也是交关深厚个。衢州城嘞大概建成有一千八百多年，历史交关悠久哈，格位置嘞同格个赣、闽、皖三省交界，有个"四省通衢、五路总头"格棱＝个讲法啦哈，在格军事上头嘞也是个兵家必争个之地。

关于格个衢州城个事体啦我再讲一记哈。衢州城嘞原来嘞弗大个，像西面就是基本上到城墙格地方，格记城墙都看弗见了，就是格个大西门还有一个城门洞。一般西面是到格地方为止；那么北面嘞到格个人民医院后头点，原来也有城墙，后头拆倒去了。东面就是到格个机场格地方，南面嘞大概是到格个南湖桥，护城河个北面格棱＝个范围啦。衢州城里头嘞，讲起来嘞号称三十六条街七十二条巷，九里八阁十三厅，格是个号称啦哈，巷呢有酸甜呃硬软阔狭、酸甜苦辣个巷。

　　讲几条主要街哈。

　　水亭街。水亭街以前是个水亭外头水亭门码头,以前个码头嘞是交关繁华,以前没有火车个啦哈,汽车么也比较少,来来往往个物资啊、客船啊,统望水亭门码头上来个,格地方是危险闹热个。城门头过来以后,格地方还有一个车木头个车床个加工个东西,再过来就细吃,再格面嘞还有一个杂货店,还有嘞东风饭店,还有个胡局铺个肉记,专门卖肉个,还有广货店、酱菜店。再以前嘞格菜场也在格地方,卖菜就在格马路上卖个啦,马路市场啦,后头嘞清理倒去了。再过去嘞就到格个……原来还有个红楼招待所嘞,是县委里头个,再过去就到新驿行口,新驿行么格节亦拆倒了,没有了,同县西街、县学塘统接起来个啦哈。县学塘格面嘞有个戏馆,还有县委,还有个县学塘,县学塘啦就是《聊斋志异》里有个啦哈,白布鬼就在格个地方。再还有个学堂,格学堂是也比较早了,是衢州一中,是个老牌学堂。再过去是人民医院、钟楼底。

　　下街其实是一条也蛮闹热个街路啦,也是衢州一条主要个街路,上街、下街、十字街头,也就是衢州只有一个地方叫十字街,就是格地方,当时嘞,警察站岗就在格地方站个啦,红绿灯也是格地方开始个。

　　上街嘞过去嘞,格条长到火车站、老火车站格地方叫上街,但是嘞,实际上也叫钞埠前,上街过去望南面格面走也有个钞埠前,就是锯⸗一节。钞埠前相传是拨⸗个、以前是个金库啦,欸,钞库钞库就是放钞票个地方,格节也弗叫钞埠前了,统叫上街了。上街格条马路嘞也是比较繁华个,在衢州也是一条主要个城市啦,城墙拆倒以后嘞,就通到老火车站格地方了。

　　新桥格面嘞也是衢州一条主要城市,格面嘞有府山,有孔府家庙,格孔庙嘞我辣⁼全国来讲只有两个地方啦,一个是山东曲阜,一个是我辣⁼个衢州,是蛮有名个,同曲阜个家庙是可以媲美个啦哈。府山嘞历史也交关悠久个啦,后头嘞就是部队驻扎嘞上头去了。再过来就是电影院,有天福堂药店,统是交关有名个。

南街嘞,最早个时代南街是衢州最闹热个地方了,锯⁼条街上头嘞,交关多个格个了,有百货公司,以前叫百货公司个啦哈,有糕点公司,有邮电局,格地方比较闹热个。

再讲格个望南面出去哈,南面出去嘞,以前嘞就是城外头了啦,叫千塘畈,锯⁼一片土地是相当广袤个啦,但是嘞在拨⁼个旧社会个时候嘞格地方血吸虫成堆个,拨⁼个时候还有句谚语赫⁼棱⁼讲个嘞? 叫"看看一大畈,收收一箩担"啦,一个个嘞走出来嘞统大肚皮,男子女子统大肚皮,啥道理嘞? 就血吸虫啦。欸,当时格地方血吸虫相当相当个厉害,格官庄村啦格地方有个官庄村,官庄村个人啦基本上是死光了,格节官庄村个人基本是从江山迁过来个,所以渠辣⁼都讲江山舌话个,本官庄村个人都没有了啦。那么后头嘞解放以后,政府发动了灭螺、灭钉,担个血吸虫病嘞统消灭倒去了。

再望南面去个舌话嘞就是"王质遇仙记"个烂柯山了,历史交关悠久个啦哈。

衢江格面嘞以前是没有桥个,只有临时个渡船,我辣⁼统去坐过个啦,要过江个舌话嘞,三分五分都可以坐个啦坐船,再后来嘞就造了个浮桥,赫⁼棱⁼个浮桥嘞? 就是木船用索牵起来,欸,再走过去,人走得上头啦,桥会晃个啦。再后来稍微条件好一点儿嘞,弄拨⁼个水泥船,用铁锁链锁起来,我辣⁼小时候嘞都到格里去洗浴,到格里去挑水吃,屋里头个水啦天公暖到格里来挑个。再到后条件好起来了国家,再造了西安门大桥,又造了衢江大桥,再格节还在准备造紫荆桥,紫荆西路再造一条桥凑,再把格个西区啦发展起来了。

西区格节危险漂亮,公园么危险大,树木茂盛,住户嘞逐渐逐渐多起来了,政府机关也在格一面,政治文化、经济文化中心统在格面啦格节啦。

我辣=衢州城个格个吃啦也是蛮有名个,三头一掌啦,衢州格个邵永丰麻饼啦,还有细橘啦、香抛啦,都是衢州个名产。

我们衢州地处浙江的西部,环境非常优美,山清水秀,物产也挺丰富,人文积淀也非常深厚。衢州城建成已有一千八百多年,历史非常悠久,在地理位置上,同赣、闽、皖三省交界,有"四省通衢、五路总头"这样的说法,军事上也是个兵家必争之地。

关于衢州城的事我再讲一讲。衢州城原来不大,西面基本上到城墙这地方,现在城墙都看不见了,只有大西门还有一个城门洞,一般西面是到这地方为止;北面到人民医院后面,原来也有城墙,后来拆掉了。东面到机场这地方,南面大概是到南湖桥,护城河的北面,这样的范围。衢州城里面,号称有三十六条街七十二条巷,九里八阁十三厅,这只是号称,巷名有软、硬、阔、狭,酸、甜、苦、辣等。

这里讲几条主要的街道。

水亭街。水亭外面以前是水亭门码头,那时的码头非常繁华,以前没有火车,汽车也比较少,来来往往的物资啊、客船啊,全从水亭门码头上来,这地方是非常热闹的。城门过来以后,这边还有一个车木店,再过来就是小吃店,这边还有一个杂货店,还有东风饭店,还有个专门卖肉的肉铺,还有广货店、酱菜店,以前菜场也在这地方,卖菜就在马路上卖,马路市场后来清理掉了。再过去就到了原来县委的红楼招待所。再过去就到了新驿行口,新驿行现在也拆掉了,原本同县西街、县学塘全接起来的。县学塘这边有个戏馆,还有县委,还有个县学塘,就是《聊斋志异》里白布鬼出没的地方。还有个办得比较早的学校,现在叫衢州一中,是个老牌学校。再过去是人民医院、钟楼底。

下街其实也是一条挺热闹的街,也是衢州的一条主要街道,衢州只有一个地方叫十字街,就在上街下街交界的地方。当年警察站岗就站在这地方,衢州城的红绿灯也是从这地方开始启用的。

从十字街延伸到老火车站的街叫上街,但是,过去也叫钞库前。钞库前相传是以前的金库,就是放钞票的地方,现在也不叫钞库前了,全叫上街了。上街这条马路也是比较繁华的,在衢州也是一条主要的街路,城墙拆掉以后,就通到老火车站这地方了。

新桥街也是衢州的一条主要街路,这里有府山,有孔府家庙。全国只有两个地方有孔府家庙,一个是山东曲阜,一个是我们衢州,挺有名的,同曲阜的家庙是可以媲美的。府山历史也非常悠久,后来部队驻扎上去了。再过来就是电影院、天福堂药店,全是非常有名的。

南街早先是衢州最热闹的地方了,这条街上有很多店铺,有百货公司,有糕点公司,有邮电局,这地方比较热闹的。

再往南面出去,以前就是城外了,叫千塘畈。这一片土地相当广袤,但是旧社会的时候这地方血吸虫成堆,那时候还有句谚语叫"看看一大片,收收一箩担",一个个走出来全是大肚子,男子女子全是大肚子,啥道理? 就是血吸虫害的。唉,当时这地方血吸虫相当厉害。这地方有个官庄村,官庄村的人基本上是死光了,现在官庄村的人基本是从江山迁过来的,所以他们都讲江山话,本官庄村的人都没有了。新中国成立以后,政府发动了灭钉螺,把血吸虫全消灭了。

再往南面就是"王质遇仙记"的烂柯山了,历史非常悠久。

衢江那边以前是没有桥的,只有临时的渡船,我们全坐过的,三五分钱就可以坐船过江了。再后来就造了个浮桥,就是把木船用绳索拴起来再铺上木板做成的桥,人走在上面桥会晃的。再后来条件稍微好一点儿,用铁链把水泥船锁起来。我们小时候都到那里去洗澡,到那里去挑水吃,夏天家里的水到这里来挑的。再到后来国家条件好起来了,造了西安门大桥,又造了衢江大桥,现在还准备造紫荆桥,紫荆西路再造一座桥,把西区发展起来了。西区现在非常漂亮,公园非常大,树木茂盛,住户逐渐多起来了,政府机关也在这里,现在政治、经济、文化中心全在这里。

我们衢州的吃也是挺有名的,有"三头一掌"(兔头、鱼头、鸭头、鸭掌),有"邵永丰"麻饼,还有橘子、柚子,都是衢州的名产。

2. 个人经历

我是土生土长个衢州人啦,生勒衢州天皇巷里细天皇巷一号,屋里姊妹嘞七个,三男四女,当时屋里头嘞条件是交关差个,只有我老子一个人工作,哥哥嘞同大姊嘞毕业嘞拨⁼以后么,也无啥里读书,小学有得读好得紧啦,毕业以后么就在外地当当细工,拨⁼个时候寻行当就是非常难个,无地方寻行当个,做做细工,维持一家人个生活。

我八岁么在衢江小学读书,十四岁个时候呗读衢州一中,我辣⁼格两年呢是比较苦个。六〇年个三年困难时期么饿肚皮就弗用讲了哈,到格个读书个时候么,后头来"文化大革命"了,书呗亦无勒读了,搞外边搞串联,搞串联拨⁼个时候我勒"文化大革命"个时候嘞,我只有十三四岁,还是啥里都弗懂个,跟勒人家屁股后头串联,逃来逃去,都坐车弗要钞票个,衢州火车站,拨⁼个火车啦停落来门弗开个,那赫⁼棱⁼办嘞?窗门开开来,人家担你屁股头托节起来你望窗门头爬落去。我记得交关清楚。爬落去以后啦,格两个脚骨立弗到地个，统是人啦，同个檐柴样个啦，衢州人讲檐柴啦，只有一只脚骨立到地。格要射尿嘞，还有法到厕所里嘎？茅坑里嘎？立勒拨¯里就射个，有些女儿都会哭啦会叫啦，拨¯个行李架上么亦是人，茅坑里也是人，拨¯个座位个凳上头个坐背、靠背上头也是人，就格凉¯子一直立到杭州。到杭州以后么跟勒渠辣¯后头瞎串哇，我辣¯又晓弗着啥东西，拨¯个十三四岁小伢儿哪晓得嘞哈，格就是"文化大革命"。

再呗，毛主席个号召，知识青年到农村去接受贫下中农个再教育，格我辣¯又下乡，到农村里头去。格农村里头去，我辣¯农村里蹒蹲惯个啦，做弗来啥东西，还好年纪轻力气有个，就挑担、拖独轮车。我记着我拨¯个时候啊，双抢个时候渠拿来包个，农民拿来包个，两个人一个稻坊，割呗有人家割个，稻坊就两个人自家打个，我跟同龄个一个麻痘鬼，比我……年纪比我大，渠嘞有点娘娘腔个，渠是一个、一担箩筐，挑一担箩筐，格么我有独轮车个，格么我只有多拖，因为拖好以后任务完成你归去了。我记着我拨¯个时候啊，有独轮车啦，用拨¯个麻袋啦装拨¯个湿谷，我拖了九百多斤，格独轮车一停节落来啦，格人立弗牢，格心脏"棒棒棒"跳啦。吃饭嘞亦蛮会吃个，我记着拨¯个是十五两米蒸饭个啦，十六两米一斤个啦我整吃了十五两，还是好像是根本……好像是没吃饱个味道啦。再拨¯个天公暖在外头双抢割稻，上头个太阳晒来多少结棍啊！人家讲"赤日炎炎似火烧"。拨¯个农民嘞就是拨¯个，同个树叶样个茶叶啦，老茶爿有拨¯个梗个，浸嘞拨¯个茶叶桶里头，再拨¯个茶嘞就同拨¯个牛尿样个啦，焦黄焦黄个，拨¯个茶吃起来交关味道个，再我个茶嘞就是拨¯个时候学起来个。

讲起来下放个时候经过就是格凉¯子，我猪场里也睏过个。拨¯个时候嘞，猪场里个细猪啦人家要偷个，再生产队里头嘞，两个人一组两个人一组,拿来挨个,在拨＝个田畈里头啦蛮怕人相个喂。我拨＝个时候么上廿岁有点怕个喂,还好一个当地个农民啦,格节恐怕已经死了,是共产党员,叫应光先,渠讲:"小麻痘鬼! 我辣＝两个人一组。"我讲:"好个好个好个!"再黄昏底同渠眠猪场里头,格猪场里个蚊虫是巴＝了＝起来个啦,有蚊帐个,蚊帐里头个蚊虫都弗得了个。再我也第一卯＝看见啦,渠拿起拨＝个洋油灯,你达＝都勤看见过个,拿去凑个,剥得勒剥得勒剥得勒! 哎,格蚊虫辣＝着一只就死辣＝着一只就死个。哎我在格老人家身上学着点东西个。

再下放了五年半,再上调了,调到衢化合成氨厂,做化肥个,对农民来讲是直接个生产化肥个,煤拿来烧,烧成一氧化碳、二氧化碳,再经过加工,再变白花花个化肥,叫尿素。格尿素我辣＝生产尿素我辣＝是一粒都无个,如果是你屋里头在农村里头个,比如老马＝在农村里头啊,娘老子在农村里头啊,渠一年嘞可以内部优待你一包,我辣＝是没有个,我辣＝城里头无个。格细时候个事体嘞就是格凉＝子个。

再后头嘞,讲讲有趣个事体哈。细时我记着我个老子啦在柴埠头工作个,拨＝个时候嘞渠有把公家个破脚踏车个,所以我交关细个时候嘞就学会骑脚踏车啦,十一岁我记着个。我老子一落班归来,归来吃饭了,我担我老子个脚踏车拿来,拨＝个时脚踏车非常少个啦,拿节来,格十一岁个人,细时虽说我个子也蛮高个,但是还是够弗着个啦,坐上去够弗着个,赫＝棱办? 我拨＝个小天皇巷啦,交关狭个啦,大概恐怕有一米多点儿阔,就是靠牢格个墙头,一只脚呗叉踏脚上,一只脚呗拿来牮,叫靠车,就从靠车开始练个,亦无人家报,亦无人家扶,蹶去呗就蹶去嘞,蹶去弗怕死,拼两拼就好个。欸,让我练去练去嘞,我靠车靠得非常仙嘞。再靠车靠会了以后,再爬上去骑,爬上去骑拗弗着个,赫＝棱办? 我个顺脚啦望个三角档里叉归去，"七骨啦七骨啦"叉半脚头。大巷里头还有个大人啦，叫老六果，在棉棕社上班个，渠是大人啰，人蛮长个啰，但是渠嘞剑上车剑落车个，渠要骑车赫゠棱゠骑个啊？靠节拨゠门槛上，脚骨靠上去骑。再渠看见我靠车啦，"喳喳喳？格细鬼靠车赫゠棱゠仙个喂！"渠讲哇，"来来报节我报节我！"渠还叫我报节渠啦。渠爬落来赫゠棱゠爬个啊？两个刹车一捏，脚骨带节地上头，再豁落来个，格凉゠子个，再我靠车变得渠个师傅了啦，还要报节渠。格小时候有趣个事体啦哈。

再读书个时候嘞，无啥里嬉，拨゠个时候嘞只有勫弹珠、劈老佛纸、豁香烟壳，再呗就是拨゠个一个铁环，勫铁环，"嘟嘟嘟嘟嘟嘟"去读书了，铁环带去了，"嘟嘟嘟嘟嘟嘟"学堂里去了；哎，放学了，"嘟嘟嘟嘟嘟嘟"归来了，好像同个看见个人骑车样个啦。小时候有趣个事体就格凉゠子。

再呗空个时候嘞，天公暖天公暖个时候嘞，到大溪里去游泳去，去洗浴，弗叫游泳个，洗浴，闷到下底去，搭螺蛳摸螺蛳去，拨゠个时候嘞螺蛳有得卖个，三分洋钿一斤。再呗到二江去挑水，拨゠个时候没有哪里有自来水个哈，都挑水，我辣゠到细天皇巷到大溪里去挑水，实在我隔壁啦就是一个井啦，我细天皇巷一号隔壁就是一个井，格井里头啦无水啦天公暖啦，那么到哪地方去挑嘞？再远一点儿到太白涧也挑过，到罗汉井也去挑过，到混堂巷也去挑过，格附近个水都没有啦，再后头老人家赫゠棱゠办个嘞？以前屋里无没劳动力个人哈，夜里头半夜三更、三点钟两点钟爬起，到拨゠个井里头去，用拨゠个——弗是用水桶吊个嘞，用罐头盒啦用罐头盒洤节起来，去洨点水。我记得巷里头、屋里头一个老人家啦、两个老人家，用格凉゠子个吊水个。再我辣゠细伢儿么还算好个，到二江去挑水，到头江去挑水，挑水嘞拨゠个地方水嘞比较浑，从拨゠沙里头挖个洞，用拨⁼个勺拿来舀,格凉⁼子挑过来个水。后头么又到浮桥头、格节个西安门大桥格面。

西安门大桥啦以前是没有格大桥个,浮桥,最早是用木船,铁锁链穿起来,索穿起来,走上去嘞会晃个,欸,叫浮桥。后头进一步了,用水泥船穿起来了,水泥船穿起来造,格走路嘞还是要渠还是会闹⁼个啦,格船啦。再我辣⁼也到拨⁼里去洗浴去游泳,到格地方。再后头,国家条件好起来了,再造个西安门大桥,格节浮桥嘞已经变为历史了。

我是土生土长的衢州人,生在衢州天皇巷里的小天皇巷一号,家里兄弟姐妹七个,三男四女。当时家里条件非常差,只有我父亲一个人工作,哥哥同大姐小学毕业以后,也没地方读书了,有小学读就好得很了,毕业以后就在外地做做小工,维持一家人的生活。那个时候找工作是非常难的。

我八岁在衢江小学读书,十四岁的时候读衢州一中,我们那两年是比较苦的。1960年的困难时期饿肚子就不用讲了,到读书的时候呢,"文化大革命"来了,书又没法读了,就到外面搞"串联"。搞"串联"那时候,我只有十三四岁,还什么都不懂,跟在人家屁股后面跑来跑去。串联坐车都不要钱的,衢州火车站的火车停下来不开车门的,怎么办呢?车窗打开,人家把你屁股托起来,你往车窗里面爬。我记得非常清楚,爬进去以后两个脚踩不到地,全是人,像钉楔子一样的,衢州人讲"攕柴",就是只有一只脚踩到地上。要小便了,哪还能到厕所里去呀,站在那里就撒,有些姑娘都急得又哭又叫了。行李架上也是人,厕所里也是人,座位的靠背上面也是人,就这么一直站到杭州。到杭州以后跟在他们后面瞎窜,我们又不知道啥东西,十三四岁的小孩子晓得啥呀,这就是"文化大革命"。

后来，毛主席号召知识青年到农村去接受贫下中农再教育，我们又下乡，到农村里去。我们没有住惯农村，做不来什么农活，还好年纪轻，力气有的，就挑担、推独轮车。记得那个时候啊，"双抢"时节农民是承包任务的，两个人一个稻坊，割稻有别人割的，稻坊就两个人自己打的。跟我同龄的一个小伙子，年纪比我大些，有点娘娘腔，他挑一担箩筐，我有独轮车，我就只有多推，推好以后任务完成就可以回去了。我记得我那个时候有独轮车了，用麻袋装湿的稻谷，我拖了九百多斤，这独轮车一停下来，人都站不稳了，心脏怦怦狂跳。吃饭也挺会吃的，我记得那是十五两米蒸的饭，十六两一斤，我整整吃了十五两，还好像是根本没吃饱。大热天在外头"双抢"割稻，头上的太阳晒得多厉害啊！人家说"赤日炎炎似火烧"啊。农民们把树叶一样的带梗的老茶浸在茶叶桶里，茶水就同牛尿一样焦黄焦黄的，那个茶喝起来非常有味道，我喝茶就是那个时候学起来的。

下放的经历就是这样，我猪场里也睡过的。那个时候，猪场里的小猪人家要偷的，生产队里就安排两个人一组轮流看守，住在那个田里挺吓人的。我那个时候二十来岁，有点害怕，还好有一个当地的农民——现在恐怕已经过世了——是个共产党员，叫应光先，他说："小家伙！我们两个人一组吧。"我说："好的！好的！好的！"晚上跟他睡在猪场里面，这猪场里的蚊虫真是不得了啊，蚊帐里的蚊虫都多得不得了，我也第一次见。他拿起那个煤油灯——不知道你们有没有看到过——用玻璃罩子拿去凑的，剥得勒剥得勒剥得勒！哎，这蚊子照到一只就死一只。我在这老人家身上学到点儿东西的。

下放了五年半，上调了，调到衢化合成氨厂，做化肥的，对农民来讲是直接生产化肥的，煤拿来烧，烧成一氧化碳、二氧化碳，再经过加工，变成白花花的化肥，叫尿素。这尿素我们是一粒都没有的，如果说你家在农村,比如老婆在农村里啊,父母在农村里啊,一年可以内部优待你一包,我们是没有的,我们城里人没有的。小时候的事情就是这样的。

接下来再讲讲有趣的事。小时候我记得我父亲在柴码头工作的,那个时候他有一辆公家的破自行车,所以我非常小的时候就学会骑自行车了,我记得是十一岁。我父亲下班,回来吃饭了,我把他的自行车拿来,那个时候自行车非常少。我十一岁的时候虽说个子也挺高的,但是还是够不着,坐上去(脚)够不着踏脚,怎么办?我家门口那个小天皇巷非常窄,大概有一米多宽,就靠牢这个墙头,一只脚踩在踏脚上,一只脚拿来支撑,叫靠车,就从靠车开始练,也没有人教,也没有人扶,摔倒就摔倒,摔不死就行。我练着练着,靠车靠得非常棒了。靠车靠会了以后,再爬上去骑。爬上去骑踩不着踏脚怎么办?我的右脚往三角档里叉进去,“七骨啦七骨啦”踩半圈。大巷里头还有个大人叫老六果,在棉棕社上班的,他是大人,个子挺高的,但是他不会上车也不会下车,他要骑车怎么骑啊?靠在门槛上,脚靠上去骑。他看见我靠车后,说:“咦?这小鬼靠车怎么这么好的!来来来,教教我,教教我。”他还叫我教他呢。他下车怎么下的啊?两个刹车一捏,脚带一点点地上,再跨下来的,我变成他靠车的师傅了,还要教他。这是小时候有趣的事情啦。

读书的时候,没有什么好玩的,那个时候只有滚弹珠、劈老佛纸、摔香烟壳,再不就是滚一个铁环,“唧唧唧唧唧唧”去读书了,铁环滚去了,“唧唧唧唧唧唧”往学校里去了;放学了,“唧唧唧唧唧唧”回来了,好像跟大人骑车一样。小时候有趣的事就这样。

夏天天热的时候,就到江里去洗澡,不叫游泳的,叫洗澡,闷到水底下去摸螺蛳,那个时候螺蛳可以卖的,三分钱一斤。然后到二江去挑水,那时候没有自来水,都挑水,我们夏天往往到江里去挑水。其实小天皇巷一号隔壁就有一口井,但夏天这井里头没水,那么到哪里去挑呢? 远一点儿到太白涧也挑过,罗汉井也去挑过,混堂巷也去挑过,那附近的水都没有了,老人家怎么办呢? 以前家里没有有劳动力的人,(老人就)夜里两三点钟爬起来,到井边去,他不是用水桶吊的,是用罐头盒舀起来,去弄点水。我记得巷里头两个老人家是用这样的办法打水的。我们小孩子还算好的,到二江去挑水,到头江去挑水,挑水的那地方水比较浑浊,就在沙里头挖个洞,用那个勺到洞里去舀,这样取水的。后来又到浮桥头,就是现在的西安门大桥这里。

西安门大桥以前是没有大桥的,只有浮桥,最早是用木船,铁链串起来,走上去会晃的,叫浮桥。后来进一步了,把水泥船串起来了,水泥船串起来走路还是要晃的。我们也到那里去洗澡,去游泳。再后来,国家条件好起来了,又造了个西安门大桥,现在浮桥已经成为历史了。

3. 家庭情况

再同大家讲讲我娘老子后头个事体啊。

后头我娘老子年纪大了哈老了,我老子嘞有一日同我讲,吃饭个时候啦,渠小心翼翼个同我讲,渠怕我弗同意啦。渠讲:"文奎,我辣＝老了,我想嘞……"渠讲:"担个老寿做出来。"衢州人讲老寿就是棺材啦,渠讲:"我有生之年我自家担老寿做出来。""哦!"我讲,"好个好个好个。"我想想娘老子一世哈格棱＝苦,我辣＝应该对渠行孝道哈。

再我娘老子嘞自家买了木头,放得……也是放得格城外地方做个,做个时候嘞我齁去赫＝棱＝帮忙,因为我拨＝个时候在衢化要上班个。再渠看木匠、格个棺材匠做好,做好以后嘞我还记着个,我老子拨³个时候六十多岁大概哇，戴了顶凉帽大暖天，自家把个桐油啦，里头刷过外头刷过，刷过好几遍。再格个东西做好，再借了别人屋里放。后头嘞，实在格东西渠辣³酂用着啦，后头呗实行火葬了，再送了拨³个乡里个叔叔用，还有一只，到格节还是放勒柏溪，放勒人家个拨³个楼上头。

再后头渠讲，想担个坟头做起来，我讲好个好个好个，我讲我来划算。再我到乡里头去，亲眷拨³里个地，担渠讲好调来，石塔上头，再呗，我从厂里头担水泥啊、砖头啊买来，买来我自家开车，送到拨³个坟头上头去，再雇人挑勒拨³地方，再雇人家来做，就是在双塘岭、格节叫西区啦哈，格坟头嘞就朝我辣³个西安门大桥个，立嘞个坟头上头就看得见西安门大桥个。当时在格个石塔上头做了个坟头，下底嘞还把个排水个做好，中央嘞隔一层墙，当时开了一个门，讲渠两个人好走来走去。再后头做好以后，带我娘老子去看，拨³个时候我妈嘞已经弗大会走啦，我担渠背去个，背得坟头上头去看，看了渠还蛮高兴个。噎，我一直弗大理解哪哈，格老人家看见格东西还会高兴个嘞哈！但是我个……我自家心里自家孝心让渠高兴就好了哈。

再后头嘞我正式……老子娘死倒去以后嘞，我老子嘞有个手表，我要担格只手表嘞，担渠放落去，放嘞里头，发条担渠绞紧。后头西区建设，格地方劙着，要拆倒去嘞，拆倒去好啊，要拆到拨³个三山去，格无办法个哈，西区建设也是国家大事体，也是要紧个。再我也同我娘老子讲：国家建设啊，对弗起，要吵你达³啦。担渠拆开，拆开嘞，我老子格只手表嘞还在里头，发条一搣嘞还会走个，"滴答滴答滴答"还会走个，再我把渠放到西区、西区，呃呗直横把格手表放归去了，放嘞格个三山个地方。格节也就是娘老子个坟头啦还是在三山。

再和大家讲讲我父母后来的事情。

后来我父母年纪大了，老了。有一天吃饭的时候，我爹小心翼翼地和我说——他怕我不同意。他说："文奎，我们老了，我想把'老寿'做出来。"衢州人说的"老寿"就是棺材，他要在有生之年自己把棺材做出来。我说："好的，好的，好的。"我想想父母亲一辈子这么苦，我们应该尽孝道。

后来我父母自己买了木头，放在城外头做，做的时候我没去帮忙，因为我那个时候要在衢化上班的。做好以后我还记得的，我爹那个时候大概六十多岁吧，大热天戴了顶凉帽，自己用那桐油啊，里头刷过外头刷过，刷过好几遍。这个东西做好，再借别人屋里存放。后来，实际上这东西他们没用到，后来实行火葬了，就送给了乡里的叔叔用，还有一具，到现在还是放在柏溪，放在人家的楼上。

再后来他想把（自己的）坟做起来，我说好的好的好的，我说我来划算。然后我到乡下去，把亲戚那里的地讲好调来——就在石山上，然后，我从厂里头把水泥啊、砖啊买来，我自己开车，送到那里，雇人挑到那地方，再雇人家来做，就是在双塘岭，现在叫西区啦，这坟就面向我们的西安门大桥，站在坟头上就看得见西安门大桥。当时在那个山上做了个坟，底下还做了个排水，两个墓穴中间有个隔层，当时开了一个门，说让这两个人好走来走去。做好以后，我带父母去看，那个时候我妈已经不大能走了，我把她背去的，背到坟上去看，她看了还挺高兴。我一直不大理解，老人家看见这东西怎么还会高兴的，但是我自己心里有孝心，能让她开心就好了。

再后来我父母亲真的去世以后，我爹有块手表，我把这块手表放坟里头，上紧发条。后来西区建设，这地方可能要拆掉，要拆到那个三山去，没办法，西区建设也是国家大事情，也是要紧的。我也对我父母说："国家建设啊，对不起，要吵你们啦。"把坟拆开后，我爹那块手表还在里头，发条一拧还会走的，"滴答滴答滴答"，还会走的。后来我把手表放回去了，放到三山这个地方。现在父母的坟还是在三山。

（2016 年 7 月 15 日，衢州，发音人：郑文奎）

（二）方言老女

传统节日

过年嘞，过年呗我辣ᵉ要过倒十五嘞，要开始炒米胖、舂米胖。舂米胖个材料嘞是糯米，糯米嘞要选个早个时光、太阳好个时光，我辣ᵉ就要拿蒸熟，拿炒起来，包括番米籽啊、番薯片啊，就讲番薯片拿截得一片一片拿来格里炒起来，有星ᵉ么拿油炸起来。再冻米、晒冻米，哇，真辛苦！晒拨ᵉ个冻米我辣ᵉ是记着个，喂呀！要四十斤糯米，再呗一领一领篾席，两边晒满晒高ᵉ，再呗晒出去收归来，起码要晒半个月啦，烦得紧烦得紧！再到过年嘞格点行当嘞是肯定要做个啦，因为格是传统个一定要吃个。再过倒十五嘞，十六嘞就开始炒米胖啦，我记得危险灵清，我辣ᵉ开始炒啦，我妈妈炒米胖，再呗我呗在边央帮节忙，亦渠着力啦，再呗帮节忙。番薯片啦、番米籽啦，统要拿炒起来。再炒节好呗黄昏底嘞，我伯伯归来嘞开始舂米胖啦，再呗拨ᵉ个大家舂节好呗，大家拿来分个，姊妹多，晏点弗分嘞，大家一记就要吃光个，多个多少个少，我都记着要拿分一记个，大家分起来吃。米胖，格是过年个米胖。

再呗米胖舂好呗开始扫尘啦。一年到头啦，拨ᵉ时光啦无格记卫生习惯好个，开始过年啦，晚点屋上头啊，搅节蟢网窠啊，两边墙头上啊担渠刷节，格像柱头啊擦节白啊。再呗格星ᵉ东西统要弄个，格是叫扫尘，一年一次。平常搞卫生嘞是平常，格个是大卫生，叫个扫尘,一个凉帽、蓑衣穿起来个,一把笤帚呗扎了一根大长柄,刷来刷去刷来刷去,统是我伯伯刷个。

扫尘扫好,米胖㙮好,再呗开始包粽。过年嘞要包危险多个粽嘞,反正也跟端午样个啦,要包粽,过年呗包得要比端午还要多点,因为要吃到第二年个啦,我辣ᵖ晓得啦。粽包得危险多,一串串串起来,拨ᵖ时光么无冰箱个,串起来、挂起来,刢坏个,一串一串串起来,格是裹粽。

再粽包好嘞,到格个啥里十二月廿七嘞,再要开始杀鸡杀鸭啦,因为嘞到廿八过后嘞就无法杀了,锯ᵖ一日嘞要担杀倒去个,要逢单杀鸡杀鸭,再呗赶得廿八以前。廿八嘞灶司爷爷嘞要上天去,上天去向玉皇大帝汇报,格一家人个好坏,乔还是好,做了星ᵖ啥里事体,所以嘞无法杀生个,一定要赶得廿八以前个。

再呗,再到三十夜锯ᵖ一日呗,开始贴联对啊,两边弄弄啊,剪东西啊,剪拨ᵖ个元宝样个,再呗万年青啊,我辣ᵖ一般要剪拨ᵖ个窗花样个自家要剪点个,再呗老寿星,剪老寿星要剪到危险复杂啦,统是我婆婆剪个,哇!要担我辣ᵖ剪一大堆嘞,再呗到处都贴起来。再呗还要写"有"字,"有"字嘞要分成上"有"下"有",一张红纸嘞剪节格里三个末执ᵖ宽,再呗一个"有"字嘞,中央一横,下底一个"有",上头一个"有",叫得"上有下有",我辣ᵖ是格凉ᵖ子个。所以嘞米缸上啦、橱门上啦、箱上啦统要贴起来,表示嘞就是讲嘞一年到头都会有个,格是我辣ᵖ个风俗习惯,统要剪个。

再呗锯ᵖ星ᵖ事体做好啦,再过三十夜呗肯定是装"十大碗"个啰,"十大碗"都弗止,肯定要装得危险多个菜个。再呗好过倒啦,再开始嬉灯笼,拨ᵖ时光个灯笼嘞是纸糊个,里头么一个细蜡烛,哎哟!嬉弗到多少多时一个灯笼就烧倒了。再呗就反正灯笼弗比格记塑料个做做个烧弗倒,再呗亦是电池个,拨ᵖ时光都蜡烛亦是纸糊个,所以嘞一记就烧破个。格是烧了好彩头，好啦再到第二年重新来过个。

再正月里嘞，从年初一开始要到年初三嘞，我妈嘞弗准大家早爬起个，格三日嘞一定要享福，所以一年到头都刽着力，讲，格三日嘞一定要睏节晏点个，再大个事体都要睏晏，啧。再呗我辣°小伢儿嘞想穿新衣裳，格新衣裳嘞放节个被窝背，晓摸得几十遍都有啦，都想想爬起，再呗我妈嘞弗准个，压牢来个弗准个。拨°时光我辣°屋里嘞是个大房间，铺了好几张床个拨°时光，条件肯定无格里好个啰，房间少啰，铺了一个大房间个。再呗好，听我伯伯讲故事，我伯伯嘞以前嘞是大队书记，黄昏底统弗在屋里个，哎哟喂！再呗就五更早呗也弗在屋里，呃老早就出去，老早呗要称菜啰，弄菜啰，㨪菜啰，再呗，所以嘞格三日嘞，帮我辣°讲故事。啧！哇呀，亦是癫痫啦，亦是螺蛳精啦，反正我伯伯个故事是危险多个，所以大家统睏得床上听渠讲故事，讲故事蛮有趣个，再我妈有时光也要讲点个，所以统听渠两个人讲故事。

再呗嘞到初二嘞我辣°开始拜年啦，拜年呗就到我婆婆格里，拜年嘞基本上蛮少个，我辣°嘞一般嘞年拜倒、拜拜年嘞，过年嘞有电影看个拨°时光，要去看节电影个，大家围起来一大群人，看电影去，再呗吃十大碗、穿新衣裳，哇，过年嘞就讲最开心个啦，亦有得吃，吃个东西呗亦多，还有年糕嘞，喔，还要搿年糕，过年前还要搿年糕。格是过年个节日，所以嘞我辣°格星°吃食嘞一般一年到头嘞基本上都在格里头了。

过年呢，我们过了腊月十五就要开始做冻米糖了。冻米糖的材料是糯米，要提前选天气好的时候就把糯米蒸熟，炒起来，包括玉米籽啊、红薯片——红薯要切成一片一片，拿来炒，有些拿来油炸。晒那个冻米我们是记得的,哎呀! 真是辛苦! 要晒四十斤糯米,一领一领篾席,周围晒得满满的,晒出去收进来,起码要晒半个月,非常非常麻烦! 但过年这点事是肯定要做的,因为这是传统风俗,一定要吃的。腊月十六就开始炒冻米糖啦,我记得非常清楚,一直是我妈妈炒冻米糖,她累了呢,我在边上帮帮忙。红薯片啦,玉米籽啦,都要炒起来。炒好就黄昏了,我爸爸回来就开始擀压冻米糖,压好切好以后大家拿来分,因为姊妹多,如果不分,大家一下子就吃完了,那就多的多,少的少了,我记得都要分一下的,大家分起来吃。这是过年的冻米糖。

冻米糖做好就开始扫尘了。那时候没现在卫生习惯好,开始过年啦,大概就在屋顶上、墙头上搅一下蜘蛛网,柱子擦擦白,这些东西都要弄的,这叫扫尘,一年一次。平常搞卫生是平常,这个是大卫生,叫扫尘,戴好帽子,穿上蓑衣,一根大长柄上扎一把笤帚,刷来刷去,刷来刷去,都是我爸爸刷的。

扫尘扫好,冻米糖做好,就开始包粽子。过年也跟端午一样要包粽子,包得要比端午还要多一点,因为要吃到第二年。我们这里粽子包得非常多,那时候没冰箱的,一串串串起来、挂起来,不会坏的。这是包粽子。

粽子包好,到农历十二月廿七,要开始杀鸡杀鸭,因为廿八过后就没法杀了,杀鸡杀鸭一定要赶在廿八以前,廿八灶司老爷要上天去向玉皇大帝汇报这一家人的好坏,做了些什么事,所以没法杀生,一定要赶在廿八以前。

然后,年三十这一天,开始贴对联、剪窗花,剪那个元宝啊,万年青啊,还有老寿星啊。剪老寿星非常复杂,都是我外婆剪的,要帮我们剪一大堆,用刀裁好后贴起来。还要写“有”字,“有”字要分成上“有”下“有”,一张红纸剪成三个指头宽,一个“有”字中央一横，下面一个"有"，上头一个"有"，叫"上有下有"，米缸上啦，橱门上啦，箱子上啦都要贴起来，表示一年到头都会有的。这是我们的风俗习惯。

这些事做好了，再过除夕夜肯定是烧"十大碗"啰，"十大碗"都不止，肯定要做很多菜的。然后再开始玩灯笼，那时候的灯笼是纸糊的，里头一个小蜡烛，玩不了多少时间一个灯笼就烧掉了，反正灯笼不像现在装电池的塑料灯笼烧不掉，那时候都是纸糊的蜡烛灯笼，所以一下子就烧了，烧光了到第二年重新再做。

正月里，从年初一开始到年初三，我妈不准大家早起床，这三天一定要享福，这样一年到头都不会吃苦受累，这三天一定要起得迟一点，再大的事都要睡懒觉。但我们小孩子想穿新衣裳，这新衣裳放在被子上，摸了几十遍都有了，都想爬起来，但我妈不准，压牢被子不准动，那时候我们家里是个大房间，铺了好几张床，条件肯定没有现在好，房间少啊，铺了一个大房间。那么好，就听我爸爸讲故事，我爸爸以前是大队书记，晚上总不在家里，早上也不在家里，老早就出去，老早就要称菜、弄菜、择菜，过年这三天就给我们讲故事，哇，又是癞痢娘娘，又是螺蛳精，反正我爸爸的故事是非常多的，所以大家都睡在床上听他讲故事，挺有趣的。我妈有时候也要讲一点，所以都听这两个人讲故事。

到大年初二呢，我们开始拜年了，拜年就到我奶奶那里，现在基本上挺少去了。那时候拜完年有电影看，要去看一下电影的，大家围起来一大群人看电影去。吃十大碗、穿新衣裳，过年最开心啦，又有得吃，吃的东西又多，过年前还要打年糕。这是过年的节日，我们一年到头的这些吃食基本上都在这里了。

（2016 年 7 月 16 日，衢州，发音人：刘慧珍）

（三）方言青男

个人经历

今日嘞就同大家啊来讲一讲我辣＝个衢州个八零后格星＝个小年轻个成长个过程，啊，以我自家为例嘞我辣＝就来随便讲一讲，啊。讲嘞我格个，啧，出世嘞是在 1986 年，拨＝个时光嘞有格棱＝一批个八零后都出世啦，旁＝个时候嘞我辣＝格星＝个老衢州，也就是我辣＝个爷爷妈妈啦哈，格个像格啥里个，呃，外公外婆嘞格星＝人嘞都还在个，渠辣＝个衢州舌话危险标准，拨＝个时候嘞我辣＝是交关细，抱嘞渠辣＝个身上头个时候啊，渠辣＝经常嘞是，啧！看见格细伢儿交关可爱啊，报我辣＝讲一星＝个格种俗语啦，有星＝个舌话是交关有吮个。你比方讲，细个时候，啊格细伢儿有两条鼻涕，挂勒个嘴巴上头，经常格两条鼻涕挂勒嘴巴上啊，格时候嘞我外婆就报我一个叫啥里啊，"弄堂弄口，两条白狗，两个警察，一丁＝一蹶。"啥意思啊？就是讲细伢儿两条鼻涕挂得格里，就像个弄堂弄口，两个弄堂口两个鼻头啊，挂两条鼻涕，呃，格两个警察一丁＝一蹶嘞，格大人看见，欸，格两个鼻涕多少邋遢嘞，拿你格个鼻涕一丁＝一蹶个地上头，两个警察一丁＝一蹶，格个是细个时光啊。

再稍微大点起来以后嘞，喔，细伢儿自家会走路啦，哎渠跌跌撞撞跌踏八冲个走来走去，格时候嘞娘老子啊二郎腿一跷，让你骑节渠个脚骨个脚腕上头，啊，坐节格里。坐节格里嘞，娘老子就要讲啊，帮我辣＝讲一个一个啥里个细童谣，叫啥里啊？"嘟嘟嘟，骑马嘟，骑马上学堂，学堂门勼开，骑马骑归来。"啧！因为我辣＝衢州是个千年古城啊，衢州人交关欢喜读书，嘟嘟嘟，骑马嘟，骑马去上学堂，还是细时光还蛮卡＝把＝个时候。

再到后头，欸，"七八斤，得人憎"开始啦，啊，格个是赫＝棱＝事体嘞？就是拨ᵈ个时候开始嘞，我辣ᵈ就开始大家想骂人啦啥东西啊，欸，格个时候嘞娘老子，就报我辣ᵈ一星ᵈ东西啊，原来提示节我辣ᵈ、叫我辣ᵈ勤弗卡ᵈ把个，结果都拿来骂别个啦，啊呃骂啥东西啊？"老吃鬼，咬大腿，咬得极极碎！"啥意思？太痨吃啦，无东西吃，拿自家大腿拿来咬，拿大腿咬勒极极碎啊，听节有点怕人相啊，但是渠是个交关有吮个东西，啊。

　　再后头要讲啥东西啊？娘老子叫你赶快去读书去啦，大起来啦，读小学啦，格时候赫ᵈ棱ᵈ讲个啊？"赖学精，搭苍蝇，搭到你妈床头跟。"到拨ᵈ个小学快要毕业个时光啊，好，细伢儿开始飞起来啦，啊，一个一个都……格嘴巴上工夫交关好个，特别是男细鬼凑到一堆大家比赛啥东西啊？比赛个衢州方言个绕口溜啊，绕口溜讲个啥东西嘞？最有名个一个啊……顶有名个就是个"格边楼上和尚掷石头，掷勒旁边楼上和尚头上一个瘤。"一讲快，大家就勷着啦！"格边楼上和尚掷石头，掷勒旁边楼上和尚头上一个瘤。"再快点就是："格边楼上和尚掷石头，掷勒旁边楼上和尚头上一个瘤。"啊，就是格棱ᵈ讲个。大家就在一堆嬉啊，比个方言啦哈。欸弗过嘞，赫ᵈ棱ᵈ讲啊，旁ᵈ个时光嘞娘老子啊，学堂里头啊都叫我辣ᵈ讲普通话啦，拨ᵈ个时候就是全国推行个普通话嘞，拨ᵈ段时间啊，方言个损失也交关多，但是嘞我辣ᵈ还是学到一部分，喷！也是放勒心里头个。

　　等到读到初中嘞，欸，拨ᵈ个时候开始就有点，男细鬼呗身上也开始发育啦，块头也扎ᵈ膀ᵈ起来啦，格时候嘞有星ᵈ人也打相打，我辣ᵈ当时也弗大懂事体啊，就是普通话讲"一言不合"就开始打起来嘞，拨ᵈ个时光赫ᵈ棱ᵈ挑、挑衅别个，啊，赫ᵈ棱ᵈ样子寻事体嘎？两个人走路，本来蛮蛮好走路，哎？走过去，撞节着：噎？你想赫ᵈ棱ᵈ啊？要呗你想赫ᵈ棱ᵈ嘞？好，喷！格个就是一个冲突个开始：你想赫ᵈ棱ᵈ？你想赫ᵈ棱ᵈ嘞？啊，格就是我辣ᵈ衢州舌话里头两个男细鬼打相打、吵起来，都是从格里开始个，啊，欸。

再到后头啊，格初中格段时间个格个叫啥里叛逆期，叛逆期过去以后嘞，考高中啦，考高中嘞我个高中成绩、初中考高中个时候成绩弗大好，成绩弗好嘞最后无书读啦，衢州城里头一中、二中、三中、兴华我都考弗取，最后考取了格个衢州个航埠中学。航埠中学是我个母校啊，我也是交关多谢渠个，格航埠中学考归去以后嘞，娘老子总觉得：哎呀，渠成绩差啊，要离开我辣⁼啦，无法在城里头啦，交关担心欸。但是我弗格棱⁼认为啊，我觉得嘞，格事体也是蛮好个，是弗是啊？哎，娘老子弗用管啦，衢州舌话叫做"脱笼放鸟"啊，两个礼拜归来两日，大部分个时间统呆勒学堂里头，嗨！格感觉多少好啊？我辣⁼衢州舌话叫"细狗跌勒茅坑"啊，格细狗最欢喜吃啥东西你辣⁼晓得个，就跌勒个茅坑里嘞，你讲节看是弗是啊？娘老子也弗用管嘞，日日都高高兴兴个，除倒成绩弗好其他东西都还可以哈，欸。

再到后头嘞，啧！讲啥东西啊？讲理想啦，讲追求啦格星⁼东西，但是老师就跟我讲啦："你弗好好儿读书，啥里理想都是'三十夜猫放屁——空想（响）'！"哎，格句舌话我就记得心里头啦，三十夜大家都放炮掌⁼啦，放烟花啦，三十夜个时候猫放个屁，拔⁼统是空想，所以啊还是要努力读书啊。但是在航埠中学个三年就学以后嘞，第一回考大学啊，弗是考得危险好，为啥嘞？全部统弄好，当时考个浙江传媒学院在杭州，全部统弄得蛮好个，但是嘞最后老子拿我一个志愿填填错啦，最后我娘老子就讲了哇：格一次蹶大了哇！格叫啥东西？格叫得"临天亮射尿出"：啥东西都准备好嘞，细伢儿格样个，一个黄昏底尿熬落来，临天亮嘞快去射尿个时候，射得床上头嘞。

弗过嘞，格最后还是啊，在自家个努力下嘞，第二年考取啦。考取以后嘞在格浙江传媒学院度过了三年交关高兴个生活啊，在拔⁼

里嘞，啧！感觉到也是格个我辣꞊省委城市个拨꞊种交关交关紧凑个格种生活节奏，但是我还是欢喜我辣꞊衢州啊，最后嘞我是从毕业开始，在浙江卫视打了几年工以后我就直接，啧！径直个就归来啦，还是杀归来到我辣꞊衢州，看见我辣꞊衢州个城门洞啊，看见我辣꞊衢州个吊桥底啊，玉꞊圣꞊里啊，啊！还是觉得生活得里头真好啊！

　　归来我就到了个衢州电视台，啊，当时嘞衢州电视台也是在里做一个方言节目叫"统来看"，"统来看"是啥意思啊？就是我辣꞊衢州大家统来看，全部来看个意思。拨꞊个时候方言节目做得好以后嘞，当时是有一句啥里个开篇格个道情唱得危险好啊："统来看，快来看，节目看倒再划算。大姊哎！等节再到大南门去卖大蒜，我辣꞊节目看倒再划算！"啧！格个就是交关好，当时在锯꞊个节目里头做嘉宾主持啊，摄像啊格星꞊工作啊，编导啊格星꞊工作。

　　再到 2010 年个时候，我迎来了我自家一个事业个机会，就当时嘞是要做一个叫得方言新闻类个节目……叫得"新闻直白讲"，后来从我辣꞊开始讲啦："新闻直白讲，格记就开讲！"后头我就穿了个唐装，拿了个折扇就开始，啧！走上我辣꞊个职业生涯啦，从拨꞊个时候开始嘞，我跟格个衢州方言啊就越走越近了，每年基本上大部分个时间都在里推敲啊，在里研究我辣꞊一星꞊老衢州一是研究个方言啊，从我辣꞊衢州个方言嘞，再看看衢州背后头个文化，啧！后头我就发现啊，格人越多，格里个方言格个越热，交关多个人细时光嘞会讲方言个，大起来以后啊渠对个方言个了解是越来越少嘞，但是锯꞊一记嘞，啧！我辣꞊还是觉得做锯꞊份工作交关好，做锯꞊份事业嘞也是交关有成就感个，拿个方言推行落去，拿各种方言传承落去交关重要啊。

　　最后啦我辣꞊还是来推荐一记衢州啊，衢州是个赫꞊棱꞊个地方嘞？我辣[=]来讲一讲格衢州交关有特色一星[=]东西：兔头鸭头大鱼头，细橘发糕山茶油，孔庙江郎钱江源，衢州地方危险崭[=]！

今天就和大家来讲一讲我们衢州 80 后这些个小年轻的成长过程，以我自己为例，我们就来随便讲一讲。我出生是在 1986 年，那个时候有这么一批 80 后都出生啦，那个时候那些老衢州，也就是我们的爷爷奶奶，外公外婆啦这些人都还健在，他们的衢州话非常标准，那时候我们非常小，抱在他们身上的时候，他们看见这小孩子非常可爱，说的有些话是非常有趣的。比如说，小的时候小孩子有两条鼻涕，经常挂在嘴巴上，这时候我外婆就教我一个童谣：弄堂弄口，两条白狗，两个警察，一拎一甩。啥意思啊？就是讲小孩子两条鼻涕挂在鼻子下面，就像弄堂口坐着两条白狗，大人看见这两条鼻涕多脏啊，用两个手指把你的鼻涕一拎一甩，甩在地上，就叫两个警察一拎一甩。这是小时候啊。

稍微大点以后，小孩子自己会走路了，跌跌撞撞地走来走去，这时候爹或娘二郎腿一跷，让孩子骑在他（她）的脚上，坐在这里，爹娘就会给孩子唱小童谣：嘟嘟嘟，骑马嘟，骑马上学堂，学堂门没开，骑马骑回来。因为我们衢州是个千年古城啊，衢州人非常喜欢读书，嘟嘟嘟，骑马嘟，骑马去上学堂，那是小时候还挺开心的事情。

后来，"七八斤，遭人憎"开始了。这是怎么回事？就是那个时候开始我们就想骂人啦，这个时候爹娘就教我们一些东西，原本是提醒我们，叫我们别不乖的，结果都拿来骂别人了，骂啥东西啊？"老吃鬼，咬大腿，咬得截截碎。"啥意思？太馋啦，没东西吃，把自己大腿拿来咬，把大腿咬得截截碎，听起来有点吓人，但是它是非常有趣的。

再后来，爹娘叫我们赶快去读书去了，大起来啦，读小学啦，这时候怎么讲啊？"赖学精,抓苍蝇,抓到你妈床前头。"小学快要毕业的时候,小孩子开始飞起来了,一个一个嘴上功夫都非常好,特别是男孩子,凑到一起大家比赛什么东西啊？比赛衢州方言的绕口令。绕口令讲什么东西？最有名的一个就是这个:这边楼上和尚掷石头,掷到那边楼上和尚头上一个瘤。啊,一讲快,大家就不会说啦,"这边楼上和尚掷石头,掷到那边楼上和尚头上一个瘤",再快点就是"这边楼上和尚掷石头,掷到那边楼上和尚头上一个瘤",就是这么讲的,大家就在一起玩,比赛说方言。不过,那个时候爹娘啊、学校里啊都叫我们讲普通话啦,就是全国推行普通话,那段时间方言的损失也很大,但是我们还是学到一部分,是放到心里头的。

等到读初中,男孩子也开始发育了,块头也大起来了,这时候有些人也打架,我们当时也不怎么懂事,就像普通话里说的"一言不合"就开打。那个时候怎么挑衅别人呢？怎样无事生非呢？两个人走路,本来挺好地走路,哎？走过去,撞到了:咦？你想怎样啊？那你想怎样啊？好,这就是一个冲突的开始了:你想怎样？那你想怎样？我们衢州话里两个男孩子打架、吵起来,都是从这里开始的。

初中这段时间叫叛逆期,叛逆期过去以后,要考高中了,考高中我的成绩不大好,衢州城里一中、二中、三中、兴华我都没考上,最后考取了衢州的航埠中学。航埠中学是我的母校,我也是非常感激的。航埠中学考取以后,爹娘总觉得儿子成绩差啊,要离开自己啦,没法在城里头啦,非常担心。但是我不这么认为,我觉得,这事情也是挺好的,是不是啊？爹娘不用管啦,衢州话叫作"脱笼放鸟"啊,两个礼拜回来两天,大部分的时间都待在学校里,嗨,这感觉多好啊！我们衢州话叫"小狗掉进茅坑里"啊,这小狗最喜欢吃啥东西你们知道的,你讲讲看,是不是啊？爹娘也不用管,天天都高高兴兴的,除了成绩不好,其他东西都还可以。

再到后来，讲什么东西？讲理想、讲追求啦这些东西，但是老师就和我说："你不好好读书，什么理想都是'三十夜猫放屁——空想（响）'！"哎，这句话我就记在心里了，除夕夜大家都放炮仗啦，放烟花啦，那时候猫放个屁，那还不等于是空响？所以啊还是要努力读书。但是在航埠中学三年以后，第一回考大学考得不是很好，为啥？当时考的是杭州的浙江传媒学院，其他都弄得挺好的，但是最后父亲把我一个志愿填错了。最后我爹娘就说，这一次摔惨了，这叫什么？这叫"临天亮，尿了床"：什么都准备好了，小孩子一晚上尿憋下来，临到天亮了，去尿尿的时候尿在了床上。

不过，最后我还是在自己的努力下，第二年考上了。被录取以后，（我）在浙江传媒学院度过了三年非常快乐的时光。在那里，我感觉到我们省会城市的那种非常紧凑的生活节奏，但是我还是喜欢我们衢州。毕业后在浙江卫视打了几年工，我就径直回来了，还是杀回到我们衢州，看见我们衢州的城门洞，看见我们衢州的吊桥底、城墙根，还是觉得生活在这里真好啊！

回来我就到了衢州电视台。当时衢州电视台在做一个方言节目叫《统来看》。"统来看"是什么意思啊？就是"我们衢州人大家都来看，全部来看"的意思。方言节目做好以后，当时有一段道情的开篇唱得非常好："都来看，快来看，节目看完再划算，大姐哎，等一下再到大南门去卖大蒜，我们节目看完再划算！"这就非常好，当时我在这个节目里做嘉宾主持、摄像、编导这些工作。

2010年的时候，我迎来了我事业上的一个机会，就是当时要做一个方言新闻类的节目叫《新闻直白讲》，从我们开始讲，"新闻直白讲，现在就开讲"。后来我就穿了件唐装，拿了把折扇就开始了我的职业生涯，从那个时候开始我跟衢州方言就越走越近了，每年基本上大部分的时间都在那儿推敲、研究，我们和一些老衢州一起研究方言,看我们衢州的方言,再看衢州方言背后的文化。后来我就发现,人越大,他的方言能力越弱,很多人小时候会讲方言的,长大以后对方言的了解却越来越少。我觉得做这份工作非常好,做这份事业也是非常有成就感的,把方言推行下去,把各种方言传承下去非常重要。

最后,我来推荐一下衢州,衢州是个怎样的地方? 我们来讲一讲衢州非常有特色的一些东西:兔头鸭头大鱼头,小橘发糕山茶油,孔庙江郎钱江源,衢州地方非常棒!

(2016 年 7 月 17 日,衢州,发音人:龚舜)

(四)方言青女

1. 当地情况

讲起我辣⁼衢州城里嘞,以前是个危险细个城市,整个城里你共里共总只有一个十字路口,也无名字个,我辣⁼就叫渠十字路口。格十字路口嘞有四条马路,一个是南街、新桥街,还有一个上街跟下街。其中嘞最热闹个就是我辣⁼个南街啦,为啥里嘞? 南街上店多哎! 日里有新华书店,有百货公司,有食品大楼;到黄昏底嘞,越发五点半以后啊,南街上统是夜市,夜市是赫⁼棱⁼样子嘎? 中央心渠辣⁼摆吃个东西,卖小玩具、小饰品,两边嘞都是星⁼阿姨……危险漂亮个阿姨阿叔嘞卖危险流行个衣裳裤嘞啥里个,格是我辣⁼个南街。

你从南街再望前头走,你可以看见嘞有个水亭街,水亭街是一条老街啦,你水亭街走到头啊,有个水亭门个,格也是我辣⁼衢州城里四大城门之一。水亭街上有危险多个老店个,其中有一家叫蛋糕店,拨⁼时候取名危险老实个嘞,蛋糕店就是蛋糕店,渠拨⁼里头有个一块半两个三角形个蛋糕、奶油蛋糕,危险好吃,大家危险细伢儿啊我辣ᵉ放学个时候啊，都要到拨ᵉ里去买个。水亭街上头还有一家扣子店，渠拨ᵉ里卖个扣子啊，大概有成千上万种哦，老板娘人危险好个，看见我辣ᵉ去嬉嘞："来来来来来，小囡儿，我拿你几粒扣子拿去做串串。"啥里串嘞？串起来可以带手上，五颜六色个危险好看。也可以拿我辣ᵉ来嬉沙包，沙包也要用着串串个。水亭街上头还有一家老个理发店，叫大光明，其实格节衢州城里啊大光明也在个，最早个大光明就开在水亭街上头，我辣ᵉ弗敢进去个欬，再就躲勒门口看，就看见老远个大光明个师傅啊，拿拨ᵉ个剃刀在拨ᵉ个白筛ᵉ上头"跨跨跨跨"个磨，磨好以后啊再一个男子坐节拨ᵉ板凳上，头么仰仰起，头上啦面嘴上啦包勒块白个布，热辣辣个看节去，有蒸汽个，再等一记嘞就看格老师傅拿了把刀，在个男子面头上头上刮去刮去，你晓得刮落来个是头发啊还是胡子哇，反正刮得地上漆答勒黑。哇！大家就崇拜哦，格老师傅格棱ᵉ能干嘎？一把刀喂！放得人家头上格棱ᵉ弄去弄去。格你勳讲，到格记为止啊，假使讲讲起衢州个剃头师傅啊，还是大家翘起大末执ᵉ讲："嗯，拨ᵉ个大光明个老师傅手艺危险好！"格是我辣ᵉ个水亭街。

还有一条路嘞叫坊门街，坊门街有特色个欬，拨ᵉ就是卖布个。好像我记着坊门街整条街都是布店，再危险多老板娘叫个："棉布多少一尺嘞，今日新货到嘞，带囡儿细鬼来看节看，危险好看嘞！"坊门街就是格棱ᵉ样子个。不过到格记为止嘞，老个坊门街、水亭街都拆倒啦，造得来危险漂亮、危险有建筑风格个拨ᵉ种房屋。像我辣ᵉ个水亭街啊，格记我才发现，里头有一条叫进士巷，进士是啥里啊？以前考状元、考榜眼、考进士啊个进士。衢州啊出了个才子，渠考上进士以后啊，皇帝危险欣赏渠，随手讲，"喏，通勒柴家巷拨ᵉ条路，通归你辣ᵉ屋里啦"，这就叫做进士巷。

讲起进士巷你再望外头走啊,通过水亭门望外头看啊,就是我辣=个衢江啦。衢江是我辣=衢州人民个妈妈江,叫娘江,我从小去啊在里头游泳游到大。记着以前个衢江区,渠里头个水嘞,危险清个,碧青碧青个,还可以看见鱼。一到六月天啊,你就看衢江里好嘞,统是细鬼,也无大人带,我哥哥就塞勒我一个旧个轮胎,拿磨磨平当救生圈,帮我望衢江里一塞:"去!自家去嬉去!"拨=时个衢江水危险清。不过后头嘞年数多了嘞,衢江慢慢儿慢慢儿颜色变深啦,我辣=危险苦痛。还好,格记市政府好,五水共治五水共治,治了两年以后啊,衢江个水又清起来啦,我辣=又高兴啦。

讲着衢江嘞,弗得弗讲节我辣=个江滨路啦。江滨路嘞是我辣=从小到大都欢喜嬉个地方,我辣=个衢州市民啊统欢喜在拨=里五更早么跳健身操,黄昏底么跳交谊舞,江滨路上嘞,统有危险多个阿姨阿叔、大伯大妈们在拨=里聊聊天、跷跷白脚。一到六月天个时候,江滨路上有危险多个树荫个,在树荫里就看见危险多个爷爷坐得拨=里下象棋、下围棋,日子危险好过嘞。格就是我辣=衢州城里格个情况。

讲起我辣=衢州城里个吃个东西啊,格要从我细时候开始讲啦。记着我辣=去读书个时候,从杨家巷走到水亭街,就格段路上头嘞有好几个地方,一个嘞,最早有个油煤粿个地方,一个大概七八十岁个妈妈,坐得拨=道院门口,一个细煤炉,一个细油锅,旁边一钵面粉,一钵菜,再就拨=渠烧油煤粿。油煤粿做做危险烦人个嘞,要担外头个皮先煎好,格是头道,再装菜,再封皮,再做第二道煎,煎好以后嘞外头就是焦个,里头就是香喷喷个,你可以拿油煤粿拿来夹馒头,拿来夹烧饼,里头加点番椒酱加点醋,哇,就是危险好吃个东西啦。我辣=细时候卯=卯=读书啊,偷偷摸摸偷偷摸摸都要逃去买一个吃吃,你也再可以里头夹臭豆腐嘞,不过臭豆腐只要吃得落,要辣、要酸、要臭，都由你，妈妈危险能干嘞。再你再望前头走啊，走到学堂门口，学堂门口嘞有个妈妈嘞渠是卖糯米团个，赫⁼棱⁼是糯米团嘞？就是糯米饭里头加老油条，油条发得你极脆极脆个老油条，再加点豆腐干，加点红萝卜，再加点番椒酱，也可以加白糖，我辣⁼细时候危险乔个，都欢喜："妈妈，啥里统要，还要白糖。"再妈妈就要讲个："细因儿，甜夹咸烂肚肠嘞，无法格棱⁼吃劲个嘞。"我辣⁼才弗管嘞，只管吃。讲起来么也吃到格棱⁼大嘞，也健健康康无事体，不过妈妈拨⁼声音也危险记得牢："小因儿，无法甜夹咸吃个嘞，要烂肚肠个嘞。"格是糯米团啦。

　　还有嘞，就是你走到坊门街啊，有拨⁼个六谷吃个。赫⁼棱⁼叫六谷啊？就是我辣⁼讲个爆米花，一个黑个、大肚皮个一个锅，放得拨⁼火上头舍⁼去舍⁼去舍⁼去，再等节渠讲："要好嘞，你辣⁼耳朵捂牢嘞。"再渠拿拨⁼大肚皮个格个锅啊套得个麻袋里头，就听得"嘣"的一声响，哇！再就香哦，成条马路都闻得着拨⁼个味道，拨⁼个爆出来个拨⁼个爆米花，弗是讲我辣⁼格节番米爆个嘞，是神仙米样个嘞，两头尖尖个，软绵绵个咬节去，一口嚼节去松脆松脆个，喷香！格个是六谷，我辣⁼叫做。再还有啊，到六月天，再你就听见拨⁼满满马路讲："卖棒冰嘞！卖棒冰嘞！""阿姨阿姨，等节等节！帮我拿根白糖棒冰。""白糖棒冰，五分洋钿一根，还有绿豆棒冰，还有赤豆棒冰，格要贵点儿个，一钿洋钿一根。"锯⁼个棒冰都哪里来嘎？统最早从衢化厂里拿来个。你也可以自家做个，做做也简单个。白糖水、薄荷、模子，放冰箱里一冻就好。格么我辣⁼细时里屋里哪有冰箱嘞？哇再就是六月天到马路边上去候，去候拨⁼个卖棒冰个阿姨，"卖白糖棒冰嘞！卖白糖棒冰嘞！五分洋钿一根"。格是我辣⁼记忆中比啥里东西都好吃个东西。

　　再还有啊，你到城里啊，还有一个东西你一定要吃吃看个，就是我辣⁼城里个烤饼。烤饼最早嘞五钿洋钿一个,拨⁼一个啊有你面嘴格棱⁼大爿,格叫大烤饼;细细个个嘞,三分、三钿洋钿一个,拨⁼是细烤饼。烤饼啊,里头弄点肉,摊节危险薄危险薄,吸节拨⁼饼上头,你拿出来以后嘞看节去啊,咬节去,松脆松脆个,就跟拨⁼饼干样个,但是里头个肉嘞,有肥个,带油个,嚼节去啊格里么“糠哧糠哧”脆,格里么嘴巴里满嘴冒油香,渠假使讲帮你加点芝麻啊,哇,拨⁼味道就崭⁼哦。到格记为止啊,城里烤饼还是危险有名个,你假使讲烤饼配上一碗细馄饨,嗯!中午锯⁼一顿就有啦,危险好!

再有啥好吃嘎?再还有我辣⁼在蛟池街个,有一家叫“老徐银丝”个,“老徐银丝”是啥里啊?就是拨⁼种粉丝,渠烧起来以后啊,透明个,极极细个,你辣⁼撩好以后加点酱,加点醋,加点番椒,吃节去啊味道,一记就咽落去嘞,背⁼个舌话赫⁼棱⁼讲节嘎?嚼都勓嚼着,亦讲到肚皮里去啦,有点猪八戒吃人参果个味道样个,格是我辣⁼个“老徐银丝”。

再还有啊,讲着危险有名个啦,衢州个“三头一掌”。“三头”是哪三头啊?兔儿头、鸭头、鱼头,还有啥里啊?一个鸭掌。人家也讲嘞:“噎!你辣⁼衢州人赫⁼棱⁼吃格棱⁼吃人家头个嘞?”格我辣⁼讲啦:“你辣⁼外地人弗敢吃个东西,我辣⁼衢州人帮烧得危险好吃嘞!”弗管你是卤个也好,红烧个也好,干烙个也好,都是危险好个。还有个鸭掌,鸭掌危险有筋道嘞,你讲到啊,格鸭多少会走嘞?亦会走亦会游,格鸭掌个肉就危险筋道嘞!锯⁼个筋啊都是胶原蛋白,吃落去还美容个嘞!你勓讲,到格记啊我危险多外地个朋友啊一到过年就叫我寄个:“快点帮我寄点你辣⁼拨⁼个鸭头、兔头来吃吃。”格记好嘞有真空包装嘞,我年年一寄就寄十几盒,十几盒寄去,衢州个兔头、鸭头、鸭掌,名扬全国啦。

　　讲起我们衢州城,以前是个非常小的城市,整个城里总共只有一个十字路口,也没有名字的,我们就叫它十字路口。这十字路口有四条街:南街、新桥街、上街和下街。其中最热闹的就是我们的南街啦,为什么? 南街上店多呀! 白天有新华书店、百货公司、食品大楼,到晚上就越发热闹了,五点半以后南街上都是夜市。夜市是什么样子的? 中间他们摆吃的东西,卖小玩具、小饰品,两边都是些阿姨……非常漂亮的叔叔阿姨卖流行的衣服裤子什么的,这是我们的南街。

　　从南街再往前面走,可以看见有个水亭街。水亭街是一条老街啦,水亭街走到头有个水亭门,这也是我们衢州城里四大城门之一。水亭街上有非常多的老店,其中有一家叫蛋糕店,那时候取名非常老实的,蛋糕店就是蛋糕店,那里有种一块半两个的三角形蛋糕,奶油蛋糕,非常好吃。我们放学的时候,很多小孩子都要到那里去买的。水亭街上还有一家纽扣店,那里卖的纽扣啊,大概有成千上万种哦,老板娘人非常好,看见我们去玩,说:"来来来来来,小姑娘,我给你几粒纽扣,你拿去做串串。"什么串? 串起来可以戴在手上,五颜六色的非常好看,也可以给我们拿来玩沙包,沙包也要用串串起来的。水亭街上还有一家老的理发店,叫大光明,其实现在衢州城里大光明也在的,最早的大光明就开在水亭街上。我们不敢进去,就躲在门口看,老远地就看见大光明的师傅,拿那个剃刀在那个白布上头"跨跨跨"地磨,磨好以后,一个男子坐在那板凳上,头仰起,头上脸上包着一块白布,看上去热乎乎的,有蒸汽的,再等一下就看这老师傅拿了把刀,在这男子脸上刮来刮去,不知道刮下来的是头发还是胡子啊,反正刮在地上踩在脚下黑不溜秋的。哇! 大家就崇拜哦,这老师傅这么能干的? 一把刀啊! 放在人家头上这么弄来弄去。你还别说,到现在为止啊,假使讲起衢州的剃头师傅,大家还是跷起大拇指头说:"嗯,那个大光明的老师傅手艺真是好!"这是我们的水亭街。

还有一条街叫坊门街,坊门街最有特色的就是卖布。我记得坊门街好像整条街都是布店,很多老板娘叫卖:"棉布多少一尺,今天新货到了,带姑娘小子来看看,非常好看!"坊门街就是这样子的。不过到现在为止,老的坊门街、水亭街都拆掉了,新造的是非常漂亮、相当有建筑风格的那种房屋。像我们的水亭街啊,现在我才发现,里面有一条巷子叫进士巷。进士是什么呀?以前考状元、考榜眼、考进士的进士。衢州出了个才子,他考上进士以后,皇帝非常欣赏他,随口说:"喏,通往柴家巷的那条路,全归你们家啦。"那条路就叫作进士巷。

进士巷再往外走,通过水亭门往外面看就是我们的衢江了。衢江是我们衢州人民的母亲河,我从小就在里面游泳,一直游到大。记得以前的衢江,里面的水非常清,碧青碧青的,还可以看见鱼。一到六月,你就看衢江里好了,都是小孩子,也没有大人带。我哥哥就塞给我一个旧轮胎,磨平了当救生圈,把我往衢江里一扔:"去!自己玩去!"那时的衢江水非常清。不过后来衢江慢慢地、慢慢地颜色变深了,我们非常痛苦。还好,现在市政府好,五水共治,治了两年以后,衢江的水又清起来了,我们又高兴啦。

讲到衢江,不得不讲讲我们的江滨路。江滨路是我们从小到大都喜欢玩的地方,衢州市民也都喜欢在那里清早跳健身操,晚上跳交谊舞,江滨路上,很多叔叔阿姨、大伯大妈在那里聊天。一到夏天,江滨路上有非常多的树荫,在树荫下就看见好多老爷爷坐在那里下象棋、下围棋,日子非常惬意。这就是我们衢州城里的情况。

讲起衢州城里吃的东西,要从我小时候开始讲。记得我们读书的时候,从杨家巷走到水亭街,就这段路上有好几个地方。最早有个炸油炸馃的地方,一个七八十岁的奶奶,坐在那院子门口,一个小煤炉,一个小油锅,旁边一钵面粉,一钵菜,就在那儿炸油炸馃。油炸馃做起来非常烦人的,要把外头的皮先煎好,这是头道工序;再装菜,封皮,做第二道工序,煎;煎好以后外面就是焦的,里面就是香喷喷的。你可以把油炸馃拿来夹馒头,拿来夹烧饼,里头加点辣椒酱加点醋,哇,就是非常好吃的东西啦。我们小时候每次上学都要偷偷摸摸跑去买一个吃,也可以在里面夹臭豆腐,臭豆腐只要吃得下,要辣、要酸、要臭,都有呢,奶奶非常能干。再往前面走,走到学校门口有个奶奶,她是卖糯米团的。什么是糯米团?就是糯米饭里夹老油条,油条是发得很脆的老油条,再加点豆腐干,加点红萝卜,加点辣椒酱,也可以加白糖。我们小时候非常淘气,都喜欢说:"奶奶,什么都要,再加白糖。"那奶奶就要说了:"小姑娘,甜夹咸要烂肚肠的,不能这么吃的。"我们才不管,只管吃。说起来也吃到这么大,也健健康康没有事,不过奶奶那句话(我)记得非常牢:"小姑娘,不能甜夹咸吃的,要烂肚肠的"。这是糯米团。

走到坊门街,有那个"六谷"吃的。什么叫"六谷"? 就是我们讲的爆米花,一个黑的、大肚皮的锅,放在那火上头转啊转啊,等一下他会说:"要好了,你们把耳朵捂紧了。"他拿那大肚皮的这个锅套在麻袋里头,就听得"嘭"的一声响,哇! 那个香哦,整条马路都闻得到那个香味,那个爆出来的爆米花,不像我们现在用玉米爆的,是用大米爆的,两头尖尖的,软绵绵地咬去,口感松松脆脆的,喷香! 这个我们叫作"六谷"。还有啊,到了六月,就能听见那门外马路上的叫卖:"卖棒冰! 卖棒冰!""阿姨阿姨,等下等下! 帮我拿根白糖棒冰。""白糖棒冰,五分钱一根,还有绿豆棒冰,还有赤豆棒冰,这要贵点儿的,一角钱一根。"这棒冰都从哪里来的? 最早都从衢化厂里拿来的。也可以自家做的,做做也简单的。白糖水、薄荷、模子,放冰箱里一冻就好。但是我们小时候家里哪有冰箱啊？那就得六月里到马路边上去等，去等那个卖棒冰的阿姨喊："卖白糖棒冰！卖白糖棒冰！五分钱一根。"这是我们记忆中比什么都好吃的东西。

到了城里啊，还有一样东西你一定要吃一下的，就是我们城里的烤饼。烤饼最早五分钱一个，一个就有脸这么大，叫大烤饼。小个的三分钱一个，那是小烤饼。烤饼里头弄点肉，摊得非常薄非常薄，吸在那饼上头，拿出来以后，咬上去松脆松脆的，就跟饼干一样，但是里头的肉，有肥的，带油的，嚼下去"糠哧糠哧"脆，嘴巴里满嘴冒油香，如果再加点芝麻啊，哇，那味道好哦。到现在为止，城里烤饼还是非常有名的，如果拿烤饼配上一碗小馄饨，嗯，中午这一顿就足够啦，非常好！

还有啥好吃的？还有我们蛟池街上有一家叫老徐银丝的店。老徐银丝是什么啊？就是那种粉丝，烧好以后是透明的，很细，捞好以后加点酱，加点醋，加点辣椒，吃下去那味道好啊，一下就咽下去了，那句话怎么讲的？嚼都没嚼，就吞到肚子里去啦，有点猪八戒吃人参果的味道。这是我们的老徐银丝。

还有非常有名的衢州"三头一掌"。"三头"是哪三头呢？兔头、鸭头、鱼头，还有一个鸭掌。别人说："哎，你们衢州人怎么这么喜欢吃人家的头？"我们说："你们外地人不敢吃的东西，我们衢州人能把它烧得非常好吃！"不管是卤的也好，红烧的也好，干烙的也好，都是非常好吃的。说到鸭掌，鸭掌非常筋道，你想啊，这鸭子多会走啊，又会走又会游，这鸭掌的肉就非常筋道了！这个筋都是胶原蛋白，吃下去还美容的！你别说，到现在我很多外地朋友一到过年就叫我寄的："快点帮我寄点你们那个鸭头、兔头来吃吃。"现在好了，有真空包装，我每年一寄就寄十几盒，寄去十几盒，衢州的鸭头、兔头、鸭掌，名扬全国啦。

2. 个人经历

讲起我嘞,也是个土生土长个衢州城里个囡儿,从细杨家巷嬉、杨家巷大,娘老子,讲起来甚至老公,都是杨家巷人。

细时候在兴华小学读书个,拨゠个时候,学堂条件其实无得好,但是我就记着嘞,学堂后头有个操场,一百米一圈个煤渣个操场,为什么我记着是煤渣嘞? 拨゠个跑步跑起来你要是一弗小心蹶去啊,格膝盖肯定要磕破个,我个膝盖也晓弗得破得几卯゠嘞。问题是拨゠个操场边央危险好嬉欸,拨゠边央都是背゠种老个瓦房,一到冬天公啊,一落雪,拨゠个瓦房上都是拨゠冰柱啊一根一根挂落来个。再细时候读书弗读个,跟牢两个男同学,逃出去翻操场出去嬉,去拿拨゠个冰棱゠啊掰落来拿来吃,啊细时候也弗管渠干净邋遢,啊吃着就是好吃个。

再后头体育老师发现啦,讲:"你翻墙格棱゠能干嘎? 要么算了哇,你来做早操好了哇,你来做领操员哇。"好,就格凉゠子变得让体育老师搭去了,做啥里全校个领操员。你瓤讲嘞,做领操员蛮神气个嘞,我立得拨゠台上头,大家统立下底,你辣゠看牢我做,我做对了你辣゠就做对个,我做错了你辣゠也瓤怪,滑稽蛮滑稽个。

再后头音乐老师也看上啦,讲:"你做操做得格棱゠好,要么你来跳舞算了嘞。"好,又让音乐老师搭去啦,到学堂个舞蹈队去啦。问题是啦,我在小学里个梦想我是想进鼓号队啦,想去敲拨゠细鼓啦。硬是到毕业,拨゠鼓都瓤摸着过一摸。小学就格棱゠样子喂。

再么课间个时候大家嬉嬉,楼上到楼下,嬉啥里东西啊? 嬉拨゠个跳房屋,地上画根线,画个一两三四五个格子,弄个沙包,掷上哪里你就到哪里去,要单脚跳个,两只脚落地你就输了。再还嬉啥里啊？跳牛皮筋。哇！讲起跳牛皮筋我厉害啦，就是渠辣=拿牛皮筋举起来举到顶，我都跳得上去，高手嘞拨=时候是。

　　小学毕业以后嘞，到隔壁个老一中读初中去啦。老一中嘞有两栋房屋，一栋是木头个，一栋是水泥个，拨=个木头个教学楼总共两层，你假使讲从一楼上去啊，拨=个木地板就会发声"叽咕叽咕叽咕"个声音。上课大家都弗敢响个，脚骨都弗敢动，为啥里啊？你一动万一格地板响起来，老师一车来，一个粉笔头就掷过来，准猛准猛，掷着你额骨危险痛，第二日一个乌青，就晓得喏你上日弗认真了哇，挨老师掷了哇！反正我是鲙让掷过个哈，我同桌让掷了好几卯=，我看见个。

　　一中毕业以后，读书去啦，到金华读书去啦。金华读了三年个金华卫校，转来嘞就变成一名护士了啰。讲着格个护士嘞，我小时候对护士危险有阴影个喂。娘老子小时候生病啊，弗带我到人民医院个，带我到拨=个中医院个门诊部，就在十字街头。拨=个十字街头个门诊部啊有三层楼高，渠拨=个楼梯啊，有点儿破个，我还清楚个记着有两个楼梯上来拨=铁条都弗见啦。再卯=卯=生病了，让老娘拖去个，拖节去，医生一看："去，打针去。"好，再危险弗情愿个让老娘拖到注射室，看见拨=阿姨："阿姨啊，你今日格棱=漂亮嘎？阿姨啊，你今日帮我打针可以轻点儿弗个？我怕痛个。"拨=阿姨就讲："去，覆倒，裤脱倒，打针一记就好个，你卡=把=点。"打节好，呜哩呜哩呜哩让老娘抱节出来，一路哭，再老娘抱归去了。

　　为啥里讲拨=个护士阿姨嘞？到后头我工作个地方，也就是中医院啦。记着第一卯=我到中医院报到个时候，拨=个接待我个阿姨啊渠突然讲："嗒！你是弗是胡月哇？""嗒！"我讲，"我是个欸，赫=棱=哇？""嗒！你细时候我帮你打过针个喂，你还讲我格棱=漂亮，你讲叫我打针轻点儿。"哇！再我呆节拨=里啦！我讲："阿姨你还记着我嘎？""记着嘎！拨＝时候就你最会哭！""哎，弗好意思。"格会哭个事件赫＝棱＝我十几年以后阿姨还记着个嘞。真个就格棱＝样子喂，十几年前帮我打针个阿姨，十几年以后变成我个老师了。

格么格十几年以来嘞，我也一直就在中医院上班啦，前头统在妇产科读个，妇产科是好地方欸，生妹个地方，大家来到高高兴兴个，看见人都笑嘻嘻个，老是听见讲："哎，护士护士，我囝儿生儿了喂，我请你吃鸡子！""哎，护士护士，我囝儿生上囝儿了喂，来来来我请你吃包子。"你瓢讲嘞，生妹个人哈，生着囝儿有包子吃，生着儿有鸡子吃，格棱＝多年，格棱＝个好东西瓢少吃，也看见了危险多危险多高兴个人。

再到后头，到呼吸内科去啦，呼吸内科，危险多细妹在拨＝里个，也是头痛、感冒、发烧，来挂针个。再我就听渠辣＝讲舌话危险亲切嘞："阿姨你今日真漂亮嘞，你帮我打针轻点儿好弗啊？"哇，听见渠辣＝格棱＝讲，我就笑嘻嘻讲："哦，好个哈，阿姨帮你轻点儿，你卡＝把＝点儿，啊！"

有时候觉得，锯＝个东西是弗是一个轮回嘞？十几年一个轮回，以前是我，格记是渠辣＝，你晓得渠辣＝以后会到哪里去嘞？渠辣＝就是我辣＝衢州以后个发展，我辣＝衢州以后就靠格批细囝儿、格批细宝宝，拿我辣＝衢州继续发扬壮大。

讲起我呢，也是个土生土长的衢州城里的姑娘，从小在杨家巷玩，在杨家巷长大，爹妈，甚至老公，都是杨家巷人。

我小时候在兴华小学读书，那个时候学校条件其实不好，但是我就记得，学校后头有个操场，一百米一圈的煤渣操场，为什么我记得是煤渣呢？那个跑步跑起来你要是一不小心摔倒啊，这膝盖肯定要磕破的，我的膝盖也不知道破过几回了。问题是那个操场边上非常好玩,那边上都是那种老的瓦房,到冬天一下雪,那个瓦房上都是一根一根挂下来的冰柱。我小时候不爱读书,跟着两个男同学,翻过操场外的围墙出去玩,去把那个冰柱掰下来吃,小时候也不管干净邋遢,吃着就是好吃的。

后来体育老师发现了,说:"你翻墙这么能干的? 要么你来做早操好了,你来做领操员吧。"好,就这样我被体育老师抓去了,做全校的领操员。你别说,做领操员挺神气的,我站在台上,大家都站在下面,你们看好我做,我做对了你们就做对了,我做错了你们也别怪,挺滑稽的。

再后来音乐老师也看上我了,说:"你做操做得这么好,要么你来跳舞算了。"好,又让音乐老师抓去了,到学校的舞蹈队去了。问题是,我在小学里的梦想是进鼓号队,想去敲小鼓。可是一直到毕业,硬是连那鼓都没摸着过一次。小学就这样了。

课间的时候大家都从楼上到楼下玩,玩什么东西啊? 玩那个跳房子,地上画根线,画一二三四五个格子,弄个沙包,扔到哪里你就跳到哪里,要单脚跳的,两只脚落地你就输了。还玩什么呀? 跳皮筋。说起跳皮筋我可厉害啦! 就是她们把皮筋举到头顶,我都跳得上去,绝对是高手呢。

小学毕业以后,(我)到隔壁的老一中去读初中。老一中有两栋房屋,一栋是木头的,一栋是水泥的,那个木头的教学楼总共两层,你假使从一楼上去,那个木地板就会发出"叽咕叽咕叽咕"的声音。上课大家都不敢出声的,脚都不敢动,为什么呢? 你一动万一这地板响起来,老师一转身,一个粉笔头砸过来,很准很准,砸得你额头痛死了,第二日一个乌青块,别人就知道你昨天不认真,让老师砸了! 反正我是没被砸过,我同桌被砸了好几回,我看见的。

从一中毕业以后,我就到金华去读书了。(我在)金华读了三年的金华卫校,回来就变成一名护士了。说到护士,我小时候对护士很有阴影的,小时候生病,爹妈不带我到人民医院的,带我去中医院的门诊部,就在十字街头。那个十字街头门诊部有三层楼高,楼梯有点儿破,我还清楚地记得有两个楼梯上面的铁条都不见了。每回生病了都被我妈拖拽过去。医生一看:"去,打针去。"好,非常不情愿地让我妈拖到注射室,看见那阿姨:"阿姨啊,你今天这么漂亮!阿姨啊,你今天帮我打针可以轻点儿不?我怕痛的。"那阿姨就说:"去,趴下,裤子脱掉,打针一下就好的,你乖点儿。"打好针,呜哩呜哩呜哩让我妈抱出来,一路哭着让我妈抱回去了。

为什么说那个护士阿姨呢?因为后来我工作的地方,也是中医院啦。记得第一回我到中医院报到的时候,那个接待我的阿姨突然说:"咦!你是不是胡月啊?"我说:"咦!是我,怎么啦?""咦!你小时候我帮你打过针的,你还夸我这么漂亮,你叫我打针轻点儿。"哇!我就呆在那里啦!我说:"阿姨你还记得我呀?""记得呀!那时候就数你最会哭!""哎,不好意思。"这我会哭的事怎么十几年以后阿姨还记得呀。真的就这样,十几年前帮我打针的阿姨,十几年以后变成我的老师了。

这十几年来,我一直就在中医院上班,起先在妇产科。妇产科是好地方,生孩子的地方,大家来都高高兴兴的,看见人都笑嘻嘻的,老是听见有人说:"哎,护士护士,我女儿生儿子了,我请你吃鸡蛋!""哎,护士护士,我女儿生女儿了,来来来我请你吃包子。"你别说,生着女儿有包子吃,生着儿子有鸡蛋吃,这么多年,这样的好东西没少吃,也看见非常多高兴的人。

再到后来,到呼吸内科去啦,呼吸内科有很多小孩子在那里,也是头痛、感冒、发烧,来挂针的。我听到孩子们讲话就感到非常亲切。"阿姨你今天真漂亮,你帮我打针轻点儿好不好啊?"哇!听见他们这么讲,我就笑嘻嘻说:"哦,好的呀,阿姨帮你轻点儿打,你乖点儿啊!"

有时候觉得,这是不是一个轮回? 十几年一个轮回,以前是我,现在是他们。你知道他们以后会到哪里去? 他们就是我们衢州以后的发展,以后就靠这批小宝宝,把我们衢州继续发扬壮大。

(2016 年 7 月 16 日,衢州,发音人:胡月)

二、对 话

传统节日

对话人:

老郑——郑文奎,方言老男

小龚——龚　舜,方言青男

小胡——胡　月,方言青女

老郑:小龚哈,小胡,我辣=今日三个人在一起哈,我辣=聊啥里嘞?
　　　我里聊聊过年过节,好弗好?

小龚:剑错个,过年过节。

老郑:中国个传统节日哈,从过年开始讲,好哦?

小龚:好个。

小胡:哎,过年好欸,过年做啥里?

小龚:嗨,格全中国随你哪个地方啊,大家过年都晓得有吃个东西,
　　　我觉得其他东西方言好像都差弗多,但是我辣=衢州人有啥
　　　个吃就弗一样。

老郑:我辣=吃个东西太多了啦哈! 三十夜大家肚皮要放开来吃。

　　　　　胡月你讲讲看吃啥东西好？

小胡：吃啊？吃呗炒年糕哇，爬蟹炒年糕好吃哦？

小龚：爬蟹炒年糕蛮……蛮崭ᵉ个。

小胡：鲜味紧个。

老郑：嗯，危险好。

小龚：但是如果讲到格啥里衢州人啥特色，爬蟹炒年糕，因为爬蟹弗是我辣ᵉ格里特产啦，你肯定还晓得其他个，你比方讲肉圆啊啥东西啊，我觉得肉圆也算是我辣ᵉ衢州个过年啊大家要吃个东西，你辣ᵉ吃弗啦？

老郑：绝错！要吃个嘞，一定要吃个！

小龚：格个肉圆我辣ᵉ反正就，当时过年个时候反正大家就是寻个笼屉啊一个个蒸起来，啊，再蒸起来以后吃一顿，吃好以后肉圆，放节放节凉啊，截成一片一片，寻点格啥里个大蒜啦……

老郑：对！一炒，危险好吃！

小龚：是个，格个是危险崭ᵉ个。

老郑：格个小胡哈，你晓得过年为啥要吃鱼弗嘎？

小胡：吃鱼啊？是弗是讲，可以高升啦？有鱼跃龙门格样个哈……

老郑：年年有余！哈，还要高升嘞我辣ᵉ要吃年糕，好弗好嘎？我辣ᵉ炒年糕，爬蟹……用爬蟹炒哈，危险欢喜吃爬蟹个，那我辣ᵉ用爬蟹炒年糕，炒个一大碗好弗好？再还吃啥东西啊？

小龚：还有个三鲜汤你辣ᵉ屋里也吃哦？

老郑：要吃个嘞！

小龚：三鲜汤蛮崭ᵉ个，你吃过哦？

小胡：三鲜汤是啥三鲜哇？

小龚：噎，猪肚，再我辣ᵉ衢州人个炸猪皮，肉皮。

老郑：对，发皮。

小龚：再……再弄点个啥里啊？欸，对，叫衢州人个炸猪皮叫发皮，对个。再弄点新鲜个肉皮、冬笋，对个，其实煨三鲜弗止三样鲜个。

老郑：对！小龚我辣＝过年还要吃啥东西啊？

小龚：过年……

老郑：吃鸡！有讲究弗嘎？

小龚：对，吃鸡个讲究还是听郑老师来讲。

老郑：吃鸡嘞就是讲以后锯＝个一年里头，我辣＝年年机会好！取锯＝个鸡哈，机会好个锯＝意思啦哈，再还有啥东西弗嘎？

小龚：再接落去个舌话……

小胡：八宝饭是哦？

小龚：对对对对对！

老郑：欸！八宝饭是我辣＝衢州个传统个格个吃食，哈，你晓得哪八样东西弗嘎？

小胡：让我懂懂看哈，莲子是哦？葡萄干是哦？红丝绿丝、糯米、豆沙……

老郑：对，剑错个。

小胡：再嘞？

小龚：再就糯米饭嘞哇！哦，糯米有了哇，再应该无啥东西啰？

老郑：还有豆沙，哦豆沙已经讲过了。

小胡：哦，拨＝个，呃，米仁。

小龚：嗯，对个，有星＝是用米仁……

小胡：是个哈？我吃得蛮多个哈。

小龚：拨＝个东西嘞一般来讲是我辣＝过年个最后一道菜。

老郑：对个。

小龚：最后一道甜食，细伢儿顶欢喜吃，吃完格个我就出去放炮掌＝

去了,再还有一个也是八宝开头个——八宝菜。

老郑:嗯,对个对个。

小龚:八宝菜过年肯定要炒个。

小胡:八宝菜好嘞,配饭也好配,配粥也好配。

小龚:八宝菜你哪八宝其实危险多都弗一样个,但是统有个啥嘞,豆腐干有个哦?豆腐干、劳卜,红劳卜,有星⁼是有白劳卜,有星⁼是冬菜,啊,笋、冬笋,再呗因为衢州个地方物产危险丰富个啦,有星⁼东西反正统我辣⁼老家有东西,再还有啥东西,有星⁼要加肉丝,有星⁼加田荸荠。

小胡:田荸荠好,哼哧哼哧危险脆个。

老郑:欸,对了是个。再以前我辣⁼过年格里时候,哈,家家户户嘞要把个太公像啦挂勒个堂中央,还要去烧香、烧纸,先敬太公个,弗准我辣⁼细伢儿坐上去吃个,太公请了以后,再大家才有法吃。我记着有一年哈,三十夜个时候,我辣⁼个龚家埠头格面啦,拨⁼个时候还弗叫西区哈,也是为了请太公,纸一烧嘞,火着了,拨⁼一年啊,拨⁼个火烧真个大啦,我辣⁼爬勒拨⁼个城墙上去看个,拨⁼个救火车嘞就在拨⁼个江——弗叫江滨,叫城门头个地方哈,呜嗒呜嗒旋来旋去开弗过去,拨⁼个时候无浮桥个啦,所以嘞格个以后嘞,我辣⁼大家嘞就是讲格火嘞一定要注意个哈。

小龚:劲错个,特别是过年个时光,过年过节亦是炮掌⁼嘞亦是烟花嘞,再格个火一记来"棒啷当"一记统着到了,呃,讲着火着我辣⁼个大南门火着着两三回啰!

老郑:哦,是个!大南门火着弗止两三回哦,可能哦,细伢儿开玩笑讲大南门火着,欸,我辣⁼细时统格凉⁼子讲个,看你面嘴上红彤彤,酒吃落去了,呵!大南门火着嘞!渠讲,嘿嘿嘿,是格凉＝子讲。

小龚：哦，是锯＝意思啊。过年大南门火着个人蛮多，面嘴上统酒吃落去个。

老郑：格是形容就是讲格生活条件好啦，日日吃酒了啦，讲你大南门火着了啦。

小龚：要讲过年有星＝……有星＝人家屋里头过年个时候渠还会做点格种……也要裹粽嘎。

老郑：要个要个。

小龚：再像我辣＝屋里格样我妈妈是龙游人么，过年个时候龙游发糕也有做个。

老郑：龙游发糕，对个，还摏年糕哈，有星＝乡里头嘞还要做麻糍，各个地方弗一样个哈。

小胡：格麻糍是弗是蘸芝麻糖个背＝个啊？

老郑小龚：对！

小胡：摏起来是弗都软番软番个、糯糯个？再一镬蒸节好，再拿去挖成一细块一细块蘸拨＝个芝麻糖吃个，香喷喷个喂！

小龚：是个，格是一种麻糍，麻糍反正就最主要个就是两种，一个是甜个，一种是芝麻个，有星＝还会加点桂花糖。

老郑：对对对对对！喷香个哈。格节街路上头有时候还叫："麻糍麻糍，又香又甜！"还是有人家在里问、在叫个哈。

小龚：舲错个，有拨＝个啥里个老早卖个一种东西叫金团哈，金团担渠是跟麻糍差弗多啊？

老郑：弗一样，弗一样个，麻糍要黏一点个，还要拿摏出来个啦，金团嘞是一个个个，是随便做好做点儿个。

小龚：是哦？再据讲是老早老太婆挑了拨＝个金团摊、金团担渠卖，老太婆讲："热辣辣个金团！"再细鬼就跟渠开玩笑："老太婆个心肝!"

老郑:哈哈哈,是个是个。再我辣﹦年过好以后嘞,哦,胡月还要讲你
　　拜年嘞哈,你拜年你屋里还有一种规矩个哈。

小胡:拜年啊?拜年么喏,年初一哇五更老早啊,要先到屋里个妈妈
　　屋里去个。

老郑:大辈。

小胡:要去捧元宝,你晓得啥叫元宝哦?

小龚:呃,茶叶子。

小胡:欸,你也捧着个是哦?

小龚:是是是,格个是过年个一个,有法捧到要拿红纸包嘞。

小胡:欸!是个是个。

小龚:老早拜年嘞,到大辈屋里头去拜年统是真个要拜个,格记嘞细
　　伢儿统弗拜啦。

老郑:意思节哈。

小龚:格记反正拜年啊,就啊好就好了,老早是真个要蜷倒来拜个。

老郑:小龚哈,茶叶子我对你讲嘞,拨﹦个以前个茶叶子真个味道啦!
　　赫﹦棱﹦个真个味道嘞?以前个茶叶子啦,是拨﹦个自家屋里
　　养个鸡生个啦,弗是像格节嘞吃饲料个啦,恐怕格个小胡你
　　达﹦都躺吃着过。

小龚:躺吃着过。

老郑:为啥嘞,渠拨﹦个茶叶子自家生个鸡子,第二个嘞,渠前几日嘞
　　就放好煤炉上嘞咕嘟噜咕嘟噜慢慢儿炖去炖去个,炖去炖去
　　炖好嘞就放边央,烧饭啦,饭蒸好无事体又放拨﹦里炖,格味道
　　啊交关入归去了啦,已经啦。

小龚:老——老早个……

小胡:就是讲拨﹦棱﹦剥出来,拨﹦个白个子白看去一条一条,拨﹦个

　　　　黄个还是黑个背⁼种颜色。

小龚：而且关键是子黄交关黄。

小胡：连子黄个味道都归去啦。

老郑：格嚼一口嘞满嘴都要流油了啦，欸，格香气满屋统是香气啦。

小龚：老早煤个拨⁼个、过年煤个茶叶子啊，整个里头屋里头统是、到
　　　处都是茶叶子个气息啦，不过格茶叶子反统集在格里，年初一
　　　吃到十五。

小胡：好像格茶叶子个味道就代表过年个样哈。

小龚：是个，勿错的。

小胡：只要闻着满大街个茶叶子个香，哦！过年了，格年还蛮过光。

小龚：是个是个，过年个时光老早屋里头嘞，就是讲熬羊油，就是
　　　人家送来个羊啊啥东西啊，过年会熬节油啊啥东西个，所以
　　　也有各种气息哈。过年个，我辣⁼屋里还烧点狮子头，烧点
　　　狮子头。

小胡：我二娘做狮子头危险好吃个，有我差弗多半个拳头格棱⁼大
　　　大个。

小龚：哦差弗多差弗多。

小胡：一口咬节落去外头是焦个，里头是嫩嫩个、香喷喷个肉末。

小龚：欸，是肉末、冬笋、木耳，还有生粉、豆腐干。

老郑：喂，你讲去讲去我都想吃了喂，痰唾水都流落来了喂！

老郑：小龚，小胡，今天我们三个人在一起，我们聊什么呢？我们聊
　　　聊过年过节，好不好？

小龚：行啊。

老郑：中国的传统节日啊，从过年开始讲，好吗？

小龚：好的。

小胡：哎，过年好啊，过年做什么？

小龚：嗨，这全中国随便哪个地方啊，大家过年都知道有吃的东西。
　　　我觉得其他东西方言说起来好像都差不多，但是我们衢州人
　　　有些吃的就不一样。

老郑：我们吃的东西太多啦！除夕夜大家肚子要放开来吃。胡月你
　　　讲讲看吃什么东西好？

小胡：吃啊？吃炒年糕啊，螃蟹炒年糕好吃吗？

小龚：螃蟹炒年糕挺不错的。

小胡：很鲜美。

老郑：嗯，非常好。

小龚：但是如果讲到衢州人的特色，螃蟹炒年糕就不算，因为螃蟹不
　　　是我们这里的特产，你肯定还知道其他的，比如说肉圆啊什么
　　　的，我觉得肉圆还算是我们衢州过年大家都要吃的东西。你
　　　们吃不吃？

老郑：不错！要吃的呢，一定要吃的！

小龚：这个肉圆，过年的时候反正大家就是找个蒸笼，一个个蒸起
　　　来，蒸起来以后吃一顿，吃好肉圆放凉了，切成一片一片，找点
　　　大蒜什么……

老郑：对！一炒，非常好吃！

小龚：是的，这个是非常美味的。

老郑：小胡啊，你知道过年为什么要吃鱼吗？

小胡：吃鱼啊？是不是讲可以高升啦？有鱼跃龙门的说法呀……

老郑：年年有余（鱼）！高升呢我们要吃年糕，好不好啊？我们用螃
　　　蟹炒年糕，胡月喜欢吃螃蟹的，那我们用螃蟹炒年糕，炒个一
　　　大碗好不好？再还吃什么东西啊？

小龚：还有个三鲜汤你们家里也吃吗？

老郑：要吃的呢！

小龚：三鲜汤挺不错的，你吃过吗？

小胡：三鲜汤是哪三鲜啊？

小龚：嗯，猪肚，还有我们衢州人的炸猪皮、肉皮。

老郑：对，发皮。

小龚：再弄点什么啊？对，衢州人炸猪皮叫发皮，对的。再弄点新鲜的肉片、冬笋，对的，其实煨三鲜不止三样鲜的。

老郑：对！小龚我们过年还要吃什么东西啊？

小龚：过年……

老郑：吃鸡！有讲究吗？

小龚：对，吃鸡的讲究还是听郑老师讲。

老郑：吃鸡呢就是讲以后这个一年里头，我们年年机会好！取这个鸡的机（鸡）会好的意思啦。再还有什么东西吗？

小龚：再接下去的话……

小胡：八宝饭是吗？

小龚：对对对对对！

老郑：欸！八宝饭是我们衢州的传统食品。你知道哪八样东西吗？

小胡：让我想想看啊，莲子是吗？葡萄干是吗？红丝绿丝、糯米、豆沙……

老郑：对，不错的。

小胡：还有呢？

小龚：再就是糯米饭啦！哦，糯米有了啊，再应该没什么东西啰？

老郑：还有豆沙，哦豆沙已经讲过了。

小胡：哦，那个，米仁。

小龚：嗯，对的，有些是用米仁……

小胡：是吧，我吃得挺多的。

小龚:那个东西呢一般来讲是我们过年的最后一道菜。

老郑:对的。

小龚:最后一道甜食,小孩子最喜欢吃,吃完这个我就出去放炮仗去
　　了。再还有一个也是八宝开头的,八宝菜。

老郑:嗯,对对。

小龚:八宝菜过年肯定要炒的。

小胡:八宝菜好呢,配饭也好配,配粥也好配。

小龚:八宝菜是哪八宝其实很多都不一样,但是都有个什么呢,豆腐
　　干有的吧? 豆腐干、萝卜、红萝卜,有些是用白萝卜,有些冬
　　菜、冬笋,因为衢州这地方物产非常丰富,有些东西反正都是
　　我们老家有的东西,再还有些要加肉丝,有些加荸荠。

小胡:荸荠好,哼哧哼哧非常脆的。

老郑:欸,对了。再以前我们过年的时候,家家户户呢要把个太公像
　　挂在堂中央,还要去烧香、烧纸,先敬太公的,不准我们小孩子
　　坐上去吃的,太公请了以后,大家才可以吃。我记得有一年
　　啊,除夕夜的时候,我们龚家埠这边啦,那个时候还不叫西区
　　啊,也是为了请太公,纸一烧呢,着火了,那一年那个火烧得真
　　大啦,我们爬到城墙上去看的,那个救火车呢就在那个叫城门
　　头的地方啊,呜嗒呜嗒转来转去开不过去,那个时候没浮桥的
　　啦,所以从此以后呢,我们大家这火是一定要注意的。

小龚:没错,特别是过年的时候,过年过节又是炮仗又是烟花,这火
　　一来就一下子全都着了。讲到着火我们的大南门都着过两三
　　回啰!

老郑:是的! 大南门着火可能不止两三回哦。小孩子开玩笑也讲大
　　南门着火,我们小时候都这样子说的,看你酒喝下去了脸上红
　　彤彤,呵! 大南门着火啦!

小龚：哦，是这意思啊。过年大南门着火的人挺多，脸上都喝得红
　　　红的。

老郑：这是形容生活条件好啦，天天喝酒了，讲你大南门着火啦。

小龚：有些人家家里过年的时候他还要裹粽的啦。

老郑：要的要的。

小龚：另外像我们家这样，我奶奶是龙游人，过年的时候龙游发糕也
　　　有做的。

老郑：龙游发糕，对的，还打年糕啊，有些乡里还要做麻糍，各个地方
　　　不一样的。

小胡：这麻糍是不是蘸芝麻糖的那种啊？

老郑、小龚：对！

小胡：打起来是不是都软软的、糯糯的？再一锅蒸好，再拿去挖成一
　　　小块一小块蘸那个芝麻糖吃的，香喷喷的！

小龚：是的，这是一种麻糍，麻糍反正最主要的就是两种，一种是甜
　　　的，一种是芝麻的，有些还会加点桂花糖。

老郑：对对对对对！喷香的。现在街上有时候还叫卖："麻糍麻糍，
　　　又香又甜！"还是有人在叫卖的。

小龚：是的，老早卖的一种东西叫金团啊，金团跟麻糍是不是差不
　　　多啊？

老郑：不一样的，麻糍要黏一点的，还要拿出来打的，金团呢是一个
　　　个的，是随便做，要好做一点。

小龚：是吗？据说老婆婆一大早挑了那个金团担子，卖金团。老婆
　　　婆说："热乎乎的金团！"调皮鬼就跟她开玩笑："老太婆的
　　　心肝！"

老郑：哈哈哈，是的。我们年过好以后呢……哦，胡月还要讲你拜
　　　年，你家拜年还有一种规矩，是吧？

胡月:拜年啊？拜年么大年初——大早啊,要先到自家的奶奶家里去的。

老郑:长辈。

小胡:要去捧元宝,你知道什么叫元宝吗?

小龚:呃,茶叶蛋。

小胡:欸,你也捧到过吗?

小龚:是是是,这个是过年的一个传统,元宝捧到还要拿红纸包呢。

小胡:欸,是的。

小龚:以前拜年呢,到长辈家里去拜年都是真的要拜跪的,现在呢小孩子都不拜啦。

老郑:意思一下啊。

小龚:现在反正拜年啊,很随意地就好了,以前是真的要跪倒了拜的。

老郑:小龚啊,我和你说,那以前的茶叶蛋真的有味道啊! 怎样有味道呢? 以前的茶叶蛋是自己家养的鸡生的蛋,不像现在都吃饲料的,恐怕小胡你们都没吃到过。

小龚:没吃过。

老郑:为什么呢,一是那茶叶蛋是自家生的鸡蛋,第二个呢,它是前几天就放煤炉上咕嘟噜咕嘟噜慢慢炖的,炖着炖着要烧饭了,就放边上,饭烧好又放那里炖,非常入味,味道都已经进去了。

小龚:老早的……

小胡:就是说那样剥出来的蛋白一条一条的,那个蛋黄还是黑的那种颜色。

小龚:而且关键是蛋黄非常黄。

小胡:连蛋黄里味道都进去了。

老郑:嚼一口满嘴都流油了,香气满屋都是。

小龚:以前过年煮茶叶蛋啊,整个屋子都是茶叶蛋的香气,不过这茶
　　叶蛋都放在这里,要从年初一吃到十五。

小胡:好像这茶叶蛋的味道就代表着过年。

小龚:是的,不错。

小胡:只要闻着满大街的茶叶蛋香,哦! 过年啦,这年还没过完。

小龚:是的,以前过年的时候家里会熬羊油,就是人家送来的羊啊什
　　么的,过年会熬成油的,所以也有各种气味啊。过年的时候,
　　我们家里还烧点狮子头。

小胡:我二婶做的狮子头非常好吃,差不多有我半个拳头这么大。

小龚:哦,差不多。

小胡:一口咬下去外头是焦的,里头是嫩嫩的、香喷喷的肉末。

小龚:欸,是肉末、冬笋、木耳,还有生粉、豆腐干。

老郑:哎呀,你讲得我都想吃了,口水都要淌下来了!

　　　　(2016 年 7 月 18 日,衢州,发音人:郑文奎、龚舜、胡月)

第六章　口头文化

一、歌　谣

哎哟喂

哎哟喂！交替互捏手背的一种游戏	ɛ⁵³ yoʔ⁵ ue⁵³！
哪里痛？	nɑ⁵³ li⁰ tʰoŋ⁵³？
蚊虫叮着痛。	mən²¹ dʒyoŋ²³¹ tin³⁵ dʒyaʔ¹² tʰoŋ⁵³。
快快爬上来。	kʰuɛ⁵³ kʰuɛ⁵³ bɑ²¹ ʒyã̃²³¹ lɛ²¹。

（2016 年 7 月 18 日，衢州，发音人：杨欣）

棒棒棒

棒棒棒！快开门！	bã²³¹ bã²³¹ bã²³¹！kʰuɛ⁵³ kʰɛ³⁵ mən²¹！
哪一个？王癞痢！	lɑ⁵³ iəʔ³ ku⁵³？uã̃²¹ laʔ² li²¹²！
做啥体？搭细狗！	tsu⁵³ sɑ⁵³ tʰi³⁵？kʰɑ⁵³ ɕiɑ⁵³ kɯ³⁵！
细狗还觉生嘞。哦。	ɕiɑ⁵³ kɯ³⁵ aʔ² vən²¹ ɕiã̃³² lɛ³⁵。o⁵³。

棒棒棒！ bã²³¹ bã²³¹ bã²³¹！

哪一个？王癫痫！ la⁵³ iəʔ³ ku⁵³？ uã²¹ laʔ² li²¹²！

做啥体？搦细狗！ tsu⁵³ sa⁵³ tʰi³⁵？ kʰa⁵³ ɕia⁵³ kɯ³⁵！

细狗才生出来喂。哦。 ɕia⁵³ kɯ³⁵ zɛ²¹ ɕia³² tɕʰyəʔ⁵ lɛ²¹ ue⁰。 o⁵³。

棒棒棒！ bã²³¹ bã²³¹ bã²³¹！

哪一个？王癫痫！ la⁵³ iəʔ³ ku⁵³？ uã²¹ laʔ² li²¹²！

［做啥］事体？搦细狗！ tsa⁵³ zʅ²¹ tʰi³⁵？ kʰa⁵³ ɕia⁵³ kɯ³⁵！

细狗才开眼睛喂。哦。 ɕia⁵³ kɯ³⁵ zɛ²¹ kʰɛ³² ŋã²³¹ tɕin³² ue⁰。 o⁵³。

棒棒棒！ bã²³¹ bã²³¹ bã²³¹！

哪一个？王癫痫！ la⁵³ iəʔ³ ku⁵³？ uã²¹ laʔ² li²¹²！

［做啥］事体？搦细狗！ tsa⁵³ zʅ²¹ tʰi³⁵？ kʰa⁵³ ɕia⁵³ kɯ³⁵！

细狗还朆断奶喂。 ɕia⁵³ kɯ³⁵ aʔ² vən²¹ dɯ²³¹ nɛ²¹ ue⁰

棒棒棒！ bã²³¹ bã²³¹ bã²³¹！

哪一个？王癫痫！ la⁵³ iəʔ³ ku⁵³？ uã²¹ laʔ² li²¹²！

［做啥］事体？搦细狗！ tsa⁵³ zʅ²¹ tʰi³⁵？ kʰa⁵³ ɕia⁵³ kɯ³⁵！

细狗弗搦你啦！ ɕia⁵³ kɯ³⁵ fəʔ³ kʰa⁵³ n̩i⁵³ la⁰

朆着个！来搦啦！来抢啦！ vɛ²³¹ dʒya¹² gəʔ⁰！ lɛ²¹ kʰa⁵³ la⁰！ lɛ²¹ tɕʰiã³⁵ la⁰！

（2016 年 7 月 18 日，衢州，发音人：杨欣）

大麻子生病

大麻子生病二麻子哭， du²³¹ ma²¹ tsʅ³⁵ ɕia³² bin²³¹ n̩i²³¹ ma²¹ tsʅ³⁵ kʰuəʔ⁵，

三麻子买药四麻子煎，　　　sã³²mɑ²¹tsɿ³⁵mɛ²³¹iaʔ¹²sɿ⁵³mɑ²¹tsɿ³⁵tɕiẽ³²，

五麻子买板六麻子钉，　　　ŋ²³¹mɑ²¹tsɿ³⁵mɛ²³¹pã³⁵ləʔ²mɑ²¹tsɿ³⁵tin⁵³，

七麻子抬来八麻子哭，　　　tɕʰiəʔ⁵mɑ²¹tsɿ³⁵dɛ²¹lɛ²³¹paʔ⁵mɑ²¹tsɿ³⁵kʰuəʔ⁵，

九麻子埋来十麻子扛，　　　tɕiu³⁵mɑ²¹tsɿ³⁵mɛ²¹lɛ²³¹ʒyəʔ¹²mɑ²¹tsɿ³⁵kã³²，

快快埋，快快埋，　　　　　kʰuɛ⁵³kʰuɛ⁵³mɛ²¹，kʰuɛ⁵³kʰuɛ⁵³mɛ²¹，

勿让大麻子逃出来。　　　　fɛ⁵³n̠ia²¹du²³¹mɑ²¹tsɿ³⁵dɔ²¹tɕʰyəʔ⁵lɛ²¹。

（2016 年 7 月 16 日，衢州，发音人：刘慧珍）

嘟嘟嘟

嘟嘟嘟，骑马嘟，　　　　　lã⁵³lã⁵³lã⁵³，dzɿ²¹ma⁵³lã⁵³，

骑马上学堂；　　　　　　　dzɿ²¹ma⁵³zyã²³¹uəʔ²dɑ̃⁵³；

学堂门勧开，勧：没　　　　　uəʔ²dɑ̃⁵³mən¹³vən²¹kʰɛ³²，

骑马骑转来。　　　　　　　dzɿ²¹ma⁵³dzɿ²¹tʃyə̃³⁵lɛ²¹。

（2016 年 7 月 18 日，衢州，发音人：杨欣）

弄堂弄口

弄堂弄口，弄堂：指鼻孔　　　loŋ²³¹dɑ̃²¹loŋ²³¹kʰɯ³⁵，

两条白狗，白狗：指鼻涕　　　liã²³¹diɔ²¹baʔ²kɯ³⁵，

两个警察，警察：手指　　　　liã²³¹gəʔ⁰tɕin³²tsʰaʔ⁵，

丁＝起来一蹶。丁＝：拎　蹶：摔　　tin³²tsʰəʔ⁵lɛ²¹iəʔ³tʃyaʔ⁵。

（2016 年 7 月 17 日，衢州，发音人：陈大槐）

鸟儿飞飞

鸟儿飞飞，	tiɔ³⁵ ȵi²¹ fi³² fi⁵³，
飞到乡里；	fi³² tɔ⁵³ ɕiã³² li⁵³；
买箬番米，箬：箩筐。番米：玉米	mɛ²³¹ bu²¹ fã³² mi⁵³，
骗骗伢儿；伢儿：小孩子	pʰiẽ⁵³ pʰiẽ⁵³ ŋɑ²¹ ȵi²³¹；
伢儿要哭，	ŋɑ²¹ ȵi²³¹ iɔ⁵³ kʰuəʔ⁵，
妈妈吃粥；妈妈：奶奶	mɑ³⁵ mɑ²¹ tɕʰiəʔ³ tʃyəʔ⁵；
伢儿要笑，	ŋɑ²¹ ȵi²³¹ iɔ⁵³ ɕiɔ⁵³，
妈妈上吊！	mɑ³⁵ mɑ²¹ ʒyã²³¹ tiɔ⁵³。

（2016 年 7 月 17 日，衢州，发音人：陈大槐）

排排坐

排排坐，吃果果，	bɛ²¹ bɛ²¹ zu²³¹，tɕʰiəʔ³ ku³⁵ ku²¹，
哥哥归来剉奴奴；剉奴奴：砍猪肉	ku³² ku⁵³ tʃy³² lɛ⁵³ tsʰu⁵³ nu³⁵ nu²¹；
称称看，三斤半，	tʃʰyə̃³² tʃʰyə̃⁵³ kʰə̃³⁵，sã³² tɕin³² pə̃⁵³，
装装看，十大碗；	tʃyã³² tʃyã⁵³ kʰə̃³⁵，ʒyəʔ² du²³¹ uə̃³⁵；
灶司爷爷弗吃荤，灶司爷爷：灶神	tsɔ⁵³ sɿ³² ia³⁵ ia²¹ fəʔ³ tɕʰiəʔ⁵ xuən³²，
鸡子圆圆吞。鸡子：鸡蛋	tsɿ³² tsɿ³⁵ guəʔ² loŋ²³¹ tʰən³²。

（2016 年 7 月 16 日，衢州，发音人：刘慧珍）

缺牙档

缺牙档，舔粪缸；缺牙档：掉门牙	tʃʰyəʔ³ ŋa⁵³ tã³²，tʰiẽ³⁵ fən⁵³ kã³²；

粪缸漏，好炒豆；　　　　　　　fən⁵³kɑ̃³²le²³¹,xɔ³⁵tsʰɔ³⁵de²³¹;

豆炒焦，买胡椒；　　　　　　　de²³¹tsʰɔ³⁵tɕiɔ³²,mɛ²³¹u²¹tɕiɔ³²;

胡椒一钿十八包。一钿:一角钱　u²¹tɕiɔ³²iəʔ⁵diẽ²¹ʒəʔ²paʔ⁵pɔ³²。

（2016 年 7 月 18 日，衢州，发音人：杨欣）

扇子扇凉风

扇子扇凉风，　　　　　　　　　ʃyə̃⁵³tsŋ⁵³ʃyə̃⁵³liã²¹foŋ³²,

扇夏弗扇冬。　　　　　　　　　ʃyə̃⁵³ʑiɑ²³¹fəʔ⁵ʃyə̃⁵³toŋ³²。

有人问我借，　　　　　　　　　iu²³¹ȵin²¹mən²³¹ŋu⁵³tɕiɑ⁵³,

请过八月中。　　　　　　　　　tɕʰin³⁵ku⁵³paʔ⁵yəʔ²tsoŋ³²。

（2016 年 7 月 17 日，衢州，发音人：陈怿宁）

天公变变

天公变变，　　　　　　　　　　tʰiẽ³²koŋ³²piẽ⁵³piẽ⁵³,

碰着爱莲；　　　　　　　　　　pʰoŋ⁵³dʒyaʔ⁰ɛ̃⁵³liẽ²¹;

爱莲挑水，　　　　　　　　　　ɛ⁵³liẽ²¹tʰiɔ³²ʃy³⁵,

碰着老鼠；　　　　　　　　　　pʰoŋ⁵³dʒyaʔ⁰lɔ²³¹tʃʰy³⁵;

老鼠掮粮，　　　　　　　　　　lɔ²³¹tʃʰy³⁵dʑiẽ³⁵liã²¹,

碰着老娘；　　　　　　　　　　pʰoŋ⁵³dʒyaʔ⁰lɔ²³¹ȵiã²¹;

老娘偷米，　　　　　　　　　　lɔ²³¹ȵiã²¹tʰe³²mi⁵³,

碰着老李；　　　　　　　　　　pʰoŋ⁵³dʒyaʔ⁰lɔ²³¹li⁵³;

老李翻瓦，　　　　　　　　　　lɔ²³¹li⁵³fã³²ŋɑ⁵³,

碰着阎王；　　　　　　　　　　pʰoŋ⁵³dʒyaʔ⁰ȵiẽ²¹uɑ̃²³¹;

阎王射个屁，射:放　　　　　　ȵiẽ²¹uɑ̃²³¹dzɛ²³¹gəʔ⁰pʰi⁵³,

老李逃脱气。逃:跑　　　　　lɔ²³¹li⁵³dɔ²¹tʰaʔ³tɕʰi⁵³。

（2016 年 7 月 17 日,衢州,发音人:陈大槐）

学样精

学样精,搭苍蝇,搭:抓　　　uəʔ²iã²³¹tɕin³²,kʰɑ⁵³tsʰɑ̃³²in²¹,

搭到你妈床头跟,床头跟:床前面 kʰɑ⁵³tɔ⁵³n̠i⁵³mɑ³⁵ʒyɑ̃²¹de³⁵kən³²,

约°着一根天老°筋,约°:捡。

天老°:天萝的又音,丝瓜　　　iaʔ⁵dʒyaʔ⁰iəʔ⁵kən³²tʰiẽ³²lɔ²³¹tɕin³²,

你妈讲你是赖学精。　　　n̠i⁵³mɑ²¹kɑ̃³⁵n̠i⁵³zʐ²¹lɛ²³¹uəʔ²tɕin³²。

（2016 年 7 月 18 日,衢州,发音人:杨欣）

摇摇摇

摇摇摇,　　　　　　　　iɔ²¹iɔ⁵³iɔ²¹,

摇到外婆桥;　　　　　　iɔ²¹tɔ⁵³ŋɛ²³¹bu³⁵dʑiɔ²¹;

外婆叫我好宝宝,　　　　ŋɛ²³¹bu²¹tɕiɔ⁵³ŋu⁵³xɔ⁵³pɔ³⁵pɔ³²,

亦有糖来亦有糕。　　　　iəʔ²iu²³¹dɑ̃²¹lɛ⁵³iəʔ²iu²³¹kɔ³²。

（2016 年 7 月 17 日,衢州,发音人:陈大槐）

月亮婆婆

月亮婆婆,　　　　　　　n̠yəʔ²liã̃⁵³po³²po³²,

拜你三拜,　　　　　　　pɛ⁵³n̠i²¹sã³²pɛ⁵³,

拿我妹做双花花鞋;　　　nɑ²¹ŋu²³¹me²³¹tsu⁵³ʃyã³²xua³²xua³⁵ɛ²¹;

无人拿来,　　　　　　　m³⁵n̠in²¹nɑ²¹lɛ²³¹,

用轿扛来；　　　　　　　　yoŋ²³¹ dʑiɔ²¹ kã³² lɛ⁵³；

扛到哪里？　　　　　　　　kã³²tɔ⁵³ nɑ⁵³ li²¹？

扛到县西街，　　　　　　　kã³²tɔ⁵³ yɔ̃²³¹ sɿ³² kɛ⁵³，

撮着一个蜡烛台。撮：捡　　tsʰaʔ⁵ dʒyaʔ⁰ iəʔ³ kəʔ⁵ laʔ² tʃyəʔ³ te⁵³。

（2016 年 7 月 16 日，衢州，发音人：刘慧珍）

月亮上毛

月亮上毛，上毛：有晕　　　　ȵyəʔ² liã⁵³ ʒyã²³¹ mɔ²¹，

好吃毛桃；　　　　　　　　xɔ³⁵tɕʰiəʔ⁵ mɔ²¹dɔ²³¹；

毛桃离核，　　　　　　　　mɔ²¹dɔ²³¹ li³³ uəʔ¹²，

好吃驴肉；　　　　　　　　xɔ³⁵tɕʰiəʔ⁵ li³³ ȵyəʔ¹²；

驴肉有心，　　　　　　　　li³³ ȵyəʔ¹² iu²³¹ ɕin³²，

好吃菜心；　　　　　　　　xɔ³⁵tɕʰiəʔ⁵ tsʰɛ³² ɕin³²；

菜心有花，　　　　　　　　tsʰɛ³² ɕin³² iu²³¹ xuɑ³²，

好吃黄瓜；　　　　　　　　xɔ³⁵tɕʰiəʔ⁵ uɑ̃²¹ kuɑ³²；

黄瓜有籽，　　　　　　　　uɑ̃²¹ kuɑ³² iu²³¹ tsɿ³⁵，

好吃鸡子；鸡子：鸡蛋　　　xɔ³⁵tɕʰiəʔ⁵ tsɿ³² tsɿ³⁵；

鸡子有壳，　　　　　　　　tsɿ³² tsɿ³⁵ iu²³¹ kʰəʔ⁵，

好吃菱角；　　　　　　　　xɔ³⁵tɕʰiəʔ⁵ lin²¹ kəʔ⁵；

菱角两头尖，　　　　　　　lin²¹ kəʔ⁵ liã²³¹ de²¹ tɕiẽ³²，

快活老神仙！　　　　　　　kʰɛ⁵³ uaʔ¹² lɔ²³¹ ʒyən²¹ ɕiẽ³²！

（2016 年 7 月 16 日，衢州，发音人：刘慧珍）

二、谚　语

农业谚语

1.稻倒一个角，麦倒统是壳。

dɔ²³¹ tɔ³⁵ iəʔ⁵ gəʔ⁰ kəʔ⁵ , maʔ² tɔ³⁵ tʰoŋ³⁵ zɿ²¹ kʰ əʔ⁵ 。

2.肥是庄稼劲，水是庄稼命。

vi²¹ zɿ²³¹ tʃya³⁵ tɕiɑ³² tɕin⁵³ , ʃy³⁵ zɿ²³¹ tʃya³⁵ tɕiɑ³² min²³¹ 。

3.养猪勠赚钱，回头看看田。

iã²³¹ tʃy³² vən²¹ dzã²³¹ dʑiẽ²¹ , ue³⁵ de²¹ kʰ ə̃⁵³ kʰ ə̃⁵³ diẽ²¹ 。

气象谚语

1.春寒多雨水，夏寒有长晴。

tʃʰyən³⁵⁻²¹ tu³² y²³¹ ʃy³⁵ , ʑiɑ²³¹⁻²¹ iu²³¹ dʒyã³⁵ ʑin²¹ 。

2.冬里响雷公，十个栏，九个空。

toŋ³² li⁵³ ɕiã³⁵ le²¹ koŋ³² , ʒyəʔ² gəʔ⁰ lã²¹ , tɕiu³⁵ gəʔ⁰ kʰoŋ³² 。

3.弗过冬至弗凉，弗到夏至弗暖。

fəʔ³ ku⁵³ toŋ³² tsɿ⁵³ fəʔ⁵ liã²¹ , fəʔ³ tɔ⁵³ ɑ²³¹ tsɿ⁵³ fəʔ⁵ nə̃²³¹ 。

4.五月西风大水啸，六月西风板壁跷。

ŋ²³¹ yəʔ¹² sɿ³² foŋ⁵³ du²³¹ ʃy³⁵ ɕiɔ⁵³ , ləʔ² yəʔ¹² sɿ³² foŋ⁵³ pã³⁵ piəʔ³ tɕʰiɔ⁵³ 。

生活谚语

1.呆人有呆福，呆老佛立大屋。

ŋɛ²¹ n̠in²³¹ iu²³¹ ŋɛ²¹ fəʔ⁵ , ŋɛ²¹ lɔ²³¹ vəʔ¹² liəʔ² du²³¹ uəʔ⁵ 。

2.好话讲三遍，多讲弗体面。

xɔ³⁵uɑ²¹kɑ̃³⁵sɑ̃³²piẽ⁵³,tu³²kɑ̃³⁵fəʔ³tʰĩ³⁵miẽ²¹。

3.泥鳅滚豆腐,越滚越罪过。

ȵie²¹tɕʰiu³²kuən³⁵de²¹vu²³¹,yəʔ²kuən³⁵yəʔ²zɛ²³¹ku⁵³。

4.人越嬉越懒,嘴越吃越淡。

ȵin²¹yəʔ²sŋ³²yəʔ²lɑ̃²³¹,tse³⁵yəʔ²tɕʰiəʔ⁵yəʔ²dɑ̃²³¹。

5.日前留一线,日后好相见。

zəʔ²dʑie²¹le²¹iəʔ³ɕie⁵³,zəʔ²ɯ²³¹xɔ³⁵ɕiɑ³²tɕie⁵³。

6.无用个猫呗惊惊鼠,无用个老公作作主。

m²¹yoŋ²³¹gəʔ⁰mɔ²¹bəʔ⁰tɕin³²tɕin⁵³tʃʰy³⁵,m²¹yoŋ²³¹gəʔ⁰lɔ²³¹koŋ³²tsoʔ³
tsoʔ⁵tʃy³⁵。

7.情愿同别个重天下,也覅同别个重屋瓦。

ʑin²¹ȵyə̃²³¹doŋ²¹biəʔ²ku⁵³dʒyoŋ²¹tʰiẽ³²ɑ⁵³,aʔ⁵fɛ⁵³doŋ²¹biəʔ²ku⁵³dʒyoŋ²¹
uəʔ³ŋɑ²³¹。

8.乡里人弗发癫,城里人劲起烟。

ɕiɑ̃³²li⁵³ȵin²¹fəʔ³faʔ⁵tiẽ³²,ʒyən²¹li²³¹ȵin²¹ve²³¹tsʰŋ³⁵iẽ³²。

(2016 年 7 月 18 日,衢州,发音人:陈大槐)

三、谜　语

青石板,	tɕʰin³⁵ʒyəʔ²pɑ̃³⁵,
板石青,	pɑ̃³⁵ʒyəʔ²tɕʰin³²,
青石板上钉铜钉。	tɕʰin³⁵ʒyəʔ²pɑ̃³⁵ʒyɑ̃²³¹tin⁵³doŋ²¹tin³²。

——星　　　　　　　　　　　　　——ɕin³²

| 黄鼠狼, | uɑ̃²¹tʃʰy³⁵lɑ̃⁵³, |
| 尾巴长, | mi²³¹pɑ³⁵dʒyɑ̃²¹, |

日里翻跟斗，　　　　　　　　ȵiəʔ² li²³¹ fã³² kən³² te³⁵，

夜里乘风凉。　　　　　　　　iɑ²³¹ li²³¹ dʒɣən²¹ foŋ³⁵ liã²¹。

　　　　——井桶　　　　　　　　　　　　——tɕin³⁵ toŋ⁵³

驼子驮箩米，　　　　　　　　du²¹ tsɿ³⁵ du²¹ lu²¹ mi⁵³，

驮到石山里；　　　　　　　　du²¹ tɔ⁵³ ʒɣəʔ² sã³² li⁵³；

石山大门开，　　　　　　　　ʒɣəʔ² sã³² du²³¹ mən²¹ kʰɛ³²，

驼子滚出来。　　　　　　　　du²¹ tsɿ³⁵ kuən³⁵ tʃʰɣəʔ⁵ lɛ²¹。

　　——用瓢勺汤匙吃饭　　　　　——yoŋ²³¹ biɔ²¹ ku³² tɕʰiəʔ⁵ vã²³¹

　　　　　　　　　　（2016 年 7 月 18 日，衢州，发音人：杨欣）

四、歇后语

1. 鼻头涴当酱吃——夹席　　鼻头涴：鼻屎。夹席：小气

　　bəʔ² de²¹ u⁵³ tã⁵³ tɕiã⁵³ tɕʰiəʔ⁵——gaʔ² ʑiəʔ¹²

2. 临天亮射尿出——弗争气

　　lin²¹ tʰiẽ³² liã⁵³ dzɛ²³¹ ʃy³⁵ tʃʰɣəʔ⁵——fəʔ⁵ tʃyã³² tsʰɿ⁵³

3. 楼板上铺草席——差弗多

　　le²¹ pã³⁵ ʒɣã²³¹ pʰu³² tsʰɔ³⁵ ʑiəʔ¹²——tsʰɑ³² fəʔ⁵ tu³²

4. 猫扳饭甑狗当顿——白辛苦　　饭甑：蒸饭的木桶

　　mɔ²¹ pã³² vã²³¹ tʃɣən⁵³ ku³⁵ tã⁵³ tən⁵³——biaʔ² ɕin³² kʰu³⁵

5. 鳝鱼笼——只进不出

　　ʒyə̃²³¹ ŋ³⁵ loŋ²¹——tsəʔ³ tɕin⁵³ fəʔ³ tʃʰɣəʔ⁵

6. 驼子跌落粪斗里——正好　　粪斗：簸箕

　　du²¹ tsɿ³⁵ tiəʔ⁵ ləʔ¹² fən⁵³ te³⁵ li⁰——tʃɣən⁵³ xɔ³⁵

7. 细狗跌落茅坑——坎꞊坎꞊好　　茅坑：粪坑。坎꞊坎꞊：刚刚

$\varphi i\alpha^{53} ku^{35} ti\partial?^5 l\partial?^{12} m\partial^{21} t\varphi^h i\tilde{a}^{32}$——$k^h\tilde{a}^{32} k^h\tilde{a}^{32} x\partial^{35}$

8.桌子板凳一样高——无大无细

$t\int y\partial?^5 ts\textstyle\iota^{35} p\tilde{a}^{32} t\partial n^{53} i\partial?^5 i\tilde{a}^{231} k\partial^{32}$——$m^{21} du^{231} m^{21} \varphi i\alpha^{53}$

（2016 年 7 月 18 日，衢州，发音人：陈大槐）

五、顺口溜

数胴歌

一胴穷，胴:圆环形指纹	$i\partial?^5 lu^{21} d\mathrm{z}yo\mathrm{\eta}^{21},$
两胴富，	$li\tilde{a}^{231} lu^{21} fu^{53},$
三胴卖豆腐，	$s\tilde{a}^{35} lu^{21} m\varepsilon^{231} de^{231} fu^{53},$
四胴立茅铺，立茅铺:住草屋	$s\textstyle\iota^{53} lu^{21} li\partial?^{12} m\partial^{21} p^hu^{53},$
五胴吃个子，子:鸡蛋	$\mathrm{\eta}^{231} lu^{21} t\varphi^h i\partial?^3 k\partial?^5 ts\textstyle\iota^{35},$
六胴样样嬉，	$l\partial?^{12} lu^{21} i\tilde{a}^{53} i\tilde{a}^{53} s\textstyle\iota^{35},$
七胴八胴，	$t\varphi^h i\partial?^5 lu^{21} pa?^5 lu^{21},$
偷鸡杀鹅，	$t^h e^{35} ts\textstyle\iota^{32} sa?^5 \mathrm{\eta}u^{21},$
九胴圆亦圆，亦:又	$t\varphi iu^{35} lu^{21} y\tilde{\partial}^{21} i\partial?^5 y\tilde{\partial}^{21},$
十胴考状元。	$\mathrm{z}y\partial?^{12} lu^{21} k^h\partial^{35} d\mathrm{z}y\tilde{a}^{231} y\tilde{\partial}^{21}.$

（2016 年 7 月 16 日，衢州，发音人：刘慧珍）

数数歌

一貌堂堂，	$i\partial?^5 m\partial^{231} d\tilde{a}^{35} d\tilde{a}^{21},$
两眼无光，	$li\tilde{a}^{231} i\tilde{e}^{53} vu^{21} ku\tilde{a}^{32},$
三餐弗吃，	$s\tilde{a}^{35} ts^h\tilde{a}^{32} f\partial?^3 t\varphi i\partial?^5,$
四肢无力，	$s\textstyle\iota^{53} ts\textstyle\iota^{32} vu^{21} li\partial?^{12},$

五官端正，　　　　　　　　ŋ²³¹ kuə̃³² tuə̃³² tʃyə̃⁵³，

六亲无靠，　　　　　　　　ləʔ² tɕʰin³² m²¹ kʰɔ⁵³，

七窍弗通，　　　　　　　　tɕʰiəʔ³ tɕʰiɔ³⁵ fəʔ⁵ tʰoŋ³²，

八面威风，　　　　　　　　paʔ⁵ miẽ²³¹ ue³⁵ foŋ³²，

究竟赫＝棱＝，赫＝棱＝:怎样　　tɕiu³⁵ tɕin²¹ xəʔ³ lən³⁵，

实在无个。　　　　　　　　ʒyəʔ² dzɛ²³¹ m³⁵ gəʔ⁰。

（2016 年 7 月 18 日，衢州，发音人:陈大槐）

水亭街

水亭街，街亭水，水亭街:衢州街名　　ʃy³⁵ din⁵⁵ kɛ³²，kɛ³² din²¹ ʃy³⁵，

水亭街上街亭水；　　　　　　ʃy³⁵ din⁵⁵ kɛ³² ʒyã⁵³ kɛ³² din²¹ ʃy³⁵；

浮石潭，潭石浮，浮石潭:衢州地名　　vu²¹ ʒyəʔ² də̃²¹，də̃²¹ ʒyəʔ² vu²¹，

浮石潭上潭石浮。　　　　　　vu²¹ ʒyəʔ² də̃²¹ ʒyã²³¹ də̃²¹ ʒyəʔ² vu²¹。

（2016 年 7 月 18 日，衢州，发音人:杨欣）

掷石头

格边楼上和尚掷石头，　　　　kəʔ⁵ piẽ²¹ le²¹ ʒyã²³¹ u²¹ ʒyã²³¹ dʒyaʔ² ʒyəʔ²

　格边:这边　　　　　　　　de²¹²，

掷勒旁＝边楼上和尚头上　　　dʒyaʔ² ləʔ⁰ bã²¹ piẽ³² le²¹ ʒyã²³¹ u²¹ ʒyã²³¹

　一个瘤。旁＝边:那边　　　de²¹ ʒyã²³¹ iəʔ³ gəʔ⁰ le²¹²。

（2016 年 7 月 17 日，衢州，发音人:龚舜）

六、隐　语

隐　语	音　标	释　义
洞	doŋ²³¹	零
幺	iə³²	一
得老贰	təʔ⁵ lɔ²³¹ ȵi²¹	二
桃园	dɔ²¹ yə̃²³¹	三
雷公	le³⁵ koŋ²¹	四
竹号	tʃyəʔ⁵ ɔ²³¹	五
油号	iu²¹ ɔ²³¹	六
拐	kuɛ³⁵	七
老鞭	lɔ²³¹ piẽ³²	八
快	kʰuɛ⁵³	九
梅天	me²¹ tʰiẽ³²	十
老天	lɔ²³¹ tʰiẽ³²	肉
老棒	lɔ²³¹ bã²³¹	猪
四海	sɿ⁵³ xɛ³⁵	油
瓜酱	kuɑ³² tɕiã⁵³	菜蔬
八木儿	paʔ⁵ məʔ² ȵi³⁵	米
一点头	iəʔ³ tiẽ³⁵ de²¹	地主
三点头	sã³² tiẽ³⁵ de²¹	酒
水里摆	ʃy³⁵ li⁵³ pɛ³⁵	鱼
牛头山	ȵiu²¹ de²³¹ sã³²	粽

续表

隐　语	音　标	释　义
张仙送	tʃyã³²ɕiẽ⁵³soŋ⁵³	鸡子
燥勒紧	sɔ⁵³lə⁊⁰tɕin³⁵	无钞票

（2016 年 7 月 18 日，衢州，发音人：陈大槐）

七、吆　喝

1. 棒冰到嘞棒冰！阴凉蜜甜棒冰！杭州西泠老牌棒冰！

   bã²³¹pin⁵³tɔ⁵³lɛ⁰bã²³¹pin⁵³！in³²liã⁵³miə⁊²dieẽ²¹bã²³¹pin⁵³！ã²¹tɕiu³²
   sɿ³² lin⁵³lɔ²³¹ba²¹bã²³¹pin⁵³！

2. 补缸噢！补镬噢！补洋瓷面桶瓯噢！<small>镬：锅。洋瓷面桶：搪瓷脸盆</small>

   pu³³kã³⁵o⁰！pu³³uə⁊¹²o⁰！pu³³iã²¹dzɿ²¹mieẽ²¹doŋ²¹u³⁵o⁰！

3. 卖白糖棒冰嘞！五［分洋］钿一根！

   mɛ²³¹ba⁊²dã⁵³bã²³¹pin³²lɛ⁰！ŋ²³¹fã³²dieẽ²¹iə⁊⁵kən³²！

4. 卖豆腐乳噢！

   mɛ²³¹de²³¹vu²¹y²¹o⁰！

5. 卖六谷大王神仙米！<small>六谷大王：爆玉米花。神仙米：爆米花</small>

   mɛ²³¹lə⁊²kuə⁊⁵dɑ³⁵uã²¹ʒyən²¹ɕieẽ³²mi⁵³！

6. 染——衣裳哎！

   ɲieẽ²¹⁴——i³²ʃyã⁵³ɛ⁰！

7. 席子要弗要？席子哎！

   ʑiə⁊²tsɿ³⁵iɔ⁵³fə⁊³iɔ⁵³？ʑiə⁊²tsɿ³⁵ɛ⁰！

（2016 年 7 月 18 日，衢州，发音人：陈大槐、胡月）

八、故 事

牛郎和织女

早拨=节啦有个麻鬼啦,屋里头嘞娘老子老早就死了,屋里头嘞危险穷,人家讲渣都苦出来了。还好渠屋里嘞养条老牛,所以人家统叫渠牛郎。

tsɔ³⁵ pəʔ⁵ tɕiəʔ⁵ laº iu²³¹ gəʔº mɑ²¹ tʃy³⁵ laº , uəʔ³ li⁵⁵ de²¹ lɛº n̩i ã²¹ lɔ²³¹ tsɿ²¹ lɔ²³¹ tsɔ³⁵ dʑiu²³¹ sɿ³⁵ ləʔº , uəʔ³ li⁵⁵ de²¹ lɛº ue²¹ ɕi ẽ³⁵ dʒyoŋ²¹ , n̩in²¹ kɑ³² kã³⁵ tsa³² təʔ⁵ kʰu³² tʃʰyəʔ⁵ lɛº ləʔº 。 aʔ² xɔ³⁵ gi²¹ uəʔ³ li⁵⁵ lɛº i ã²³¹ diɔ²¹ lɔ²³¹ n̩iu²¹ , su³⁵ i²¹ n̩in²¹ kɑ³² tʰoŋ³⁵ tɕiɔ⁵³ gi²¹ n̩iu³⁵ lã²¹ 。

从前有个小伙子,家里父母早就死了,家里很穷,人家讲渣都苦出来了。还好他屋里养了条老牛,所以人家叫他牛郎。

牛郎嘞人嘞蛮勤力个,心地也蛮好蛮善良个哈。再渠同个老牛嘞相依为命,再渠赫=棱=过日子个嘞?渠靠格条老牛啦去担人家耕耕田啊做做事体啊,格凉=子过日子个。格条老牛嘞实际上是天上头个金牛星变来个,格牛嘞对个牛郎嘞也有感情了,渠看牛郎嘞格人嘞蛮聪明哈蛮勤力嘞,渠交关想担个牛郎嘞哈成个家讨个老马=,因为牛郎无人家帮渠个啦哈。

n̩iu³⁵ lã²¹ lɛº n̩in²¹ lɛ³⁵ mã²¹ dʑin²¹ liəʔ¹² gəʔº , ɕin³² di²³¹ aʔ⁵ mã²¹ xɔ³⁵ mã²¹ ʒyə̃²³¹ liã²¹ gəʔº xaº 。 tsɛ⁵³ gi²¹ doŋ²¹ gəʔº lɔ²³¹ n̩iu²¹ lɛº ɕiã³⁵ i²¹ ue²¹ min²³¹ , tsɛ⁵³ gi²¹ xəʔ³ lən⁵³ ku⁵³ n̩iəʔ² tsɿ³⁵ gəʔº lɛ³⁵ ? gi²¹ kʰɔ⁵³ kəʔ⁵ diɔ²¹ lɔ²³¹ n̩iu²¹ laº kʰi⁵³ tã³² n̩in²¹ ŋɑ³² tɕi ã³² tɕi ã³² di ẽ²¹ aº tsu⁵³ tsu⁵³ zɿ²¹ tʰi³⁵ aº , kəʔ⁵ li ã³⁵ tsɿ²¹ ku⁵³ n̩iəʔ² tsɿ³⁵ gəʔº 。 kəʔ⁵ diɔ²¹ lɔ²³¹ n̩iu²¹ lɛº ʒyəʔ² tsɿ⁵³ ʒy ã²³¹ zɿ²³¹ tʰi ẽ³² ʒy ã²³¹ de²¹

gəʔ⁰ tɕin³² n̠iu²¹ ɕin³² pi e⁵³ lɛ²¹ gəʔ⁰ ,ŋə²⁵ n̠iu²¹ lɛ⁰ te⁵³ gəʔ⁰ n̠iu³⁵ lɑ̃²¹ lɛ⁰ aʔ⁵ iu²¹
kə̃⁵³ dʑin²¹ lə²⁰ ,gi²¹ kʰ ə̃⁵³ n̠iu³⁵ lɑ̃²¹ lɛ⁰ kə²⁵ n̠in²¹ lɛ⁰ ma̠³⁵ tsʰoŋ³² min⁵³ xɑ⁰ ma̠²¹
dʑin²¹ liəʔ¹² lɛ⁰ ,gi²¹ tɕɔ³² kuɑ³⁵ ɕia⁵³ nɑ̃³² gəʔ⁰ n̠iu³⁵ lɑ̃²¹ lɛ⁰ xɑ⁰ dʒɣən²¹ gəʔ⁰
kɑ³² tʰɔ³³ gəʔ⁰ lɔ²³¹ ma²¹ ,in³² ue²¹ n̠iu³⁵ lɑ̃²¹ m³⁵ n̠in²¹ kɑ³² pɑ̃³⁵ gi²¹ lɑ⁰ xɑ⁰ 。

　　牛郎人挺勤快的，心地也挺好，挺善良的。他同老牛相依为命，
他怎么过日子的呢？他靠这条老牛去给人家耕田、做事过日子。这
条老牛实际上是天上的金牛星变来的。老牛对牛郎也有感情了，它
看牛郎这人挺聪明，挺勤快，很想给牛郎成个家讨个老婆，因为牛郎
没人帮他的。

　　有一日嘞渠听见讲天上头个七仙女啦，第二日五更嘞要到个村
个东头个山底个湖里来洗浴。渠就担牛郎托个梦，叫牛郎明日五更
早天蒙蒙亮个时候到拨‖个湖里头去，湖边央去担拨‖个、挂树上头
个仙女个衣裳拿一件逃归去，格仙女嘞就会担渠做老马‖个。

iu²³¹ iəʔ⁵ n̠iəʔ¹² lɛ⁰ gi²¹ tʰin³² tɕie⁵³ kɑ³⁵ tʰi e³³ ʒɣa̠²³¹ de²¹ gəʔ⁰ tɕʰiəʔ⁵ ɕie³²
n̠y⁵³ lɑ⁰ ,di²³¹ n̠i²¹ n̠iəʔ¹² ŋ³⁵ tɕiɑ̃³² iɔ⁵³ tɔ⁵³ gəʔ⁰ tsʰ ən³² gəʔ⁰ toŋ³⁵ de²¹ gəʔ⁰ sa̠³²
ti³⁵ gəʔ⁰ u²¹ li⁵⁵ lɛ²¹ ɕi³⁵ yəʔ¹² 。 gi²¹ ʑiu²³¹ t ɑ̃³² n̠iu³⁵ l ɑ̃²¹ tʰəʔ⁵ gəʔ⁰ moŋ²³¹ ,
tɕɔ⁵³ n̠iu³⁵ lɑ̃²¹ məʔ² n̠iəʔ¹² ŋ³⁵ tɕiɑ̃³² tsɔ³⁵ tʰi e³³ moŋ²¹ moŋ²³¹ lia̠²³¹ gəʔ⁰ zɿ²¹ ɯ²³¹
tɔ⁵³ pəʔ⁵ gəʔ⁰ u²¹ li⁵⁵ de²¹ kʰi⁵³ ,u²¹ pi e³² iɑ̃⁵³ kʰi⁵³ t ɑ̃³² pəʔ⁵ gəʔ⁰ 、kuɑ⁵³ ʒɣ²³¹
ʒɣa̠²³¹ de²¹ gəʔ⁰ ɕie³² n̠y⁵³ gəʔ⁰ i³² ʃɣa̠⁵³ nɑ²¹ iəʔ⁵ dʑie²¹ dɔ²¹ tʃɣ³² kʰi⁵³ ,kəʔ⁵
ɕie̠³² n̠y⁵³ lɛ⁰ dʑiu²³¹ ue²¹ tɑ̠³² ə⁰ tsu⁵³ lɔ²³¹ ma²¹ gəʔ⁰ 。

　　有一天，它听说天上的七仙女第二天早上要到村东头山脚下的
湖里来洗澡。它就给牛郎托了个梦，叫牛郎第二天早上天蒙蒙亮的
时候到那个湖边去，去把那个树上仙女的衣裳拿一件跑回家，这仙
女就会给他做老婆的。

牛郎嘞做了个梦以后嘞心里头疑疑惑惑，五更天天蒙蒙亮个时候嘞渠去试试看，渠真个走到拨᷾个村东头个湖边央去了。一记看嘞，噎？真个有七个女儿在格里戏水。渠连忙担拨᷾个树上头啦，一件粉红色个衣裳一拿，豪慅望屋里逃归去了。渠逃归去以后嘞心里头也有点发慌个，咳！我赫᷾棱᷾担人家一件衣裳拿拿来嘎？

ȵiu³⁵lɑ̃²¹lɛ⁰tsu³²lə⁰ gəʔ⁰moŋ²³¹i⁵³ ɯ²¹lɛ⁰ ɕin³²li⁵⁵ de²¹ȵi²¹ ȵi²³¹uəʔ⁵uəʔ¹²，ŋ³⁵tɕiɑ̃³²tʰiɛ̃³²tʰiɛ̃³²moŋ³²moŋ³⁵liɑ̃²¹ gəʔ⁰zɿ²¹ɯ²³¹lɛ⁰ gi²¹kʰi⁵³sɿ⁵³sɿ⁵³kʰə̃³⁵，gi²¹ tʃyən³² gəʔ⁰tse³⁵tɔ⁵³pəʔ⁵ gəʔ⁰tsʰən³²toŋ³²de²¹ gəʔ⁰kəʔ⁵ gəʔ⁰u²¹piɛ̃³²iɑ̃⁵³kʰi⁵³lə⁰。iəʔ³tsɿ⁵³kʰə̃⁵³lɛ⁰，iəʔ⁵？tʃyən³² gəʔ⁰iu²³¹tɕʰiəʔ⁵ gəʔ⁰na²³¹ȵi²¹dzɛ²³¹kəʔ⁵li²¹ sɿ⁵³ʃy³⁵。gi²¹liɛ²¹mɑ̃²³¹tɑ̃³²pəʔ⁵ gəʔ⁰ʒy²³¹ʒyɑ̃²³¹de²¹lɑ⁰iəʔ⁵dʑiɛ̃²¹fən³⁵oŋ²¹səʔ⁵ gəʔ⁰i³²ʃyɑ̃⁵³iəʔ⁵nɑ²¹，ɔ²¹sɔ⁵³mɑ̃²³¹uəʔ⁵li²¹dɔ²¹tʃy³²kʰi⁵³lə⁰。gi²¹dɔ²¹tʃy³²kʰi⁵³ i⁵³ɯ²¹lɛ⁰ɕin³²li⁵⁵de²¹aʔ⁵iu²³¹tiɛ̃²¹faʔ⁵xuɑ̃²gəʔ⁰，xɛ²³¹！ŋu⁵³xəʔ³lən⁵³tɑ̃³²ȵin²¹ kɑ³²iəʔ⁵dʑiɛ²¹i³²ʒyɑ̃⁵³nɑ²¹nɑ²¹lɛ²¹gɑ⁰？

牛郎做了梦以后心里半信半疑，早上天蒙蒙亮的时候他去试试看。他真的走到村东的湖边上去了。一看，咦？真的有七个姑娘在那里戏水。他连忙把树上一件粉红色的衣裳拿下，赶紧往家里跑去。回家以后他心里也有点发慌，咳！我怎么把人家的衣服拿来了呢？

格到即日黄昏底个时候嘞，格个仙女来敲渠个门了，嗒嗒嗒，嗒嗒嗒。再个牛郎门一开，［渠讲］："你担我衣裳拿拿走，再叫我赫᷾棱᷾归去哇？"牛郎同渠讲，讲："仙女妹妹，我你在一起过过日子蛮好［个哦］。"格仙女看渠嘞细鬼嘞蛮勤恳蛮勤劳个哈，再就担渠做夫妻了。后头嘞，就是生了一个伢儿一个女儿，男耕女织嘞日子也过得蛮可以个，也蛮快乐个。

kəʔ⁵tɔ⁵³tɕiəʔ⁵ȵiəʔ¹²ɑ̃²¹xuən³²ti³⁵gəʔ⁰zɿ²¹ɯ²³¹lɛ⁰，kəʔ⁵gəʔ⁰ɕiɛ̃³²ȵy⁵³ lɛ²¹kʰə³²gi²¹gəʔ⁰mən²¹ləʔ⁰,taʔ⁵taʔ⁵taʔ⁵,taʔ⁵taʔ⁵taʔ⁵。tsɛ⁵³gəʔ⁰ȵiu³⁵lã²¹

mən²¹iəʔ⁵kʰɛ³²,giã³⁵:ȵi⁵³tã³²ŋu⁵³i³²ʃyã⁵³nɑ²¹nɑ²¹tsɛ³⁵,tsɛ⁵³tɕiɔ⁵³ŋu⁵³

xəʔ³lən⁵³tʃy³²kʰi⁵³uaʔ⁵?ȵiu³⁵lã²¹doŋ²¹gi²¹kã³⁵,kã³²:ɕiẽ³²ȵy⁵³me³²me³³,

ŋu⁵³ȵi³⁵dzɛ²³¹iəʔ⁵tsʰʅ³⁵ku⁵³ku⁵³ȵiəʔ⁵tsʅ³⁵mã²¹xɔ³⁵gɔ⁰。kəʔ⁵ɕiẽ³²ȵy⁵³kʰə⁵³

gi²¹lɛ⁰ɕia⁵³kue³⁵lɛ⁰mã²¹dʑin²¹kʰən³⁵mã²¹dʑin³⁵lə²¹gəʔ⁰xɑ⁰,tsɛ⁵³ziu²³¹tã³²

gi²¹tsu⁵³fu³²tɕʰi⁵³ləʔ⁰。ɯ²³¹de²¹lɛ⁰,dʑiu²³¹zʅ²¹ɕiã³²ləʔ⁰iəʔ⁵gəʔ⁰ŋɑ²¹ȵi³⁵iəʔ⁵

gəʔ⁰nɑ²³¹ȵi²¹,nə̃²¹kən³²ȵy⁵³tʃyəʔ⁵lɛ⁰ȵiəʔ⁵tsʅ³⁵aʔ⁵ku⁵³dəʔ⁵mã²¹kʰu³⁵i²¹

gəʔ⁰,aʔ⁵mã²¹kʰuɛ⁵³ləʔ¹²gəʔ⁰。

　　这天黄昏时分,仙女来敲他的门了,嗒嗒嗒,嗒嗒嗒。牛郎把门一开,她说:"你把我衣服拿走了,叫我怎么回去呀?"牛郎对她说:"仙女妹妹,你我在一起过日子挺好的呀。"这仙女看小伙子挺诚恳,挺勤劳的,就同他做夫妻了。后来,生了一个儿子,一个女儿,男耕女织的日子过得还可以,也挺快乐的。

　　格眼睛一眹啦三年过去了啦。格让天上头个玉皇大帝晓得格个事体了;格仙女私自下凡嘞甐经过玉皇大帝个批准,格是弗得了个事体诶!那还得了嘎?嚁,有一日啦,格天上头雷公霍闪啦,狂风大雨,一记工夫啦格个织女就弗见了,担渠搽天上去了啦。再么格两个细伢儿嘞寻娘嘞鸭=薄=哭[个哦];格牛郎嘞同个无头苍蝇样啦,旋来旋去旋来旋去无主意啦,赫=棱=好赫=棱=办?

　　kəʔ⁵ŋã²³¹tɕin³²iəʔ⁵kaʔ⁵lɑ⁰sã³⁵ȵiẽ²¹ku⁵³kʰi⁵³ləʔ⁰lɑ⁰。kəʔ⁵ȵiã²³¹

tʰiẽ³²ʒyã⁵³de²¹gəʔ⁰ȵyəʔ²uã²¹dɑ³⁵ti⁵³ɕiɔ³⁵təʔ⁵kəʔ⁵zʅ²³¹tʰi³⁵ləʔ⁰;kəʔ⁵ɕiẽ³²

ȵy⁵³sʅ³²zʅ²³¹ziɑ²³¹vã²¹lɛ⁰vən³⁵tɕin³²ku⁵³ȵyəʔ²uã²¹dɑ³⁵gəʔ⁰pʰi⁵³tʃyən³⁵,

kəʔ⁵zʅ²³¹fəʔ⁵təʔ⁵liɔ³⁵de⁰zʅ²³¹tʰi³⁵ɛ⁰!nɑ⁵³aʔ⁵təʔ⁵liɔ³⁵gɑ⁰?xɔ⁵³,iu²³¹iəʔ⁵

ȵiəʔ¹²lɑ⁰,kəʔ⁵tʰiẽ³²ʒyã⁵³gəʔ⁰le²¹koŋ³²xuaʔ⁵ɕiẽ⁵³lɑ⁰,guã²¹foŋ³²du²³¹y⁵³,

iəʔ⁵tsʅ⁵³koŋ³²fu⁵³lɑ⁰kəʔ⁵gəʔ⁰tʃyəʔ⁵ȵy⁵³dʑiu²³¹fəʔ³tɕiɛ⁵³ləʔ⁰,tã³²i²¹kʰɑ⁵³ tʰie̍³² ʒya̍⁵³ kʰi⁵³ ləʔ⁰ lɑ⁰。tse³⁵ məʔ⁰ kəʔ⁵ lia²³¹ gəʔ⁰ ɕia⁵³ ŋa²¹ n̠i²¹ lɛ⁰ ʑin³⁵ n̠ia̍²¹ lɛ⁰ aʔ⁵ bəʔ¹² kʰuəʔ⁵ gɔ⁰；kəʔ⁵ n̠iu³⁵ lɑ̍²¹ lɛ⁰ doŋ²¹ gəʔ⁰ m³⁵ de²¹ tsʰɑ̍³² in²¹ ia²³¹ lɑ⁰，ʒyə̍²¹ lɛ²¹ ʒyə̍²¹ kʰi⁵³ ʒyə̍²¹ lɛ²¹ ʒyə̍²¹ kʰi⁵³ m²¹ tʃy³⁵ i⁵³ lɑ⁰，xəʔ³ lən⁵³ xɔ³⁵ xəʔ³ lən⁵³ ba̍²³¹？

一眨眼三年过去了。天上的玉皇大帝知道了这件事，仙女私自下凡没经过玉皇大帝的批准，这是不得了的事情啊！那还得了？囉，有一天，天上电闪雷鸣，狂风大雨，一会儿工夫织女就不见了，她被抓到天上去了。两个孩子找不到妈妈那个哭啊，牛郎也跟无头苍蝇一样，转来转去没了主意，怎么办？

　　格个时候嘞老牛突然开口讲舌话了，［渠讲］："牛郎你夔慌，你担我两个角落〓拿落来，变成两个箩筐，你带你个细伢儿去寻格个织女去。"格牛郎真个奇怪嘞，赫〓棱〓格老牛会讲舌话嘎？格个时候只听见"啪嗒"一记啦，格老牛个角落〓嘞真个跌地上头了，一记工夫嘞变了两个箩筐。格牛郎嘞也夔多想，担格两个儿女嘞一放，一头放一个，肩担一套上去，呃格奇怪个嘞，格肩担一套上去格两个箩筐啦就同飞个样啦，就飞起来了，就望格个天上头去追拨〓个织女去了。

kəʔ⁵ gəʔ⁰ zʅ²¹ ɯ²³¹ lɛ⁰ lɔ²³¹ n̠iu²¹ dəʔ² ʒyə̍²¹ kʰɛ³² kʰɯ³⁵ kã̍³³ ʒyəʔ² uɑ²³¹ ləʔ⁰，giã̍³⁵：n̠iu³⁵ lɑ̍²¹ n̠i⁵³ fe⁵³ xuã̍³²³，n̠i⁵³ tɑ̍³² ŋu⁵³ lia̍²³¹ gəʔ⁰ kəʔ⁵ ləʔ¹² nɑ²¹ ləʔ⁰ lɛ²¹，pie⁵³ dʒyən²¹ lia̍²³¹ gəʔ⁰ lu²¹ kʰuã̍³²，n̠i⁵³ tɛ⁵³ n̠i⁵³ gəʔ⁰ ɕia⁵³ ŋa²¹ n̠i²¹ kʰi⁵³ ʑin²¹ kəʔ⁵ gəʔ⁰ tʃyəʔ³ n̠y⁵³ kʰi⁰。kəʔ⁵ n̠iu³⁵ lɑ̍²¹ tʃyən³⁵ gəʔ⁰ dzʅ²¹ kuɛ⁵³ lɛ⁰，xəʔ³ lən⁵³ kəʔ⁵ lɔ²³¹ n̠iu²¹ ue²³¹ kã̍⁵³ ʒyəʔ² uɑ²³¹ gɑ⁰？kəʔ⁵ gəʔ⁰ zʅ²¹ ɯ²³¹ tsəʔ⁵ tʰin³² tɕie̍⁵³ pʰaʔ⁵ taʔ⁵ iəʔ⁵ tsʅ⁵³ lɑ⁰，kəʔ⁵ lɔ²³¹ n̠iu²¹ gəʔ⁰ kəʔ⁵ ləʔ¹² lɛ⁰ tʃyən³⁵ gəʔ⁰ tiəʔ⁵ di²³¹ ʒyã̍²¹ de⁰ ləʔ⁰，iəʔ⁵ tsʅ⁵³ koŋ³² fu⁵³ lɛ⁰ pie̍⁵³ ləʔ⁰ lia̍²³¹ gəʔ⁰ lu²¹ kʰuã̍³²。kəʔ⁵ n̠iu³⁵ lɑ̍²¹ ləʔ⁰ aʔ⁵ vən²¹ tu³² ɕia³⁵，tã̍³² kəʔ⁵ lia²³¹ gəʔ⁰ n̠i²¹ nɑ²³¹

lɛ⁰ iəʔ³ fã⁵³ , iəʔ³ de²¹ fã⁵³ iəʔ³ ku⁵³ , tɕiẽ³² tã⁵³ iəʔ³ tʰɔ⁵³ ȝyã²³¹ kʰi⁰ , əʔ³ kəʔ⁵ dzi²¹
kuɛ⁵³ gəʔ⁰ lɛ⁰ , kəʔ⁵ tɕiẽ³² tã⁵³ iəʔ³ tʰɔ⁵³ ȝyã²³¹ kʰi⁰ kəʔ⁵ liã²³¹ gəʔ⁰ lu²¹ kʰuã³²
laʔ⁰ ȥiu²³¹ doŋ²¹ fi³² gəʔ⁰ iã²³¹ laʔ⁰ , ȥiu²³¹ fi³² tɕʰi³⁵ lɛ²¹ ləʔ⁰ , ȥiu²³¹ mã²³¹ kəʔ⁵ gəʔ⁰
tʰiẽ³² ȝyã⁵³ de²¹ kʰi⁰ tse³² pəʔ⁵ gəʔ⁰ tʃyəʔ⁵ n̠y⁵³ kʰi⁰ ləʔ⁰ 。

　　这个时候老牛突然开口说话了，它说："牛郎你别慌，你把我两
个角拿下来，变成两个箩筐，你带着孩子去找织女去。"牛郎感到很
奇怪，这老牛怎么会说话呢？这时候只听见"啪嗒"一下，这牛角真
的掉到地上了，一会儿工夫变成了两个箩筐。牛郎也没多想，把两
个儿女一头放一个，说也奇怪，这扁担一套上去，这两个箩筐就飞起
来了，就往天上追织女去了。

　　啊呼，鸭＝薄＝追鸭＝薄＝追哦，追追看见好像就要追着格个织女了
啦，牛郎危险高兴啦，格细伢儿在里叫："妈！ 妈！"格个时候嘞让王母
娘娘看见了，格王母娘娘啦随手从头上拔了根金钗啦，望格两个人中
央啦一划，嗬！一条危险大个一条大河啦——叫银河啦——出来了，
河里头嘞波浪危险大，再格面看弗见旁＝面，看弗见旁＝面岸上头。格
牛郎么在东面，渠唡在西面，再细伢儿么哭勒叫，再牛郎唡眼泪水嗒嗒
滴，赫＝棱＝办嘞亦无办法，格就担格两个人嘞隔开来了。

a²³¹ xu³² aʔ⁵ bəʔ² tse³² aʔ⁵ bəʔ² tse³² ɔ⁰ , tse³² tse⁵³ kʰə̃⁵³ tɕiẽ⁵³ xɔ³⁵ iã²³¹ ȥiu²³¹
iɔ⁵³ tse³² dȝyaʔ¹² kəʔ⁵ gəʔ⁰ tʃyʔ³ n̠y⁵³ ləʔ⁰ laʔ⁰ , n̠iu³⁵ lã²¹ ue²¹ ɕiẽ⁵³ kɔ³² ɕin⁵³
laʔ⁰ , ɕiɑ⁵³ ŋa²¹ n̠iʔ²¹ tsɛ⁵³ li²¹ tɕiẽ⁵³ : "ma⁵³ ! ma⁵³ !"kəʔ⁵ gəʔ⁰ zɿ²¹ ɯ³⁵ lɛ⁰ n̠iã²³¹
uã²¹ mu⁵³ n̠iã²³¹ n̠iã²³¹ kʰə̃⁵³ tɕiẽ⁵³ ləʔ⁰ , kəʔ⁵ uã²¹ mu⁵³ n̠iã²³¹ n̠iã²³¹ laʔ⁰ ze²¹ ʃiu³⁵
dzoŋ²¹ de²¹ ȝyã⁵³ baʔ⁵ ləʔ⁰ kən³² tɕin³² tsʰɑ⁵³ laʔ⁰ , mã²³¹ kəʔ⁵ liã²³¹ gəʔ⁰ n̠in²¹
tʃyoŋ³² iã⁵³ laʔ⁰ iəʔ⁵ uaʔ¹² , xɔ³⁵ ! iəʔ⁵ diɔ²¹ ue²¹ ɕiẽ³⁵ du²³¹ gəʔ⁰ du²³¹ u²¹ laʔ⁰——
tɕiẽ⁵³ n̠in³⁵ u²¹ laʔ⁰——tʃʰyəʔ⁵ lɛ²¹ ləʔ⁰ , u²¹ li⁵⁵ de²¹ lɛ⁰ pu³² lã³⁵ ue²¹ ɕiẽ³⁵ du²³¹ , tse³²
kəʔ⁵ miẽ²³¹ kʰə̃⁵³ fəʔ⁵ tɕiẽ⁵³ bã²¹ miẽ²³¹ , kʰə̃⁵³ fəʔ⁵ tɕiẽ⁵³ bã²¹ miẽ²³¹ ŋə̃²³¹ ȝyã²³¹

de²¹。 kəʔ⁵ ɳiu³⁵ lɑ̃²¹ məʔ⁰ dzɛ²³¹ toŋ³² miẽ⁵³，gi²¹ bəʔ⁰ dzɛ²³¹ sʅ³² miẽ²³¹，tsɛ⁵³ ɕiɑ⁵³ ŋɑ²¹ ɳi²¹ məʔ⁰ kʰuəʔ⁵ ləʔ⁰ tɕiɔ⁵³，tsɛ⁵³ ɳiu³⁵ lɑ̃²¹ bəʔ⁰ ŋɑ̃²³¹ li²¹ ʃy³⁵ taʔ⁵ taʔ⁵ tiəʔ⁵，xəʔ⁵ lən⁵³ bɑ̃²³¹ lɛ⁰？ iəʔ² m³⁵ bɑ̃²³¹ faʔ⁵，kəʔ⁵ ʑiu²³¹ tɑ̃³² kəʔ⁵ liɑ̃²³¹ ɡəʔ⁰ ɳin²¹ lɛ⁰ kaʔ⁵ kʰɛ³² lɛ²¹ ləʔ⁰。

拼命追啊追，眼看就要追到织女了，牛郎非常高兴，两个孩子在那里叫："妈！妈！"这时候王母娘娘看见了，这王母娘娘随手从头上拔了根金钗，朝这两个人中间一划，嗤！一条很大的河出现了，叫银河，河里头波浪非常大，一眼看不见对岸。牛郎在河东，织女在河西，小孩子又哭又叫，牛郎眼泪汪汪也没办法，就这样把两个人隔开来了。

再格日日嘞格细伢儿嘞在个岸上头哭去叫去、哭去叫去，格感动喜鹊。格喜鹊嘞就在每年个七月初七，就飞来成千上万只啦，就后头一只衔牢前头一只个尾巴，格凉˭子搭成一座鹊桥，再让牛郎同织女嘞在格鹊桥上相会。格就是牛郎织女鹊桥相会个故事。

tsɛ³⁵ kəʔ⁵ ɳiəʔ² ɳiəʔ¹² lɛ⁰ kəʔ⁵ ɕiɑ⁵³ ŋɑ²¹ ɳi²¹ lɛ⁰ dzɛ²³¹ ɡəʔ⁰、dzɛ²³¹ ɡəʔ⁰ ŋə̃²³¹ ʒyɑ̃²³¹ de²¹ kʰuəʔ³ kʰi⁵³ tɕiɔ⁵³ kʰi⁰、kʰuəʔ³ kʰi⁵³ tɕiɔ⁵³ kʰi⁰，kəʔ³ k ə̃⁵³ doŋ²³¹ sʅ³⁵ tɕʰiaʔ⁵。 kəʔ³ sʅ³⁵ tɕʰiaʔ⁵ lɛ⁰ ʑiu²³¹ lɛ⁰ me³⁵ ɳi ẽ²¹ ɡəʔ⁰ tɕʰiəʔ⁵ yəʔ¹² tsʰu³² tɕʰiəʔ⁵，dʑiu²³¹ fi³² lɛ⁵³ ʒyən²¹ tɕʰi ẽ³² ʒyɑ̃²³¹ mɑ̃²³¹ tʃyəʔ⁵ lɑ⁰，ʑiu²³¹ ɯ²³¹ de²¹ iəʔ³ tʃyəʔ⁵ ɡɑ̃²¹ lɔ²³¹ ʑi ẽ²¹ de²¹ iəʔ³ tʃyəʔ⁵ ɡəʔ⁰ mi²³¹ pa³²，kəʔ⁵ liɑ³⁵ tsʅ²¹ taʔ⁵ dʒyən²¹ iəʔ⁵ dzu²³¹ tɕʰiaʔ⁵ dʑiɔ²¹，tsɛ⁵³ ɳiɑ̃²³¹ ɳiu³⁵ lɑ̃²¹ doŋ²¹ tʃyəʔ³ ɳy⁵³ lɛ⁰ dzɛ²³¹ kəʔ⁵ tɕʰiaʔ⁵ dʑiɔ²¹ ʒyɑ̃²³¹ ɕiɑ³² ue⁵³。 kəʔ⁵ ʑiu²³¹ zʅ²³¹ ɳiu³⁵ lɑ̃²¹ tʃyəʔ³ ɳy⁵³ tɕʰiaʔ⁵ dʑiɔ²¹ ɕiɑ̃³² ue⁵³ ɡəʔ⁰ ku⁵³ zʅ²³¹。

两个孩子天天在岸边又哭又叫，感动了喜鹊。每年的七月初七都会飞来成千上万只喜鹊，一只衔住一只的尾巴，搭成一座鹊桥,让牛郎跟织女在这鹊桥上相会。这就是牛郎织女鹊桥相会的故事。

（2016 年 7 月 17 日,衢州,发音人:郑文奎）

衢州三怪

　　我辣⁼衢州城里嘞有三怪,哪三怪嘞? 一个嘞是在县学塘个,叫白布怪。格白布怪赫⁼棱⁼来个嘞? 讲以前啊拨⁼观音娘娘身上有块白布个,一弗小心跌跌倒去,一跌么跌到人间了啰,渠就跌得我辣⁼县学塘里头了。再渠成精了,成精再赫⁼棱⁼,渠要吃东西弗嘞? 肚皮饿弗嘞? 再渠就黄昏边啊睏节拨⁼塘边央,让人家来约⁼。人家讲:“欤,拨⁼里一块布欤! 去去去,拿约⁼归去!”好,再你去么就好了哇,帮你一卷,拖得塘塘底,拿你吃吃倒去。锯⁼就是讲白布怪个。

ŋu⁵³ laʔ⁰ dʒy²¹ tʃiu³² ʒyən²¹ li²³¹ lɛ⁰ iu²³¹ sã³² kuɛ⁵³, nɑ⁵³ sã³² kuɛ⁵³ lɛ⁰？ iəʔ⁵ gəʔ⁰ lɛ⁰ zɿ²³¹ dzɛ²¹ yə̃²³¹ əʔ² dã⁵³ gəʔ⁰, tɕiɔ⁵³ baʔ² pu⁵³ kuɛ⁵³。kəʔ⁵ baʔ² pu⁵³ kuɛ⁵³ xəʔ³ lən³⁵ lɛ²¹ gəʔ⁰ lɛ⁰？ kã³⁵ i³⁵ ziẽ²¹ aʔ⁰ pəʔ⁵ kuə̃³² in⁵³ nʲiã²¹ nʲiã²³¹ ʃyən³² ʒyã⁵³ iu²³¹ kʰue⁰ baʔ² pu⁵³ gəʔ⁰, iəʔ³ fəʔ⁵ ɕiɔ³⁵ ɕin³² tiəʔ⁵ tiəʔ⁵ tɔ³⁵ kʰi⁰, iəʔ³ tiəʔ⁵ məʔ⁰ tiəʔ⁵ tɔ³⁵ zən²¹ tɕiẽ³² ləʔ⁰ lo⁰, gi²¹ ʑiu²³¹ tiəʔ⁵ təʔ⁰ ŋu⁵³ laʔ⁰ iẽ²³¹ uəʔ² dã⁵³ li²¹ de²¹ ləʔ⁰。tsɛ⁵³ gi²¹ dʒyən²¹ tɕin³² ləʔ⁰, dʒyən²¹ tɕin³² tsɛ⁵³ xəʔ³ lən³⁵ gi²¹ iɔ⁵³ tɕʰiəʔ⁵ toŋ³² sɿ⁵³ fəʔ⁵ lɛ⁰？ du²³¹ bi²¹ ŋu²³¹ fəʔ⁵ lɛ⁰？ tsɛ⁵³ gi²¹ ʑiu²³¹ɑ̃²¹ xən³² pie³² aʔ⁰ kʰuən⁵³ tɕiəʔ⁵ pəʔ⁵ dã²¹ pie³² iã⁵³, nʲiã²³¹ nʲin²¹ kɑ³² lɛ²¹ iaʔ⁵。nʲin²¹ kɑ³² kã³⁵：“ɛ³⁵, pəʔ³ li⁵³ iəʔ⁵ kʰue⁵³ pu⁵³ ɛ⁰！ kʰi⁵³ kʰi⁵³ kʰi⁵³, nɑ²¹ iaʔ⁵ tʃy⁵³ kʰi⁵³！”xɔ³⁵, tsɛ⁵³ nʲi²¹ kʰi⁵³ məʔ⁰ ʑiu²³¹ xɔ³⁵ ləʔ⁰ uɑ⁰, pã³² nʲi⁵³ iəʔ³ tɕiəʔ⁵ dʒyə̃²¹² , tʰu³² təʔ⁰ dã²¹ dã²¹ ti³⁵, nɑ²¹ nʲi⁵³ tɕʰiəʔ⁵ tɕʰiəʔ⁵ tɔ³⁵ kʰi⁰。ki⁵³ ʑiu²³¹ zɿ²¹ kã³⁵ baʔ² pu³⁵ kuɛ⁵³ gəʔ⁰。

　　我们衢州城里有三怪,哪三怪呢? 一个呢是在县学塘的,叫白布怪。这白布怪怎么来的呢？传说以前观音娘娘身上有块白布的，一不小心掉下来了，一掉就掉到人间了，就掉在我们县学塘里了。后来它成精了，成精以后它不要吃东西的吗？肚子不饿吗？黄昏时分啊它就躺在池塘边，让人家来捡。人家说："欸，那里有一块布！去去去，把它拿回去！"好，你去了就完了，它把你一卷，拖到塘底，把你吃掉。这就是讲白布怪的。

　　还有一个嘞是蛟池街，蛟池街有个蛟池塘，蛟池塘里啊有个鸭弟弟个，格鸭弟弟多少会叫嘞，嘎嘎嘎嘎叫个。一到天黑啦就开始满街路在格里叫，再格屋里个娘就要跟妹讲嘞："妹哎，黄昏底夝归去嘞，拨꞊蛟池塘拨꞊里个鸭弟弟出来讲咬人个嘞，就算趃弗着你啊，你听到渠嘎嘎嘎叫啊，黄昏底肚皮就要痛，慢点肚皮痛痛就要痛死个嘞！"好，格妹就怕了，格天黑就弗敢出去嬉啦。

aʔ²iu²³¹iəʔ³ku⁵³lɛ⁰zʅ²³¹tɕiɔ³²tʃy⁵³kɛ³²,tɕiɔ³²tʃy⁵³kɛ³²iu²³¹gəʔ⁰tɕiɔ³²tʃy⁵³dɑ̃²¹,tɕiɔ³²tʃy⁵³dɑ̃²¹li⁵⁵aⁿ⁰iu²³¹gəʔ⁰aʔ⁵di²¹di²³¹gəʔ⁰,kəʔ³aʔ⁵di²¹di²³¹tu³²ɕiɔ³⁵ue²³¹tɕiɔ⁵³lɛ⁰,ga³⁵ga³⁵ga³⁵ga³⁵tɕiɔ⁵³gəʔ⁰。iəʔ³tɔ⁵³tʰie̬³²xəʔ⁵laⁿ⁰ʑiu²³¹kʰɛ³²sʅ⁵³mə̃²³¹kɛ³²lu⁵³dzɛ²³¹kəʔ⁵liⁿ⁰tɕiɔ⁵³,tsɛ⁵³kəʔ⁵uəʔ³li³⁵gəʔ⁰n̠ia̬²¹ʑiu²³¹iɔ⁵³kən³²me²³¹kɑ̃³⁵lɛ⁰:"me³⁵ɛ⁰,ã̬²¹xuən³²ti³⁵fɛ⁵³tʃy³²kʰi⁵³lɛ⁰,pəʔ⁵tɕiɔ³²tʃy⁵³dɑ̃²¹pəʔ⁵liⁿ⁰gəʔ⁰aʔ⁵di²¹di²³¹tʃʰyəʔ⁵lɛ²¹kɑ̃³⁵ŋɔ³⁵n̠in²¹gəʔ⁰lɛ⁰,ʑiu²³¹sə̃⁵³biəʔ²fəʔ⁵dʒyaʔ⁰n̠i⁵³aⁿ⁰,n̠i⁵³tʰin³²tɔ⁵³ɡi²¹ga³⁵ga³⁵ga³⁵tɕiɔ⁵³aⁿ⁰,ã̬²¹xuən³²ti³⁵du²³¹bi²¹ʑiu²³¹iɔ⁵³tʰoŋ⁵³,mã̬²³¹tie̬³²du²³¹bi²¹tʰoŋ⁵³tʰoŋ⁰ʑiu²³¹iɔ⁵³tʰoŋ⁵³sʅ³⁵gəʔ⁰lɛ⁰!"xɔ³⁵,kəʔ⁵me²³¹ʑiu²³¹pʰa⁵³ləʔ⁰,kəʔ⁵tʰie̬³²xəʔ⁵ʑiu²³¹fəʔ³kə̃³⁵tʃʰyəʔ⁵kʰi⁵³sʅ³²laⁿ⁰。

　　还有一个是蛟池街（的鸭子怪）。蛟池街有个蛟池塘，蛟池塘里有只鸭子，这鸭子很会叫，嘎嘎嘎嘎地叫。一到天黑啊就开始满大街在那里叫。这时，屋里的妈妈就会对孩子说："孩子啊，天黑了不要出去啊，那蛟池塘里的鸭怪会出来咬人的，就算追不到你，你听到它嘎嘎嘎叫啊,晚上就要肚子痛,肚子痛就要痛死的!"好,这孩子就怕了,天黑就不敢出去瞎玩儿啦。

再还有一个嘞算钟楼底,钟楼有个老钟楼个啰,四个大城门个啰,讲城门边央嘞,有个独角怪个,格独角怪弗讲舌话,就欢喜趋人,一到黄昏天黑啦,就逃出来嬉啦,看见人就趋,格让渠趋着过个人嘞,就要生病啦,生病就要死啦。

tsɛ⁵³ aʔ⁵ iu²³¹ iəʔ³ ku⁵³ lɛ⁵ sə̃⁵³ tʃyoŋ³² lɛ⁵³ ti³⁵ ,tʃyoŋ³² lɛ⁵³ iu²³¹ gəʔ⁰ lɔ²³¹ tʃyoŋ³² lɛ²¹ gəʔ⁰ lo⁰ ,sʅ⁵³ gəʔ⁰ du²³¹ ʒyən²¹ mən²³¹ gəʔ⁰ lo⁰ ,kɑ̃³⁵ ʒyən²¹ mən²³¹ pie³² iã⁵³ lɛ⁰ iu²³¹ gəʔ⁰ dəʔ² kəʔ³ kuɛ⁵³ gəʔ⁰ ,kəʔ⁵ dəʔ² kəʔ³ kuɛ⁵³ fəʔ⁵ kɑ̃³⁵ ʒyəʔ⁵ uɑ²³¹ ,ʑiu²³¹ xuə̃³² sʅ⁵³ biəʔ² n̠in²¹ ,iəʔ³ tɔ⁵³ɑ̃²¹ xuən³² tʰie³² xəʔ⁵ la⁰ ,ʑiu²³¹ dɔ²¹ tʃʰyəʔ⁵ lɛ²¹ sʅ³² la⁰ ,kʰə̃⁵³ tɕie⁵³ n̠in²¹ ʑiu²³¹ biəʔ¹² ,kəʔ⁵ n̠iɑ²³¹ gi²¹ biəʔ² dʒyaʔ¹² ku⁵³ gəʔ⁰ n̠in²¹ lɛ⁰ ,ʑiu²³¹ iɔ⁵³ ɕiɑ³² bin⁵³ la⁰ ,ɕiɑ³² bin⁵³ ʑiu²³¹ iɔ⁵³ sʅ³⁵ la⁰ .

还有一个在钟楼底,有个老钟楼四面都有城门的,据说城门边上啊,有个独角怪,这独角怪不讲话,就喜欢追人,一到晚上天黑了,就跑出来玩了,看见人就追,那些被它追到的人呢,就要生病了,生病就要死了。

所以格三个怪啊,也是细时候我辣ⁿ妈惊我辣ⁿ用个,城里个妹统晓着个,黄昏底无法出去个嘞,有鬼怪个嘞,慢点出去要让搭着个嘞。格就是我辣ⁿ衢州三怪个事体。

su³⁵ i²¹ kəʔ⁵ sã³² gəʔ⁰ kuɛ⁵³ a⁰ ,aʔ⁵ zʅ²³¹ ɕiɑ³⁵ zʅ²¹ e²³¹ ŋu²³¹ laʔ⁰ ma³⁵ tɕin³² ŋu⁵³ laʔ⁰ yoŋ²³¹ gəʔ⁰ ,ʒyən²¹ li⁵³ gəʔ⁰ me³⁵ tʰoŋ³⁵ ɕiɔ³⁵ dʒyaʔ¹² gəʔ⁰ ,ɑ̃²¹ xuən³² ti³⁵ m²¹ faʔ⁵ tʃʰyəʔ⁵ kʰi⁰ gəʔ⁰ lɛ⁰ ,iu²³¹ kue³⁵ kuɛ⁵³ gəʔ⁰ lɛ⁰ ,mæ²³¹ tie³² tʃʰyəʔ³ kʰi⁵³ iɔ⁵³ n̠iɑ²³¹ kʰɑ⁵³ dʒyaʔ¹² gəʔ⁰ lɛ⁰ ,kəʔ⁵ ʑiu²³¹ zʅ²¹ ŋu⁵³ laʔ⁰ dʒy²¹ tʃiu³² sã³² kuɛ⁵³ gəʔ⁰ zʅ²³¹ tʰi⁰ .

　　这三个怪啊，也是小时候我妈用来吓唬我们的，城里的孩子都知道，晚上不能出去的，有鬼怪的，要是出去会被抓走的。这就是我们衢州三怪的传说。

（2016 年 7 月 16 日，衢州，发音人：胡月）

呆子女婿

　　讲嬉啦有个呆子女婿，在屋里么统吃吃嬉嬉，啥里事体都劲做。

kɑ̃³⁵ sʅ³² lɑ⁰ iu²³¹ gəʔ⁰ ŋɛ²¹ tsʅ²¹ nɑ²³¹ sʅ⁵³，zɛ²³¹ uəʔ³ li³⁵ məʔ⁰ tʰoŋ³⁵ tɕʰiəʔ³ tɕʰiəʔ⁵ sʅ³² sʅ⁵³，sɑ³⁵ li⁰ zʅ²³¹ tʰi³⁵ təʔ⁵ ve²³¹ tsu⁵³。

　　说着玩儿啊，有个傻女婿，在家里只知道吃吃玩玩，什么事情都不会做。

　　再有一日嘞，饭吃倒个时候，渠老马＝同渠讲："土财，我同你讲嘞，我下半日要到尼姑庵里去，一个愿还节倒嘞，你在屋里啊，勿出去，守节，我老子要来个。"再土财讲好个。

tsɛ⁵³ iu²³¹ iəʔ⁵ ȵiəʔ¹² lɛ⁰，vɑ̃²³¹ tɕʰiəʔ³ tɔ⁵³ gəʔ⁰ zʅ²¹ ɯ²³¹，gi²¹ lɔ²³¹ mɑ²¹ doŋ²¹ gi²¹ kɑ̃³⁵："tʰu³⁵ dzɛ²¹²，ŋu⁵³ doŋ²¹ ȵi⁵³ kɑ̃³⁵ lɛ⁰，ŋu⁵³ ɑ²³¹ põ⁵³ ȵiəʔ¹² iɔ⁵³ tɔ⁵³ ȵiɛ̃²¹ ku³⁵õ³² li⁰ kʰi⁵³，iəʔ⁵ gəʔ⁰ ȵyõ²³¹ uɑ̃²³¹ tɕiəʔ³ tɔ³⁵ ləʔ⁰，ȵi⁵³ zɛ²³¹ uəʔ³ li³⁵ ɑ⁰，fɛ⁵³ tɕʰyəʔ³ kʰi³⁵，ɕiu³⁵ tɕiəʔ⁵，ŋu⁵³ lɔ²³¹ tsʅ³⁵ iɔ⁵³ lɛ²¹ gəʔ⁰。"tsɛ⁵³ tʰu³⁵ dzɛ²¹ kɑ̃³⁵ xɔ³⁵ gəʔ⁰。

　　有一天吃完午饭的时候，他老婆跟他说："土财，我跟你说呀，我下午要到尼姑庵里去还一个愿，你待在家里别出去，等一会儿我父亲会来的。"土财说好的。

　　"报节你嘞，渠要问个嘞，问起我个时候你报渠，我到尼姑庵里去啦。假若渠问你，我要归来弗，你同渠讲，早呗我要归来［个哦］，晏呗就弗归来啦。还有锯＝幅画，渠要问你啥里画，你报渠唐伯虎古画。"

"pɔ⁵³ tɕieʔ⁵ ɲi⁵³ lɛ⁰ , gi²¹ iɔ⁵³ mən²³¹ gəʔ⁰ lɛ⁰ , mən²³¹ tsʰ ̩³⁵ ŋu⁵³ gəʔ⁰ z̩²¹ ɯ²³¹ ɲi⁵³ pɔ⁵³ gi²¹ , ŋu⁵³ tɔ⁵³ ɲie²¹ ku³⁵ə̃³² li⁰ kʰi⁵³ la⁰ 。tɕia⁵³ ʒyeʔ¹² gi²¹ mən²³¹ ɲi⁵³ , ŋu⁵³ iɔ⁵³ tʃy³² lɛ⁵³ vəʔ¹² , ɲi²³¹ doŋ²¹ gi²¹ kã³⁵ , tsɔ³⁵ bəʔ⁰ ŋu⁵³ iɔ⁵³ tʃy³² lɛ⁵³ gɔ⁰ , ã⁵³ bəʔ⁰ dʑiu²³¹ fəʔ⁵ tʃy³² lɛ⁵³ la⁰ 。ɛ²¹ iu²³¹ ki⁵³ fəʔ⁰ ua²³¹ , gi²¹ iɔ⁵³ mən²³¹ ɲi²¹ sa³⁵ li⁰ ua²³¹ , ɲi²¹ pɔ⁵³ gi²¹ dã²¹ paʔ³ xu³⁵ ku³⁵ ua²³¹ 。"

"跟你说啊，他要是问起我呢，你就告诉他我到尼姑庵里去了。假如他要问你我会不会回来呢，你跟他说，早呢我要回来的，晚呢就不回来了。还有这幅画，他要问你这是什么画，你告诉他是唐伯虎古画。"

"哦，我晓得了，晓得了。"格么渠老马＝看渠讲晓得呗就去了啰。

"o⁵³ , ŋu⁵³ ɕiɔ³⁵ təʔ⁰ ləʔ⁰ , ɕiɔ³⁵ təʔ⁰ ləʔ⁰ 。"kəʔ⁵ məʔ⁰ gi²¹ lɔ²³¹ ma²¹ kʰ ə̃⁵³ gi²¹ kã³⁵ ɕiɔ³⁵ təʔ⁰ bəʔ⁰ ʑiu²³¹ kʰi⁵³ ləʔ⁰ lɔ⁰ 。

"哦，我知道了，知道了。"他老婆听他说知道了，就走了。

去了以后嘞过了觤多时，渠个丈人来了哇，一看："哇，土财，你一个人在屋里啊？"

kʰi⁵³ ləʔ⁵ i⁵³ ɯ²³¹ lɛ⁰ ku⁵³ ləʔ⁰ vən²¹ tu³⁵ z̩²¹² , gi²¹ gəʔ⁰ dʒy ã²³¹ ɲin²¹ lɛ²¹ ləʔ⁰ ua⁰ , iəʔ³ kʰ ə̃⁵³ : "ua²³¹ , tʰu³⁵ dzɛ²¹ , ɲi⁵³ iəʔ⁵ gəʔ⁰ ɲin²¹ dzɛ²³¹ uəʔ³ li³⁵ aʔ⁰ ?"

去了以后没过多久，他丈人来了，一看："哦，土财，你一个人在家呀？"

哦，格土财一看丈人来："哦，丈人坐坐坐坐节。"

ɔ²³¹, kəʔ³tʰu³⁵ dzɛ²¹ iəʔ³kʰə̃⁵³ dʒyã̃²³¹ n̠in²¹ lɛ²¹ : "ɔ²³¹, dʒyã̃²³¹ n̠in²¹
zu²³¹ zu²³¹ zu²³¹ zu²³¹ tɕiəʔ⁰ 。"

土财一看丈人来了:"哦,丈人坐坐坐。"

再渠丈人讲:"我问你,你老马゠啦?"

tsɛ⁵³ gi²¹ dʒyã̃²³¹ n̠in²¹ kɑ³⁵ : "ŋu⁵³ mən²³¹ n̠i⁵³, n̠i⁵³lɔ²³¹ mɑ²¹lɑ²³¹?"

他丈人说:"我问你,你老婆呢?"

"哦,渠到和尚殿里去了喂。"

"o⁵³, gi²¹tɔ⁵³u²¹ ʒyã̃²³¹ diẽ²³¹li⁰kʰi⁵³ləʔ⁰ue⁰ 。"

"哦,她到和尚殿里去了。"

"啊? 到和尚殿里去做啥?"

"ɑ³⁵? tɔ⁵³u²¹ ʒyã̃²³¹ diẽ²³¹li⁰kʰi⁵³ tsu⁵³sɑ²¹?"

"啊? 到和尚殿里去干吗?"

"欸![渠讲]去拜老佛。"

"ɛ²¹³¹, giã̃³⁵kʰi⁵³ pɛ⁵³lɔ²³¹ vəʔ¹²。"

"欸,她说去拜菩萨。"

再讲:"要归来弗嘎?"

tsɛ⁵³kã̃³⁵ : "iə⁵³tʃy³²lɛ⁵³fəʔ⁵gɑ⁰?"

又问:"今天会回来吗?"

"嗯,渠讲早呗要归来个,晏呗在和尚殿里歇啦。"

"ŋ³³, gi²¹kã̃³⁵tsɔ³⁵bəʔ⁰iə⁵³tʃy³²lɛ⁵³gəʔ⁰, ã̃⁵³bəʔ⁰zɛ²³¹u²¹ ʒyã̃²³¹ diẽ²³¹ li⁰ ɕiəʔ⁵ lɑ⁰ 。"

"嗯,她说早的话要回来的,晚呢就在和尚殿里住了。"

"格啥里话或=!"

"kəʔ⁵ sɑ⁵³ li⁰ uɑ²³¹ uəʔ⁰ !"

"这什么话?"

"呃格唐伯虎古画。"

"əʔ⁵ kəʔ⁵ dɑ̃²¹ paʔ³ xu³⁵ ku³⁵ uɑ²³¹ 。"

"呃,这是唐伯虎古画。"

(2016 年 7 月 17 日,衢州,发音人:陈大槐)

天王塔的故事

早拨=节啦,我辣=衢州人出门去啦统坐船个啦,格衢州城里头嘞,也没有啥里高楼大厦个,标志性个建筑没有,所以出去归来嘞好像弗大方便。格大家嘞老百姓在里想嘞能弗能好像造一个高点个东西嘞做一个建筑性个标志啦哈,但是大家拨=个时候比较穷啦,没有格棱=能力去做。

格事体嘞后头让铁拐李晓得了,铁拐李嘞亦想嘞为衢州人民做点事体哈,所以渠一夜黄昏来了,来了渠想造一个塔,但是呢渠亦没有材料,赫=棱=造嘞哈? 渠脑筋一动啊,到每家每户个灶头上去抽一块砖头来。格衢州城里头个人家多少多啦哈,一家一户出一块砖头个舌话,造一个塔是绰绰有余个啦哈。就动手嘞,到每家每户抽一块砖头,让砖头自家会……会逃过去个,逃了格新河沿格地方,所以格个铁拐李嘞,渠拿起个砖头啦就叠去叠去叠去叠去。造到快天亮个时候啦格鸡叫了,还有最后一块砖头嘞勪上去,铁拐李慌起来了啦,随手一摔啦,还有最后一块砖头送上去以后嘞,歪了,所以天王塔最后一块砖头是歪个。

第二日五更大家爬起一看嘞,咦?格地方好像平白无故多出一个塔来哈,危险高兴大家啦,再隔壁嘞有一条弄堂叫天皇巷,所以渠叫天王塔。

再衢州个人出去嘞,坐船出去老远看弗见塔了,哦,表示我离开衢州了;归来嘞,老远看见塔了,看见塔个影子了,哦,我辣=到衢州了,高兴啊,哦,衢州到了衢州到了。从此以后嘞衢州就有标志性个建筑了哈,也是个古迹。

后来因为年久失修啦,到五一年个时候嘞,格塔啦有点歪了啦,政府为了考虑大家个安全啦,就担个塔拆倒去了。后来个政府嘞,为了保证衢州个文物古迹哈,在大概两零一三年个时候嘞,重新又造了一个天王塔,格塔嘞就是格节个天王塔。

早先衢州人出门去都是坐船的,衢州城里头没有什么高楼大厦,没有标志性的建筑,所以出去回来好像不大方便。老百姓想能否造一个高大的东西做标志性的建筑,但是大家那时候比较穷,没有财力去做。

这事儿后来被铁拐李知道了,他也想为衢州老百姓做点事,所以有一天夜里他来了,想造一座塔。但是他没有材料,怎么造呢?他脑筋一动,到每家每户的灶上抽一块砖出来,衢州城里的人家多啊,一家一户出一块砖的话,造一座塔是绰绰有余了。他就动手了,到每家每户抽一块砖,把砖一甩,砖就自动跑过去了,跑到新河沿那个地方,所以,铁拐李就拿起砖头叠呀叠呀,造到快天亮时鸡叫了,还有最后一块砖没有上去,铁拐李慌起来了,随手一甩,最后一块砖甩上去以后歪了，所以天王塔最后一块砖是歪的。

第二天早上大家起来一看，咦？这地方怎么平白无故多出来一座塔，大家非常高兴，因为隔壁有一条弄堂叫天皇巷，所以塔就叫天王塔。

后来衢州人出门去，坐船出去很远了，看不见塔了，表示我离开衢州了；回来老远看见塔了，看见塔影了，哦，我们到衢州了，高兴啊，衢州到了，衢州到了。从此以后衢州就有标志性的建筑了，也是个古迹。

后来因为年久失修，到 1951 年的时候，塔有点歪了，政府考虑到大家的安全，就把塔拆掉了。后来呢，政府为了保护衢州的文物古迹，在大概 2013 年的时候，重新造了一座天王塔，这就是现在的天王塔。

（2016 年 7 月 17 日，衢州，发音人：郑文奎）

王质遇仙记

听讲早拨＝节啦，我辣＝城里头嘞有个麻痘鬼嘞叫王质，渠嘞是以剒柴嘞为生个，屋里头嘞只有一个眼儿瞎个妈妈，还有个细妹儿，屋里头蛮罪过相个啦哈。

有一日嘞王质嘞到山里头去剒柴去了，格老妈妈一个人在屋里啦，有两个过路人过来，敲门了："得得得得！妈妈！我是过路个人，到你家歇记好哦？"

妈妈开门了，讲："你啥体？"

渠讲："我辣＝过路个，肚皮饿了，到你里烧点面吃吃好弗嘎？"

格老人家嘞心地也蛮善良个啦，渠讲："好个哇，不过我屋里嘞……"渠讲："没啥东西拿你哪烧个喂，面呗亦无米呗亦无，柴呗我孙去剒了，还勚剒归来。"

格两个人渠讲:"妈妈,你放心,格我辣ⁿ自家会想办法个。"

"格好个哇,格你辣ⁿ自家烧就是了好哦? 我又看弗见。"

"好个好个好个,我辣ⁿ自家来。"

看见锯ⁿ人嘞走到灶头边担镬盖桌ⁿ来,水缸里舀两勺水进去,渠鼻涕一撄,撄到镬里头去了啦。还有一个嘞坐勒灶头边担个脚骨牵ⁿ归去了,欸,格火就出来了啦! 烧去烧去嘞一蓬香气来了。再渠两个人嘞面烧好,一个人吃了一碗面,还有一碗,渠讲:"妈妈,格碗面拿你达ⁿ吃啊。"

"弗用个弗用个!"老人家讲,"弗用个,弗用格棱ⁿ客气个。"

渠讲:"应该个应该个! 要么我辣ⁿ去啦,啊,多谢你嘞!"

"哦,要么你辣ⁿ慢慢走。"

格两个人嘞约ⁿ起来就走了。

格王质嘞一记工夫就归来了啦,一担柴"哼唧哼唧哼唧"挑归来了。到屋里柴担一歇,渠讲:"妈妈,赫ⁿ棱ⁿ屋里格棱ⁿ香个?"渠讲哇。

"喏,先头两个人过路个人喏,渠讲放我辣ⁿ烧点面吃吃,肚皮饿了。"渠讲,"我辣ⁿ屋里又无面,哪来个面哇? 渠辣ⁿ自家带来个喂,渠讲喂,还有一碗喏,渠叫我辣ⁿ自家吃喏。"

格王质嘞肚皮饿了,剐柴剐了半日哈,捧起个面嘞就"呼啦呼啦呼啦"吃去了,吃倒去了。欸,渠讲:"格面是好吃个! 格棱ⁿ好吃个面啊!"再渠一记看啦,格桌子啊板凳个脚骨啦统焦个啦,渠讲:"妈妈,格脚骨赫ⁿ棱ⁿ会焦个? 格桌子板凳哇。"

渠讲:"我晓弗着个,我又看弗见。"

"剐着剐着剐着,肯定格两个人弄个。"渠随手拿起地上一把斧头啦就追出去了。一路追一路追,望个衢州城个南面追出去了。结果追到哪个地方? 追到石室格面个烂柯山。追到烂柯山,渠亦认弗到哪个到渠屋里来过,渠只看见两个人嘞坐勒拨ⁿ地方在格里着棋。格王质嘞平时嘞亦蛮欢喜格行当个,蛮欢喜着棋个。渠随手担个斧头望地上一放啦,坐落来看了啦。格两个人嘞着着棋嘞肚皮饿了可能,袋里拿出个桃,吃桃了。还派半个,拿王质吃。"麻鬼,格半个拿你吃去。"王质也弗管,接过来就吃。格桃榜望地上一吐啦,赫⸗棱⸗会变长桃树个,生桃树生出来了。欸,格事体奇怪嘞! 那么渠亦嬲去多想,还是看渠着棋,好像格个棋嘞有点怂特个,特别个跟人家弗一样个。

再格个两个人着去着去嘞,渠讲了:"麻痘鬼好归去了! 你看看你个斧头柄都烂了喂!"

"啊? 哪有格事体哇。"渠对树上、地上一看嘞,格斧头柄真个烂倒去了嘞! 那么渠也想想是应该归去嘞,斧头一拿么亦想归去了。

渠走落去走山下底嘞,格路认弗着嘞,同原来来个时弗一样嘞渠讲,还问讯了,一路问去问去,问到城里头。问到城里头嘞,寻到渠自家屋个地方嘞,噎,样子变倒去了啦,寻弗着啦。

再渠问人家,渠讲:"以前拨⸗个王质立个哪一家哇?"

格人家讲:"我认弗着,你去问拨⸗个老人家去啦。"

再呗渠问老人家了:"老爷爷老妈妈,原来格个王质立哪地方个哇?"

"王质啊?"渠讲,"格听我爷爷讲喂,好像有格里一家人喂,咸丰八年个事体喂,好像立嘞拨⸗一家。"

格就是"山上才半日,世上已千年"了啦哈,格就是王质遇仙记。

听说很早以前,我们衢州城里有个小伙子叫王质,他是以砍柴为生的,家里有一个瞎眼的奶奶,还有他一个男孩子,很可怜。

有一天,王质到山里砍柴去了,老奶奶一个人在屋里,"得得得得,"有两个过路人过来敲门:"大妈! 我们是过路人,到你家里歇一下行吗?"

老奶奶开了门,问:"什么事?"

他们说:"我们是过路的,肚子饿了,想到你家烧点面吃吃,好吗?"

老人家心地很善良的,她说:"好啊,不过我家里什么也没有,没有面,没有米,柴呢我孙子去砍了,还没回来。"

那两个人说:"大妈,你放心! 我们会自己想办法的。"

"那好啊,那你们自己烧就是了,我又看不见。"

"好的好的好的,我们自己来。"

其中一人走到灶边揭开锅盖,从水缸里舀了两勺水进去,他把鼻涕一擤,擤到锅里头去了。还有一个坐在灶后边,把脚伸进灶膛里去了,欸,火苗就出来了! 烧着烧着一股香气就来了,两个人把面盛好,一个人吃了一碗,还有一碗,他们说:"大妈,这碗面给你吃啊。"

"不用不用!"老人家说:"不用的,不用这么客气的。"

他们说:"应该的应该的! 那我们走了,多谢你啊!"

"哦,那你们慢慢走!"

这两个人收拾一下就走了。

不多一会儿,王质就"哼唧哼唧哼唧"挑着一担柴回来了。到家里把柴担一放,他说:"奶奶,怎么屋里这么香的?"

"喏,刚才两个过路人在我们家烧了点面吃,肚子饿了。"她说,"我们家里又没面,哪来的面呀,他们自己带来的,还有一碗呢,他叫我们自己吃。"王质砍柴砍了半天了,肚子饿了,捧起面就"呼啦呼啦呼啦"吃下去了。他说:"这面是好吃! 这么好吃的面啊!"他再一看啊,桌子、板凳的脚都烧焦了,他说:"奶奶,这桌脚凳脚怎么会焦的?"

奶奶说："我不知道啊,我又看不见。"

"不行不行不行,肯定那两个人弄的。"王质随手拿起地上的斧头就追了出去。一路追一路追,向衢州城的南面追出去了。结果追到哪个地方? 追到石室这边的烂柯山,追到烂柯山,问哪个到他家来过,他只看见两个人坐在那里下棋。王质平时也很喜欢下棋,他随手把斧头朝地上一放,就坐下来看下棋。这两个人下着棋,可能肚子饿了,一人拿出个桃子来吃,还掰了半个给王质:"小伙子,这半个你拿去吃。"王质也不管,接过来就吃。桃核朝地上一吐,不一会儿居然长出桃树来了。这事情真是奇怪! 他也没有去多想,还是看棋,好像这棋有点儿古怪,跟人家下得不一样。

这两个人下着下着,就说了:"小伙子你好回家了! 你看看你的斧头柄都烂了!"

"啊? 哪有这种事情啊?"他往地上一看,斧头柄真的烂掉了! 他想也应该回家了,斧头一拿就想回家了。

走到山脚下,不认识路了,跟来的时候不一样了,一路问,问到了城里。问到城里,找自己的家,也变了样子,找不到了。

他问人家:"以前那个王质住在哪里呀?"

人家说:"我不认识,你去问那个老人家去吧。"

再问老人家:"老爷爷老奶奶,原来那个王质住在哪里呀?"

"王质啊? 听我爷爷说,好像有这么一户人家,那是咸丰八年的事情啦,好像在那一家。"

这就是所谓的"山上才半日,世上已千年"啦,这故事就是"王质遇仙记"。

（2016 年 7 月 17 日,衢州,发音人:郑文奎）

徐天官和癞痢娘娘

早拨=节,大洲里头有个地方叫楼山后,格地方嘞有个囡儿,人呢生得蛮齐整个,就是满头个癞痢啦,所以大家叫渠叫癞痢囡儿。

癞痢囡儿嘞,细时候娘老子就死倒去了,从小嘞跟着哥哥嫂嫂过日子,格哥哥也蛮好个哈,到底自家个亲哥啦哈,格嫂嫂嘞就弗一样了,觉得个癞痢囡儿嘞好像是无啥大用场,吃闲饭个啦哈,满头个癞痢,以后大起来么亦嫁弗着好老公,所以对渠嘞一直就交关嫌弃个。

格么,过了好几年以后嘞,癞痢囡儿啊大起来了,碰着格皇帝嘞到下底来寻娘娘了,选娘娘,格齐整点个囡儿嘞统去报名去了,癞痢囡儿呢有日五更爬起嘞渠也去洗头,去洗头。渠刚头洗记好走出来嘞碰着嫂嫂一记□归来,嫂嫂就开始骂渠了:"你弗看你格副德行,格里样子还要去洗头,你也想去报名啊?"

格里骂呗格里随手担渠头发一抓,格时候嘞奇迹出现了,一抓以后嘞,格癞痢婆个头嘞跌跌落来了,格个壳跌跌落来,一个囡儿嘞,交关漂亮一个囡儿,立勒个嫂嫂面前,格嫂嫂呆呆拨=里了。回头嫂嫂一看嘞,格细姑子嘞格棱=漂亮哈,亦催渠去报名去了,进去选娘娘去了。后头七弄八弄嘞,娘娘渠选上了嘞,癞痢囡儿嘞便到皇宫里去当娘娘去了啦。

眼睛一映嘞五年过去了,格癞痢娘娘嘞在里头……在宫里头嘞,时间长嘞有点想屋里头了哈,想阿哥想阿嫂了,再渠同皇帝提出来啦,渠讲:"皇上,我是否有法归去,看记我哥哥嫂嫂啦哈,我出来多年了。"皇帝嘞对癞痢娘娘也蛮宠个,同意渠了。同意渠么,因为拨=个时候都坐船个啦哈,路途遥远,赫=棱=办嘞? 那么皇帝派把船，再派了宫里一个副将衢州人，叫徐天官个将军啦，一路护送渠归来。格皇帝嘞，对格个徐天官嘞，你讲信任么亦信任，但是嘞亦怕同渠娘娘有染个啦哈，就暗地里派了个锦衣卫个刀斧手啦，跟牢徐天官，如果讲徐天官有调戏娘娘个意思个，就命令渠担渠杀杀倒就是。

那么一路来嘞浩浩荡荡过来了，因为，坐船么从京里到衢州么亦比较远哈，娘娘么亦思乡心切，日日嘞就站嘞个……立嘞个船头嘞哈，望格个衢州个方向嘞看嘞哈。再徐天官么亦要去帮渠解解闷，陪渠谈谈天哈，聊聊天。

再一日嘞，快到衢州了，徐天官嘞老远看见拔＝天王塔个影子了啦，就报娘娘啦，渠讲："娘娘你看记看，前头拔＝个天王塔个影都出来了喂，我辣＝快到衢州了喂！"娘娘讲："哪里哇哪里哇？"再顺着徐天官个手去一看嘞："哎，是个，天王塔到了哈，看见了！"以前衢州人就是讲看见天王塔就是看见衢州了。格娘娘一高兴嘞，顺手担格手啦放了个徐天官手上头，"哈哈哈哈"笑起来了，哪晓得格里"哈哈哈"笑个时候嘞，只听见"吧嗒"一记啦，格刀斧手一刀就担格徐天官个头啦砍落来了，其实渠以为是徐天官同癫痫娘娘嘞有花头啦，所以嘞格事体闹大了。

后来归去了以后嘞，娘娘嘞向皇上禀报了格事体，再皇帝嘞亦派人来查过了哈，确确实实格是冤枉渠个，皇帝觉得心里头嘞好像弗大过意，因为徐天官对宫廷亦是有功个啦哈，一个战将。

皇帝心里弗过意赫＝棱＝办嘞？人么已经死倒去啦，那么渠嘞想了个办法，弄个六斤四两个黄金啦，打了一个徐天官样个头，好像拿来赔了徐天官。那赔了徐天官嘞，格头放落去，六斤四两黄金放落去个舌话嘞，格坟头又剟自在嘞，人家要去盗墓要去挖个啦，赫＝棱＝办嘞？那后头皇帝就拿了渠三十六个棺材，分四面八方打乱来葬。所以徐天官有三十六只棺材,格金头到底在哪只棺材里头嘞?到格节大家还是晓弗得个。

格就是癞痢娘娘与徐天官个故事。

很早以前,大洲有个地方叫楼山后,这地方有个姑娘,人长得挺端正齐整的,就是满头的癞痢啦,所以大家叫她癞痢姑娘。

癞痢姑娘小时候父母就死了,从小跟着哥哥嫂嫂过日子,哥哥也挺好的,到底是自家的亲哥哥,这嫂嫂就不一样,觉得癞痢姑娘好像没啥大用场,吃闲饭的,满头的癞痢,以后长大了也嫁不着好老公,所以对她一直就非常嫌弃。

好几年以后,癞痢姑娘长大了,碰着皇帝到民间来选娘娘,漂亮一点儿的姑娘都去报名了,癞痢姑娘呢,她起来以后也去洗头,她刚洗好头走出来,碰着嫂嫂回来,嫂嫂就开始骂她了:"你也不看看你这副德行,这个样子还要去洗头,你也想去报名啊?"

这样骂,随手就把她头发一抓,这时候奇迹出现了,一抓以后,这癞痢疤掉下来了,一个非常漂亮的姑娘站在嫂嫂面前。嫂嫂呆在那里了,一看这小姑子这么漂亮,也催她去报名,去选娘娘去了。后来七弄八弄,(竟然)选上了,癞痢姑娘便到皇宫里当娘娘去了。

一眨眼五年过去了,这癞痢娘娘在宫里头,时间长了有点想家了,想哥哥,想嫂嫂了。她向皇帝提出来,说:"皇上,我是否可以回家,看一下我哥哥嫂嫂,我出来好多年了。"皇帝对癞痢娘娘也挺宠爱的,同意了。那个时候回衢州都坐船的,路途遥远,怎么办?皇帝派了艘船,再派了宫里一个衢州来的叫徐天官的将军,一路护送她回来。皇帝对这个徐天官虽说也是信任的,但是又怕他同娘娘有染,就暗地里派了刀斧手,让他紧跟徐天官,如果徐天官有调戏娘娘的意思,就把他杀掉。

　　一路浩浩荡荡过来了。因为坐船从京城到衢州比较远，娘娘又思乡心切，天天就站在船头，往衢州方向看。徐天官就去帮她解解闷，陪她聊聊天。

　　有一日，快到衢州了，徐天官老远看见了那天王塔的影子，就报告娘娘，他说："娘娘你看，前头那个天王塔的影子都出来了，我们快到衢州了！"娘娘说："哪里呀？哪里呀？"再顺着徐天官的手一看："哎，是的，看见了，天王塔！"以前衢州人看见天王塔就是看见衢州了。这娘娘一高兴，顺手把这手放在徐天官手上，笑起来了，哪晓得这里笑的时候，只听见"吧嗒"一声，这刀斧手一刀就把这徐天官的头砍了下来，其实他以为是徐天官和癞痢娘娘有问题，所以这事闹大了。

　　回去了以后，娘娘向皇上禀报了这件事，皇帝也派人来查过了，确确实实是冤枉他了，皇帝觉得心里头过意不去，因为徐天官也是对宫廷有功的一个战将。

　　皇帝心里过意不去怎么办？人已经死了，于是他想了个办法，弄了六斤四两黄金，打了一个跟徐天官一样的头，好像拿来赔徐天官。这六斤四两的黄金头放下去的话，这坟头又麻烦了，人家要去盗墓的，怎么办？后来皇帝就赐他三十六个棺材，分四面八方埋葬。所以徐天官有三十六个棺材，这金头到底在哪个棺材里头，直到现在大家还是不知道。

　　这就是癞痢娘娘与徐天官的故事。

　　　　　　　　　　　　　　　（2016 年 7 月 17 日，衢州，发音人：郑文奎）

后　记

　　衢州方言是 2016 年被列入"中国语言资源保护工程·浙江汉语方言调查"项目的,作为该课题的负责人,这一年我有幸结识了几位方言发音地道的衢州人,也经由他们,比较真切地感知了衢州古城和衢州方言的魅力。

　　老郑儒雅敦厚,从形象到音色,从理解力到责任心,他都堪称百里挑一的理想发音人,他的讲述生动地还原了衢州人半个多世纪以来的诸多生活细节,年逾花甲的他忆及父母苦难时依然动情哽咽,如此重情重义,令我们肃然起敬。老陈古道热肠,见多识广,自谓"六䐛样样嬉",衢州的俗语、吆喝、笑话等张口就来。我们数年前就已认识,这次他因为超过了做老男发音人的年龄而只能担任口头文化发音人,有他全程陪同调查,我的心里特别踏实。记得初次相见时,他带着的小孙女陈怿宁还怯生生的,不敢大声说话,这次拍摄衢州童谣时已是落落大方的"小周迅"了。龚舜是衢州电视台的方言节目主持人,方言是他的工作语言,用衢州话演绎他这一代年轻人的成长历程,自是驾轻就熟、小菜一碟,他的叙述穿插了很多具有浓郁衢州特色的俗谚童谣,用得贴切自然,说得惟妙惟肖,听他讲衢州话,就像在欣赏一场精彩的方言"脱口秀"。胡月讲述的人生经历颇有戏剧性:她小时候最怕打针,但很会用甜言蜜语来奉承护士阿姨,央求她们轻点儿打;长大后居然回到曾经"挨打"的医院当上了护士,每天听一拨小朋友似曾相识的甜蜜奉承和苦苦央求,这样的"轮回"怎不令人生出无限的感慨! 担任老女发音人的刘慧珍大姐酷爱读书,尽管后来干的是跟读书不沾边的活儿,但爱读书的习惯始终没变,哼唱起童谣来总忍不住笑,有着孩童般的天真。还有平日里温婉含蓄的杨欣,逗着小儿郎唱童谣《嘟嘟嘟》时,一下子变得那么热情奔放,简直是判若两人。

我来自北部吴语区,调查过十多个南部吴语点,听懂一般的衢州话并不费力。在我看来,衢州话应该算是南部吴语中最好懂的一种方言了,这或许与它是四省通衢的交通枢纽、兵家必争的战略要地以及南宗孔庙的儒学圣地有一定的关联吧。跟其他的江南城市相比,衢州谈不上精致秀丽,也不富庶风流,但是它质朴率真、厚重坚韧,至今敦行古道,雅尚礼文。只要稍加留意,这种千百年沉淀下来的城市文化气质便不难从发音人的言谈举止中捕捉到,他们的方言讲述或浓或淡、若隐若现地勾勒出了衢州城的历史沧桑与衢州人的个性肖像。

感谢方言这一自然本真的大地馈赠。

自古方言土语难登大雅之堂,如今忽然成为需要保护并值得典藏的语言资源,有人觉得匪夷所思,实际上,这是方言走向衰落或处于生存危机之中的另一种说法而已。物以稀为贵,正如阳光和空气,如果可以无休止地任意取用,几乎没人会觉察它们不可或缺的重要价值,更不会视之为资源而加以收藏。汉语方言本与农耕文明相伴相生,处在城镇化进程加剧的当今社会中,其处境的逼仄与艰难不言而喻。正因如此,学界的一批先知先觉者才设立、推动了"中国语言资源保护工程"项目,利用现代声像技术对现有的语言与方言实施抢救性记录、保存。但记录和保存不是我们的目的,而编著一本适合普通读者阅读、视听的图文音像方言书，或许对于保护和传承当地方言文化所起的作用更大。

成书的过程曲折而漫长。有关内容、体例、篇幅、受众、效应、经费等问题的讨论或曰争论持续了两三年。讨论最多的是调查点材料分与合的利弊问题：出全省汇编本的学术价值自然不容置疑，但启动时间太迟，编纂周期过长，单个调查点的材料分散编排后大家的成就感不强；如果按调查年度或方言片区来出合编本，固然可以缩短出版周期，但很难解决年度分量不均与片区进度不一的问题；如果一个调查点出一本书，倒是不会有上述问题，但是动辄数百万的出版经费从何而来？再者，单个调查点的材料能否满足一本书的容量需求？问题悬而未决之际，2018 年 5 月，教育部语言文字信息管理司又部署了分省编写《中国语言资源集》的任务，此前的汇编本由选做题一下变成了必答题，此时再考虑另出汇编本，似乎明显在做费力费钱又不讨好的重复劳动。但主事的李斌先生始终认为，这项"功在当代、利在千秋"的工程应该首先对调查点的语言文字工作委员会和当地百姓有个实质性的交代，唯其如此才能持续推动当地的语言资源保护工作。我也一直有类似的想法：结题、结项只是完成了面向国家、面向专家提交资料的任务，面向当地、面向大众的答卷尚未提交；调查成果不应局限于学者所需的资料性、学术性，还应满足社会大众所需的可读性与亲切感，可以让百姓回味乡音，让游子排遣乡愁，让游客体味乡韵，让官员体察乡情；唯有充分展示方言的独有价值与独特魅力，才能有效激发母语者的方言文化自信，进而使"中国语言资源保护工程"从记录保存走向活态的保护与传承。随着讨论的深入，浙江团队的认识也渐趋一致，最初所担心的篇幅不够、内容重复等问题，也随着增加方言话语转写的提议而迎刃而解。

　　感谢李斌先生为丛书策划与经费落实所付出的艰辛努力,感谢叶晗女士为丛书出版而不辞劳苦地奔波协调,感谢黄晓东研究员对初稿一丝不苟的细致审读,感谢编辑包灵灵、吴水燕为丛书样本打磨而付出的异乎寻常的辛劳,还要感谢衢州市柯城区教育体育局的许建芳女士与朱碧月老师为选拔发音人所付出的辛勤汗水,感谢各位发音人的通力合作与精彩讲述,感谢研究生吴露露、郑敏敏、陈佩云承担了音像摄录及整理工作。书中尚存错谬,欢迎指教商榷。

王洪钟

2018 年 12 月 12 日